教育部人文社会科学研究规划基金项目
"乡村旅游多元投资引致下的减贫效应差异与农民参与能力提升研究"（18YJAZH144）
课题成果

Research on the Benefit
Coupling Mechanism
Between Rural Tourism
Development and Farmers

乡村旅游发展 与农户利益联结机制研究

周建华 著

ZHEJIANG UNIVERSITY PRESS
浙江大学出版社
·杭州·

图书在版编目（CIP）数据

乡村旅游发展与农户利益联结机制研究 / 周建华著. — 杭州：
浙江大学出版社，2021.12
ISBN 978-7-308-20316-6

Ⅰ.①乡… Ⅱ.①周… Ⅲ.①乡村旅游–旅游业发展–研究–中国
②乡村旅游–影响–农户–利益–研究–中国 Ⅳ.① F592.3 ② F323.8

中国版本图书馆 CIP 数据核字（2021）第 228122 号

乡村旅游发展与农户利益联结机制研究

XIANGCUN LVYOU FAZHAN YU NONGHU LIYI LIANJIE JIZHI YANJIU

周建华　著

责任编辑	朱　辉	
责任校对	张培洁	
封面设计	春天书装	
出版发行	浙江大学出版社	
	（杭州市天目山路 148 号　邮政编码 310007）	
	（网址：http://www.zjupress.com）	
排　　版	杭州浙信文化传播有限公司	
印　　刷	广东虎彩云印刷有限公司绍兴分公司	
开　　本	710mm×1000mm　1/16	
印　　张	18.75	
字　　数	314 千	
版 印 次	2021 年 12 月第 1 版　2021 年 12 月第 1 次印刷	
书　　号	ISBN 978-7-308-20316-6	
定　　价	68.00 元	

目　录

第一章　乡村旅游发展理论评述　　　　　　　　　　　　　**001**

第一节　旅游可持续发展理论……………………………… 003
第二节　旅游地生命周期理论……………………………… 006
第三节　利益相关者理论…………………………………… 010
第四节　共生理论…………………………………………… 014

第二章　乡村旅游高质量发展政策与环境策略　　　　　　**021**

第一节　现有政策和环境的评价和不足…………………… 024
第二节　持续推进高质量发展的政策保障………………… 028
第三节　营造高质量发展的良好环境……………………… 057

第三章　农民利益视角下的国内乡村旅游案例分析　　　　**069**

第一节　城市边缘区乡村旅游……………………………… 071
第二节　景区依托型乡村旅游……………………………… 081
第三节　连片贫困区乡村旅游案例分析…………………… 095
第四节　乡村旅游中的利益解构与策略分析……………… 109

第四章　基于农户可持续生计的乡村旅游高质量发展　　　**121**

第一节　农户视角下乡村旅游高质量发展的首要基础
　　　　——可持续生计 ………………………………………… 123
第二节　农户可持续生计的研究方法——可持续生计方法……… 125
第三节　农户可持续生计与乡村旅游高质量发展………………… 134
第四节　乡村旅游高质量发展与其他利益相关者的相互关系…… 158

第五章　乡村旅游高质量发展　　　**167**

第一节　不同地域不同发展模式的乡村旅游发展的兴村富民效应的
　　　　理论探讨 ………………………………………………… 169
第二节　乡村旅游发展中的多方利益联结机制…………………… 175
第三节　乡村旅游兴村富民效应的微观调研分析………………… 188
第四节　乡村旅游利益联结存在的问题与对策…………………… 194

第六章　乡村旅游目的地农民受益机理分析　　　**207**

第一节　乡村旅游目的地农民受益的理论分析…………………… 209
第二节　乡村旅游开发模式与农民受益现状分析
　　　　——基于农民参与视角 ………………………………… 221
第三节　乡村旅游目的地农民受益的驱动机制…………………… 244
第四节　保障乡村旅游目的地农民利益的对策研究……………… 255

第七章　乡村旅游未来发展趋势　　　**267**

第一节　乡村旅游发展新趋势……………………………………… 269
第二节　乡村旅游新模式…………………………………………… 271
第三节　乡村旅游发展新业态……………………………………… 283

第一章
乡村旅游发展理论评述

第一节 旅游可持续发展理论

一、旅游可持续发展思想的形成与发展

可持续发展理论（Sustainable Development Theory）是指既满足当代人的需要，又不对后代人满足其需要的能力构成危害的发展，以公平性、持续性、共同性为三大基本原则。可持续发展理论的最终目的是达到共同、协调、公平、高效、多维的发展。旅游可持续发展是指不破坏当地自然环境，不损坏现有和潜在的旅游资源，以及合理利用旅游资源，保护已开发的现有资源的情况下，在环境、社会、经济三效合一基础上持续发展的旅游经济开发行为。

旅游可持续发展的口号第一次明确且正式提出是 1989 年 4 月在荷兰召开的各国议会旅游大会上。1990 年在加拿大温哥华召开的 Globe'90 会议上，来自世界各地的旅游企业、政府、非政府组织和研究机构的代表们经过讨论，形成了《旅游可持续发展行动战略草案》，比较全面系统地表达了可持续发展旅游的五大目标和主要框架。1995 年 4 月在西班牙就可持续发展旅游问题，联合国教科文组织、世界旅游组织和环境规划署召开了世界会议，制定了《可持续旅游发展宪章》及《可持续旅游发展行动计划》两个重要文件。《可持续旅游发展宪章》提出的可持续旅游的 18 条目标和原则较完善地囊括了可持续旅游的内涵，提出可持续发展旅游的实质就是要求旅游与自然文化和人类生存环境成为一个整体。最早研究可持续旅游的国际学者巴特勒在其 1993 年出版的著作中定义"可持续旅游是指一个地区的旅游开发和延续，以这样的方式和规模发展，即在无限长的时间内旅游开发不改变或降低环境质量，包括人文和自然的以及处在这个环境中的人类活动和进程都能得以顺利地实现"。对旅游可持续发展概念的表述和理解至今尚未完全统一，目前应用最广、影响最大的是 Globe'90 国际会议文件《旅游

可持续发展行动战略草案》所阐述的，即"可持续旅游发展被认为是在保持和增强未来发展机会的同时，满足外来游客和旅游接待地区当地居民的需要，在旅游发展中维持公平，它是对各种资源的指导，以使人们在保护文化的完整性、基本生态过程、生物的多样性和生命维持系统的同时，完成经济、社会和美学需要"。世界旅游组织后来也接受了这一表述。可持续旅游发展的思想主要包括公平性、可持续性、共同性和利益协调性。

二、可持续旅游的内涵与战略实施

可持续旅游的本质是不断保持环境资源和文化完整性，并能给旅游区居民公平的发展机会。具体而言，就是要增进人们对旅游所产生的环境效应与经济效应的理解，强化其生态环境保护意识；促进旅游业的公平发展；改善旅游接待地区的居民生活质量；向旅游者提供高质量的旅游生活，以及保护未来社会旅游资源或产业开发赖以存在的生态环境等。

可持续旅游发展战略，既反对以牺牲环境换取短期发展的"先污染、后治理"模式，也反对消极保护环境、限制经济发展的"零增长"模式。就如何落实可持续旅游，很多学者提出了各自的观点和看法，下面从旅游接待地、旅游者和旅行商三种社会角色提出若干战略和具体做法。

接待地战略：1）作为多样化经济一部分的旅游业；2）为当地社区提供技术工种与非技术工种就业；3）自然环境保护；4）和谐的建筑；5）平等，包括地方的决策；6）传统价值的保持；7）将利益分配至社区；8）增长的上限。措施：1）规划与管理；2）通过政策措施鼓励替代经济活动；3）教育培训当地居民；4）限制移民劳动力；5）按允许容量水平进行规划；6）对所有人进行环保教育；7）通过规划措施的管理使开发合乎要求；8）对当地居民进行教育；9）综合考虑各方利益，保持不断对话的机会；10）教育旅游者；11）采纳当地各方共同意见：公共、私人、地方部门；12）追求最优、不求最大；13）有效规划，包括公共、私人及当地部门。

旅游者战略：使旅游者获得满意的假期。措施：1）向旅游者提供适合其不同心理需求的环境；2）使旅游者获得有价值的假期，感受不到接待地与旅行商的过度盘剥；3）教育游客如何选择合适的假期；4）教育游客如何掌握更多的、准确的目的地知识，在有限的压力、不确定性和风险下获得最大快乐。

旅行商战略：通过反复的运营树立品牌忠诚度，获得经济上的成功和商业利润。措施：1）提供有价值的假期；2）教育消费者，使其在出游前即可获得合适、准确的目的地假期信息，帮助其做出最佳选择；3）在目的地建立符合各方利益的机构，为游客提供和谐而恰当的产品。

三、可持续旅游的基本原则

1. 公平性原则

所谓公平是指机会选择的平等性。可持续发展的公平性原则包括两个方面：一方面是本代人的公平，即代内之间的横向公平；另一方面是指代际公平，即世代之间的纵向公平。可持续发展要满足当代所有人的基本需求，给他们机会以满足他们要求过美好生活的愿望。可持续发展不仅要实现当代人之间的公平，而且也要实现当代人与未来各代人之间的公平，因为人类赖以生存与发展的自然资源是有限的。从伦理上讲，未来各代人应与当代人有同样的权利来提出他们对资源与环境的需求。可持续发展要求当代人在考虑自己的需求与消费的同时，也要对未来各代人的需求与消费负起历史的责任。因为同后代人相比，当代人在资源开发和利用方面处于一种无竞争的主宰地位。各代人之间的公平要求任何一代都不能处于支配的地位，即各代人都应有同样选择的机会空间。

2. 可持续性原则

这里的可持续性是指生态系统受到某种干扰时能保持其生产力的能力。资源环境是人类生存与发展的基础和条件，资源的持续利用和生态系统的可持续性是保持人类社会可持续发展的首要条件。这就要求人们根据可持续性的条件调整自己的生活方式，在生态可能的范围内确定自己的消耗标准，要合理开发、合理利用自然资源，使再生性资源能保持其再生产能力，非再生性资源不至过度消耗并能得到替代资源的补充，环境自净能力能得以维持。可持续发展的可持续性原则从某一个侧面反映了可持续发展的公平性原则。

3. 共同性原则

可持续发展关系到全球的发展。要实现可持续发展的总目标，必须争取全球共同的配合行动，这是由地球整体性和相互依存性所决定的。因此，致力于达成既尊重各方利益，又维护全球环境与发展体系的国际协定至关重要。正如《我们共同的未来》中写的，"今天我们最紧迫的任务也许是要说服各国，认识回到多边主义的必要性"，"进一步发展共同的认识和共同的责任感，是这个分裂的世界十分需要的"。这就是说，实现可持续发展就是人类要共同促进自身之间、自身与自然之间的协调，这是人类共同的道义和责任。

1995年，加拿大《咨询与审计》提出了可持续性旅游的14条标准，是目前可持续旅游标准的一个范例。这些标准涉及旅游目的地的景点保护、重点、利用强度、废物管理等。

第二节　旅游地生命周期理论

一、六个阶段——S型曲线

旅游地和其他产品一样，也有其兴衰的模式，即旅游地的生命周期。然而，系统地把市场学中的生命周期概念引入到旅游地管理的研究中，还是1980年加拿大旅游学家 R. W. Butler 的贡献。他对旅游地生命周期模型的描述是，旅游地的生命周期始于一小部分具有冒险精神、不喜欢商业化旅游地的旅游者的"早期探险"（exploration）。在"参与"（involvement）阶段，由于当地人们积极参与向消费者提供休闲设施以及随后的广告宣传，旅游者数量进一步增加。在"发展"（development）阶段，旅游者数量增加更快，而且对旅游经营实施控制的权力也大部分从当地人手中转到外来公司的手中。在"巩固"(consolidation)阶段,尽管旅游者总人数仍在增长,但增长的速度已经放慢。至于"停滞"(stagnation)阶段,旅游者人数已经达到高峰,旅游地本身也不再让旅游者感到是一个特别时髦的去处了。而到了"衰退"(decline)阶段,因旅游者被新的度假地吸引,致使这一行将衰亡的旅游地只能依靠一日旅游者和周末旅游者的造访来维持其生计。因此,旅游地生命周期理论指出,任何一个旅游地的发展过程一般都包括探索、参与、发展、巩固、停滞和衰落或复苏六个阶段。

1. 探索阶段

只有零散的游客,没有特别的设施,其自然和社会环境未因旅游而发展变化。

2. 参与阶段

旅游者人数增多,旅游活动变得有组织、有规律,本地居民为旅游者提供一些简陋的膳宿设施,地方政府被迫改善旅游设施与交通状况。

3. 发展阶段

旅游广告加大旅游市场,外来投资骤增,简陋膳宿设施逐渐被规模大、现代化的设施取代,旅游地自然面貌的改变比较显著。

4. 巩固阶段

游客量持续增加但增长率下降。旅游地功能分区明显,地方经济活动与旅游业紧密相连。常住居民开始对旅游产生反感和不满。

5. 停滞阶段

旅游地自然和文化的吸引力被"人造设施"代替,旅游地良好形象已不再时兴,市场量的维持艰难。旅游环境容量超载相关问题随之而至。

6. 衰落或复苏阶段

旅游市场衰落进而房地产的转卖率很高,旅游设施也大量消失,最终旅游地将变成名副其实的"旅游贫民窟"。但旅游地也可能采取增加人造景观、开发新的旅游资源等措施,增强旅游地的吸引力从而进入复苏阶段。

二、影响因素

旅游地生命周期与各种相关因素的作用关系需求因素，作为消费者或潜在消费者的行为（或期望）结果，是决定旅游地产生、发展和消亡的最重要的客观因素之一，尤其在开发论证阶段，需求论证是决定开发可行性的直接的决定性因素。然而，需求本身的复杂性和难以测量性，常常使需求研究难以取得准确而全面的结论，这种情况在我国旅游开发实践中是有经验教训的。一方面在主观上忽视对需求特征的细致深入的研究，另一方面客观上又缺乏从事市场研究的专家，致使许多地方旅游地开发项目缺乏应有的需求基础，最终导致经营举步维艰，甚至关门谢客了事。

经济效应对旅游生命周期的影响，可以集中反映在两个方面。一方面，持续的积极的经济效应，包括对旅游地的开发经营者和对社区乃至社会的效应，不仅可以加速旅游地步入发展、巩固和成熟的阶段，增强其维持繁荣期的能力，同时会诱发旅游地的深度开发。相反，任何消极的经济效应，都将最直接地构成经营者自身的经营阻力并引发外部社会的负面反应，而这种状况只能加速一个旅游地衰退期的到来。

社会效应是目前学术界研究中的一个弱区。由于我国旅游地开发尚处于总体上的初始开发阶段，人们对旅游地开发的社会效应还不够关注。然而，从西方旅游发达国家所走过的历程来看，旅游社会效应在某些情况下确实足以影响到旅游地的生命周期。

一般而言，在旅游地的早期探险和随后的规模开发阶段，由于旅游者多数由一些具有冒险精神、不因循守旧的人构成，因此他们对旅游地的风俗习惯、社会规范都能积极适应，加之他们的出现给旅游地创造了又一个了解外部社会的渠道，因此，他们对旅游地生命周期的影响主要是正面的积极影响。而在旅游地达到饱和或进入停滞期时，由于旅游的大众化，因此对地方文化的冲击就趋于深刻，对地方社会的各种习俗和规范的适应性就差，由此而引发的种种社会摩擦，就可能潜在地或现实地加速旅游地衰退期的到来。

旅游地的环境效应是一个日益引起人们关注的领域。以往人们倾向于认为旅游是一种不会引发环境负效应的活动。可是，越来越多的事实表明，旅游对环境的影响是非常严重的。这主要因为：（1）旅游对环境的依赖实在太大了，或者说被开发的旅游地往往是为满足旅游者追求原始、自然或新奇的环境而建设在自然环境和生态系统保存得最完好的地区。正是由于旅游者的介入，才引发了一系列环境和生态问题。（2）旅游本身因交通、对资源的需求、废物排放、土地利用、旅游者活动等行为而直接对环境造成不同形式和程度的影响。单从这两个方面，就足以十分肯定地说，一个本来为满足旅游者消费需求而开发出来的旅游地，如果因管理不善而带来严重的环境问题，就意味着旅游者前往该地的初衷事实上已无法得到实现，加之环境问题所引起的社区各种利益集团的负面反应，就必然会加速旅游地衰退期的到来。

除了需求和效应因素外，还有环境因素对旅游地生命周期产生的直接或间接的影响。然而，不同的是，环境因素（由旅游地内部组织环境、外部经营环境和外部大环境组成）对旅游地生命周期的作用力，除了来自环境系统本身外，还来自效应和需求因素的某种注入。从而，旅游地在运作过程中对外部大环境的积极适应能力，与外部经营环境中的协作关系的性质，以及自身在组织结构、企业文化和资源获得方面的组合情况，就共同构成多元环境因子而不断渗入旅游地这个机体之中，成为能决定旅游地生命周期的重要因素。

三、旅游地生命周期理论的应用

对于旅游地生命周期的这一理论模型，西方学者一直在做实证性的探索。尽管他们不同程度上都发现了实际情况与这个理论模型之间存在的差异，但他们的研究成果都支持这一理论的一般观点。实际上，旅游地生命周期曲线的具体形状虽然因旅游地自身的发展速度、可进入性、政府政策以及竞争状况等因素的差异而各有变异，但每个旅游地都难免要经过"早期探险""地方参与""发展""巩固""停滞""衰退"这样几个阶段。能够满足一切时代的旅游者的口味的度假地实际上是不存在的。

然而，从经营的角度而言，没有一个旅游度假地的经营者不期望他所开发经营的度假地能在为他提供利润的前提下尽可能长久地生存下去。我们虽然相信"永生"是不可能的，但也相信，在弄清了影响旅游度假地寿命长短的因素并进而做出明智决策之后，"长寿"的目标是不难达到的。

第三节　利益相关者理论

一、乡村旅游利益相关者的概念界定与分类

利益相关者理论（Stakeholder Theory）是 20 世纪 60 年代在美国、英国等国家逐步发展起来的。这些国家长期奉行外部控制型公司治理模式。利益相关者理论与传统股东至上的企业理论不同，该理论认为任何公司的发展均离不开各利益相关者的参与和投入，企业在为股东利益服务的同时还要保护其他利益相关者的利益。利益相关者理论最初被作为企业认识和治理的经济学理论而被人们接受和了解，随着利益相关者理论研究内容的不断发展和深化，其应用范围也逐渐扩大，在管理学的各领域中被广泛地运用。

1. 当地政府

政府是公共旅游资源的最大整合和调配者，是行业运行和发展的"游戏规则制定者"。乡村旅游开发涉及政府相关部门，包括了旅游、工商、农林业、海洋与渔业、交通运输、水利、环保、建设、国土、宗教等部门。从地方政府作为社会责任的履行者和公众利益的护卫者角度来看，政府的利益指向主要体现在公众方面，是公众利益的代言人和保护者。所以说，政府的利益指向除税收、提高就业率外，还体现着公众的利益。

2. 旅游企业

乡村旅游企业主要有如下几种组织形式：一是业主制旅游企业。这种企业俗称"夫妻店"，虽然规模较小，形式较散，但数量较多，最常见的有各种小型旅馆、排档、农家乐及旅游景区的土特产商店等。二是合伙旅游企

业。乡村合伙制旅游企业也较为普遍,其合伙人大都为关系较为密切的亲属、亲戚或朋友。合伙人分享企业所得,共同对企业债务承担责任。三是公司制旅游企业。四是旅游企业集团。这些企业在参与经营过程中所占有的资源不同,提供的服务类型不同,所获得的利益也不同,但商业经营的逐利性推动上述旅游企业将经营目标高度集中在获利较大的产品类型上,形成因利趋同的局面而又处在非平等的竞争格局中。旅游企业利益诉求首先体现在持久高额的回报上,其次就是良好的声誉。

3. 乡村居民

居民是乡村旅游发展的主体,是旅游资源的一部分,其文化、生活、生产方式所构成的人文景观,是自然风光景观最好的互补资源,同时,乡村居民的态度和行为直接影响旅游者的旅游体验质量以及对旅游目的地的感觉和印象。因此乡村居民的利益关系是乡村旅游发展所必须面对和需要处理好的非常重要的问题。旅游地的居民利益有两种:一种是经济利益。另一种是非经济的利益,比如居民原有的生活环境是否受到游客的干扰,他们的生活习惯和当地文化是否得到有效的保护等。

4. 乡村生态环境、社会文化环境

乡村生态环境、社会文化环境是乡村旅游赖以生存的基础,保护和改善生态环境与社会文化环境,不仅有利于其自身,还使乡村旅游可持续性发展成为可能。可实际情况是这一最应受重视的因素也是最容易被破坏的因素。

5. 乡村旅游者

旅游者是乡村旅游产品的需求方,是乡村旅游市场的消费者。乡村旅游产品的品质、合理价格和优质服务是实现旅游者满意度的主要因素。旅游者追求的利益主要是非经济的,它与其他群体与个人的利益有明显的异质性。旅游者所追求的利益也就表现为旅游者在进入旅游目的地后通过旅游体验和认知所获得的各种知识、愉悦和满足感等。愉悦和满足感更多来自被尊重、风俗习惯、信仰、道德权益等,在许多情况下,这些权益比经济权益更重要。另外,诸如交通的便捷性、旅游的安全性、购物以及金融服务的周到性等因素也是游客利益之所在。

二、乡村旅游发展中主要利益相关者的利益冲突原因分析

1. 旅游企业善于将风险转嫁给他方，以求得暂时的安全，长此以往，造成了恶性循环

旅游企业对利益相关者的依存度远比其他产业高，关系也更为复杂。这意味着旅游企业反应更加直接和明显。风险转嫁可以在旅游企业之间进行，也可以在旅游企业内部进行。比如旅行社将风险转嫁给导游人员和业务人员，而导游人员又会使用有损于服务质量的方式补偿自身利益损失，由此引起的游客不满又会直接影响旅游企业的品牌形象和对市场的占有。这不仅伤害了利益相关者，还使自身成了最严重的受害者。乡村旅游小型企业、自营企业居多，即管理者与投资人是合二为一的，过多地关注自身利益、急功近利这种现象较多，牺牲了同业的利益和消费者的利益。

2. 制度和政策法规缺乏全局性

政府管理部门的管制范围局限在旅游企业上，对旅游企业的管制非常严格。但是由于乡村旅游的特殊性，在很多地方，旅游局和农办分别是乡村旅游的行业管理主体，但事实上农办限于自身条件很难对乡村旅游进行业务指导，并且旅游局和农办这两个行业管理主体，长期以来各自为政。这种管理主体多元化和并行的管理体系，无法对地区的乡村旅游实行统一管理、规范和引导，不利于乡村旅游发展的整体水平提升，无法满足旅游行业转型升级、提质增效的发展需要。

三、乡村旅游利益相关者综合协调策略

1. 建立并完善乡村旅游协会

张伟、吴必虎在四川省乐山市旅游发展战略规划中，曾对不同利益主体（利益相关者）的旅游意识和利益表达进行分析，在调查中发现，各个利益相关者对当地旅游发展并非漠不关心，相反很多利益相关者十分热情，

但只是没有一个让他们吐露心声的机会。

行业协会由独立的经营单位所组成,是保护和增进全体成员的合理合法利益的组织,是介于政府与企业之间、生产者与消费者之间,并为其提供服务的公正、自律、协调的社会中介组织。协会应真正落实职责,同时,办好协会网站,保障利益相关者之间真实和全面的交流。

乡村旅游协会可以成为旅游协会之下的分会,各地区旅游协会早已成立,并建立了自己的网站,然而在很多旅游协会网站,基本上没有什么内容,大部分栏目空空如也,更没有关于旅游企业或旅游者反映的情况、意见和留言等信息内容。这说明旅游协会网站形同虚设,没有为政府和旅游业发挥桥梁纽带作用,没有真正为旅游业各利益相关者提供一个“公平”“沟通”“关爱”“共享”的相互交流平台。

2. 建立乡村旅游利益协调机制

利益分配是旅游发展中相关群体最为关注的焦点,因此有必要建立乡村旅游利益协调机制,可由政府出面建立,可以通过旅游联席会议或乡村旅游管理小组等方式来实现,人员应包括政府、旅游企业、乡村居民代表等,共同对当地乡村旅游中涉及利益相关者的事务进行研究和决策,共同维护旅游业和乡村及居民的共同利益。政府部门作为中立方,要明确监管职能,积极调解不同居民群体之间的利益冲突,为旅游区的发展提供保障。旅游企业和乡村居民代表主要就共同关注的相关事项进行商讨、研究、交流,从而做出协调结果,使各利益相关者成为“休戚与共”的利益合作体,保障乡村旅游的良性发展。

3. 采取参与式的旅游开发模式

参与式旅游开发是指以乡村社区为场所,以乡村、社区全体居民全面参与旅游开发并获益为核心。参与式旅游开发模式应结合社会主义新农村建设,依托资源优势,大力发展“农家乐”式、“公司＋农户”的乡村旅游。在旅游开发的同时兼顾开发区农村居民的长远发展,使他们能够共同分享旅游收益,获得就业或从事经营机会甚至某些产业的股份,从而使农户获得长久的经济效益,推动乡(渔)村旅游的可持续发展。

4. 政府规制的范围延伸至更为广泛的乡村旅游利益相关者

目前,我国政府对于旅游业的管制对象主要集中于旅行社、饭店、景区,这种过度集中管理的后果往往是政府繁多的行政规制以及对市场和企业运作更多的干预。这不仅束缚旅游业的手脚、抑制市场的调节作用，还忽略了对旅游业相关市场的管理和调控。因此，政府的规制范围有必要向更宽泛的旅游业延伸。

第四节　共生理论

一、乡村旅游各利益主体共生机制的建立

乡村旅游的利益主体通过积极参与和彼此之间支持、交易、利益让渡与合作可以实现总体利益最大化，也可以使乡村旅游达到最佳的可持续状态。各利益主体作为不同的载体，有着不同定位，扮演着不同的角色，具有各自相异的动机和目的，在乡村旅游的开发经营活动中以均衡的原则实现成本和利益共享。各利益主体之间既彼此互补、相互支持，有着合作的强烈需求，又在资源、义务、利益等方面存在着矛盾和冲突。因此，可以从三个方面构建乡村旅游利益主体和谐共生机制，即明确每个利益主体成本和利益的构成，建立利益主体之间的合作和支持机制，建立利益主体之间的约束和制衡机制。

1. 利益主体成本和利益的构成及表现

乡村旅游利益主体和谐共生构建首先取决于对各利益主体在乡村旅游中所投入成本与所获取收益的本质及表现的准确界定。各利益主体虽然扮演着不同角色，但都以追求利益为目标，各自承担着相应的义务和成本，这些成本和利益可以是相同的，也可以是某些或某个利益主体所特有的。具体来说，政府机构需要投入组织管理和制定有关制度、政策等，其追求的目标是促进当地社会经济的发展、保护生态环境以及提升旅游形象等；旅游企业需要投入资金、技术、人才并进行经营管理，其追求的目标主要是经济利益；当地社区往往在乡村旅游中损失了一部分社会性或者地域性的

私有空间，乡村旅游的开展会对他们原来平静、淡定、和谐的生活造成干扰，同时，他们在参与乡村旅游的过程中也会投入劳动力或者其他形式的资产，而获得的利益包括生活环境的改善、经济收入的增加等；旅游者则通过付出金钱、时间、精力，获取对自然、文化等的特殊体验以及受教育的机会等。而对于其他的利益主体，如非政府组织、专家、志愿者和媒体通过投入各种劳动、研究成果、资金等，达到其保护文化遗产、自然环境等目的，有时也包括一定的经济收入等。

在乡村旅游的发展过程中，每个利益主体都发挥着重要的作用，也需要得到合理的利益分配。共生理论认为，对称互惠共生是共生系统进化的一致方向，所有共生行为模式中"对称互惠共生"是最有效率也是最稳定的模式，利益在共生单元之间的分配是均衡的，能够实现多赢。因此，必须兼顾到每一个利益主体，使其积极参与和充分发挥其职能并享有合理均衡的利益，才能使乡村旅游各个方面协调发展，乡村旅游的可持续发展才能得到保障。

2. 利益主体之间的合作和支持机制

乡村旅游利益主体在资源禀赋方面的差异性和互补性是其合作的原动力，当互补性资源实现共享，乡村旅游系统就能获得成本优势和巨大的整体利益。但要保障利益主体之间的合作和支持机制还需要使利益和成本在不同的利益主体之间得到公平合理的分配，在利益均衡的原则下实现成本共担和利益共享。可以通过以下三条途径实现这一原则。

（1）开放规划

所谓"开放规划"是指在编制乡村旅游发展规划时就积极吸纳尽可能多的利益主体参与进来，使规划能够反映出不同立场、不同视角的思想和理念，兼顾各利益主体的利益诉求，特别是需要打破政府机构、投资企业为主体的利益在规划中占据的主导地位，更多地实现弱势群体的利益，如当地社区居民的利益。同时，把"开放的规划过程"作为编制旅游规划的必然要求，吸纳各利益主体（或其利益代言人）和其他相关领域以不同的方式参与规划过程，提供改进意见，以实现兼顾各方主张、均衡各方利益的目的。

（2）利益共享

不同利益主体通过对相关资源的有效利用与共享，实现一体化操作，构成规模经济，以此来进行资源的节约与共享，减少成本方面的投入；通过宣传共享、品牌共享、销售共享，有效提升品牌竞争能力，降低促销活动所产生的成本；通过信息数据共享、互联网共享和人力资源共享，能够促进彼此之间的交流与沟通，降低成本方面的投资。所以，利益共享最终是以利益为主体，各利益相关者通过利益共享获得利益最大化，达到预期双赢的目的。

（3）管理协调

乡村旅游由于其自身的特性，不能完全依靠市场机制并放任其发展，虽然各利益主体彼此之间具有资源互补性和合作的诉求，但还是必须在一定的管理监督下进行合作。在众多的利益主体当中，地方政府机构是乡村旅游总体利益和目标的代言人，因此地方政府需要通过管理协调，在均衡利益思想和原则下实现包括自身在内的各利益主体的相互支持与合作。

3. 利益主体之间的约束和制衡机制

由于乡村旅游利益主体之间的关系错综复杂，不同主体之间存在权力和利益的差异，相互之间职能和需求相互交织，错综复杂，使得乡村旅游实践面临着诸多的挑战和困惑。如政府机构期望实现社会、经济、环境的全面发展和可持续发展，旅游企业往往只追求经济利益，旅游地居民更多的是看重眼前收益；政府机构在土地征用过程中常常损害社区居民的权益；旅游者在旅游活动中因某些不合适的行为，引发与社区居民之间的冲突；等等。不仅如此，各利益主体自身也面临着不同需求之间存在的矛盾，进而表现为乡村旅游共生系统局部利益与整体利益、眼前利益与长远利益之间的矛盾和冲突。如社区生活水平改善与原有文化及生活方式保存的冲突，政府机构保护资源环境与获取税收的冲突，旅游者追求享受与履行生态责任的冲突，旅游企业获取利润与履行社会责任的冲突等。因此，需要在各利益主体之间建立既共同合作、相互促进，又彼此约束、相互制衡的机制。

为了保证资源得到合理有效的利用，利益主体之间需要通过签订契约等形式进行分工、分配、调动和共同建设，并相互监督，以促进合作的顺利进行。比如，在乡村旅游共生系统中，可以通过利益主体之间订立协议，并由政府机构以行政手段来维护协议，使得政府机构在乡村旅游中既发挥政策指引、行业调控、对其他利益主体进行监督的职能，同时又行使社会公众及其他利益主体的监督职能。对其他利益主体，该协议既要保障旅游企业投资、开发和经营的权利，又要对其破坏生态资源环境进行约束，并接受政府机构的管理和其他利益主体的监督；既要维护社区居民参与旅游规划编制、企业经营及其他活动的权益，又要对其行为进行引导和规范；既要使旅游者消费产品和获得服务目的得到切实实现，又要保证其活动符合政策法规的规定和道德的允许。

　　总而言之，需要建立一个多方参与、相互支持、彼此制约的利益主体协调机制。在这一机制中，各利益主体之间依据各自的成本和利益以开放规划、资源共享和管理协调等方式相互支持合作，同时又通过签订契约、订立协议以及政府调控等手段相互约束制衡。这一机制可以简单表述为图1-1。

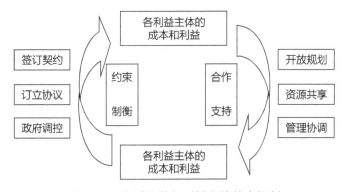

图1-1　乡村旅游各利益主体共生机制

二、乡村旅游各利益主体实现共生的措施

1. 政府机构的共生措施

　　乡村旅游共生系统是一个利益关系复杂的系统，其受益群体不是特定的，需要政府机构充分发挥其调控职能，从总体上引导乡村旅游的发展。

　　（1）编制科学合理的乡村旅游发展规划

　　当地政府在进行乡村旅游规划的同时，必须以当地实际发展情况为参考依据，特别是要对本地社会、政治、经济发展状况进行深入分析。另外，政府机构还应该严格管理乡村旅游规划市场，规范评审制度和程序，监督已经获得通过的规划的切实执行，确保乡村旅游项目开发建设的各个环节按照规划实施。

（2）加强和完善乡村旅游立法

鉴于乡村旅游经济的特殊功能及其在实现旅游经济可持续发展战略目标中的重要地位，尤其是对于那些列入重点保护对象的、不可再生的、宝贵的、脆弱的乡村旅游资源，国家、地方一定要制定乡村旅游区保护条例、乡村旅游景区服务条例。依法规划与开发并进行环境影响评价，制定相应的乡村旅游环境标准，作为乡村旅游环境的管理与评估工作的评价标准和技术依据。

（3）制定保障乡村旅游发展的经济政策

一是财政补贴政策，即政府出钱补贴有利于保护环境的生产者或经济行为，以此方式鼓励企业采取保护环境的生产方式；二是税收政策，即通过税收政策来调节乡村旅游各利益主体的行为，进而促进乡村旅游朝着健康、和谐、可持续的方向发展，这也是政府机构管理乡村旅游的一个重要政策；三是经济处罚和收取排污费，是指政府相关部门对污染环境的企业按照污染程度收取环境治理费用，让污染企业承担治污成本。

2. 旅游企业的共生措施

乡村旅游更注重满足游客的精神需求（如亲近自然、体验不同的社会文化，获得生态知识与生态文明教育等）或实现旅游者精神世界的充盈。因此，在生态环境和文化保护方面，对旅游企业有着更加严格的要求。

（1）通过绿色管理引导旅游者的乡村旅游行为

在乡村旅游景区，通过导游图例、路线标、旅游指导手册等设备的设置，大力开展乡村旅游理念的宣传。旅游经营者在进行产品推广和宣传的过程中，可以将产品与线路有机结合在一起。积极引导旅游者，形成有利于生态文明建设的旅游消费方式和旅游价值观。

（2）与社区居民分享利益

旅游企业可以通过为当地居民提供旅游业各个层面的就业机会，使其充分参与企业的发展、决策，或者租用当地社区居民的建筑物、土地等不动产，或者允许他们以参与入股企业等形式与社区居民分享乡村旅游发展的收益。应鼓励当地社区居民参与到旅游经营活动中，如可优先让经济条件较差的村民参与其中。通过乡村旅游经济的发展来提高经济收入、改善生活水平是景区当地社区居民的迫切要求，旅游企业应该顺应这样的要求，积极主动地与社区居民分享利益，取得他们的支持。当然，这也是提高旅游地社区文明程度、促进生态环境保护的物质前提和现实基础。

（3）保护资源和环境，减少负面影响

在发展乡村旅游的过程中，旅游企业必须重视对生态环境和旅游资源的保护，使优美的生态环境能够维持，高品位的乡村旅游资源不致退化。在实际操作中，应重点解决旅游开发、生态环境保护、旅游服务等方面的问题，让后代人也能分享由其带来的生态体验和美学体验，实现经济收益和生态收益的协调一致，确保乡村旅游经济在生态上的持续性。

3. 旅游社区居民的共生措施

乡村旅游发展与当地居民的利益密切相关，社区居民参与相关政策的制定就是不可缺少的，只有这样才能反映他们的根本愿望，满足他们的根本利益。必须让当地居民参与决定他们需要什么样的旅游开发，他们在开发中需要做什么，以及他们在发展乡村旅游中可以获得什么。

（1）积极参与旅游决策

为保证社区参与决策机制的实施，在社区和乡村旅游开发经营者之间要建立良好高效的沟通渠道，并且积极创设本地旅游社区组织机构，将旅游事宜随时宣传和公布出去，建立健全旅游协商、通报制度，所有的旅游决策方案均需要当地社区旅游组织机构对其进行审核、分析。

（2）参与乡村旅游业的经营和管理

社区居民可以通过旅游企业提供的就业机会直接从事旅游服务活动并获取劳务收入；通过自主经营的形式，如开设家庭旅馆、餐馆可以直接参与利益分配；可将家庭拥有的土地、建筑物、资本，或者其他形式的设施和资本等量化为股本参与旅游开发以获取收益；也可以通过参加乡村旅游区的管理建设工作，如看护森林公园等获得相应报酬。

（3）维持良好的治安和淳朴的民风

传承社区自身独特的文化，提高居民道德水平，保持社会秩序的和谐稳定等，是社区自身发展的需要和时代发展的需要。同时，社区淳朴的民风、良好的治安、热情的民众，结合乡村旅游区特有的优美自然风光和丰厚的文化底蕴，形成了旅游区的整体形象，给旅游者留下美好的印象，让旅游者收获到满意的乡村旅游体验。

4. 旅游者的共生措施

保护旅游资源和生态环境是乡村旅游的要旨。作为一名合格的乡村旅游者，应该具有较强的环境意识与旅游伦理。这种意识与伦理不是天生的，需要通过外界给予约束、教育和培养，也需要自身的努力学习和提高，约束和改变自己的不良行为，把环保意识落到旅游实处，融于旅游活动的各个方面，让乡村旅游、低碳旅游、负责任旅游成为自觉行为。

（1）严格遵守乡村旅游相关的制度规范

政府机构通过制定相应的政策法令和规章制度对乡村旅游者的行为进行规范和约束。乡村旅游景区也可以制定旅游者行为规范或者旅游者行为守则等，引导旅游者活动的合理性和生态化，如规定旅游者不乱丢垃圾、不污染水土，不踩踏植被，不采集动植物样品，不接近、不追逐、不恐吓动物，尊重旅游目的地文化，等等。此外，乡村旅游企业通过配备高素质的专业人员来指导和约束旅游者，避免其旅游行为对生态资源和旅游环境造成破坏。

（2）通过自我学习提高生态保护意识

乡村旅游者可以通过直接的书本内容学习和间接的旅游实践活动学习，来提高自己的生态意识和绿色消费能力，改变不利于环境的行为习惯和生活方式。乡村旅游者通过相关的科普读物了解大自然的丰富多彩和无穷奥妙，了解某些原生态文化的神秘莫测，能够激发其产生强烈的爱护自然环境和生态文化的意识。

（3）在日常生活中推广普及生态环保意识

乡村旅游者不仅需要将保护资源和环境的知识以及可持续发展的理论应用到乡村旅游行为当中，而且要将这些知识和理论应用到日常生活当中。乡村旅游者固然要在生产生活的各个方面体现出生态性原则，还应该为推广和普及这种生态化的行为方式贡献力量。

第二章

乡村旅游高质量发展

政策与环境策略

　　乡村旅游作为推动新时代乡村振兴战略有效实施的重要动能，在整合乡村优质发展资源、提升乡村发展层次等方面发挥着巨大的作用。在当前全面乡村振兴战略深入推进的情况下，乡村旅游需要从产业链的全局出发寻求能够促进乡村旅游常态化、高质量发展的路径，推动乡村旅游高质量发展。

　　中国的乡村聚集了 70% 以上的旅游资源，浓郁的乡土文化、独特的民族风情、多彩的民俗特色、秀美的田园风光，使中国的乡村旅游充满了魅力，可勾起人们的乡愁。发展乡村旅游对于加快新农村建设、实现乡村振兴和农民增收等方面有重要作用。同时，对于提高农民生活质量、扩大村集体经济收入、促进农业发展、拉动城镇居民消费意义重大，对于调整国民经济结构、推动经济发展方式转变同样具有重要作用。

　　乡村旅游市场需求旺盛、兴村富民效果突出、跨界融合显著、发展潜力巨大，既融合"三产"，又紧密连接农业生产、农产品加工业、农村服务业，是一种新型的产业形态和消费业态。近年来，乡村旅游迎来最好的历史机遇，中国乡村旅游业呈现出蓬勃发展的势头，呈现出巨大的经济效益、生态效益、社会效益和文化效益，是新时代促进居民消费扩大升级的重要途径，是农村经济发展的新动能，是当前实施全国乡村振兴战略的突破口。

　　国家旅游局把 1998 年的旅游活动主题确定为"华夏城乡游"，从而掀起了中国乡村旅游的热潮。1999 年，国家旅游局推出"生态旅游年"，开展乡村农业生态旅游。2006 年被国家旅游局确定为"中国乡村旅游年"，乡村旅游成为我国旅游业的生力军。2007 年，国家旅游局又启动了"中国和谐城乡游"等一系列活动。2009 年，国家旅游局规划财务司发布了《全国乡村旅游发展纲要（2009—2015）》（征求意见稿）；国务院颁发了《关于加快发展旅游业的意见》，推动和提升我国乡村旅游的发展，明确要"把旅游业培育成国民经济的战略性支柱产业和人民群众更加满意的现代服务业"。2017年，中共中央、国务院发布《关于深入推进农业供给侧结构性改革　加快培育农业农村发展新动能的若干意见》（中央一号文件）。以上政策或文件的发布都表明了国家对发展乡村旅游的积极态度及重视程度。

第一节　现有政策和环境的评价和不足

一、现有政策和环境的评价

1. 国家出台一系列政策来保障乡村旅游发展

中国乡村旅游自发展以来，凭借其在农业、游憩、经济、文化、民俗、教育、保健等方面的多种功能，得到了国家、各级政府和相关部门的大力支持，先后出台的一系列政策文件为中国乡村旅游的发展提供了相关政策和支持保障措施。

国家在乡村旅游发展政策方面，也出台了美丽乡村建设、乡村振兴等相关文件和政策，在具体实施中通过资金扶持、项目扶持、标准制定、星级评定等方式做了大量工作。中国乡村旅游兼具旅游业的高成长性及先天的脆弱性，乡村旅游发展离不开政府的扶持、推动。各级政府都要把乡村旅游作为稳定农村、改善民生的重要手段，并且要在资金、政策上给予大力支持。

2. 国家政策支持乡村振兴与乡村旅游发展

大力发展乡村旅游，目的是要推动新农村建设及城乡统筹发展，实现"三农"转型发展，目的是要拉动内需及推动农村经济结构调整升级，形成共同培育、支持乡村旅游产业发展的强大合力。各级政府站在全局和战略的高度，充分认识到发展乡村旅游的重要意义。中国乡村旅游资源丰富，旅游资源多、旅游产业发达的地区，更应将乡村旅游放在优先发展的战略位置，建立相应机制和有效配套措施，使乡村旅游资源得到深入开发和规模化发展，真正实现农村美、农民富、农村集体经济强。

国家支持乡村旅游通过挖掘当地的风土民情、民俗演艺等，将农业生产、农耕文化和农家生活以商品的形式出售，让游客体验农耕活动与乡村生活，满足人们对乡村生活的精神需求，满足游客"乡村梦"的同时让农民拥有强烈的获得感，以乡村旅游为主线，带动乡村社会经济发展，形成宜居、宜业、宜游的美丽乡村，对乡村旅游进行大力支持。

乡村旅游必须在政策的指引下坚持以创新、协调、绿色、开放、共享的新发展理念和"绿水青山就是金山银山"理念为引领，以深入推进农业供给侧的结构性改革和培育农业农村发展新动能为主线，以实现"村庄美、产业兴、农民富、环境优"为目标，通过基础设施、特色产业、公共服务、环境风貌建设，达到农村生产生活生态"三生同步"，农村一二三产业"三产融合"，农业文化旅游"三位一体"。

二、现有政策和环境的不足

1. 乡村旅游发展缺乏完善的法律法规保障

目前中国乡村旅游建设还处于"九龙治水"状态，没有明确一个机构对乡村旅游发展进行管理，没有充分发挥政府主导作用，涉及发改委、建设局、农业农村局、旅游局、环保局等多个部门，相关的建设资金较为分散，没有形成合力。在中国乡村旅游发展的实践中，也存在利益多头管理的现象，出了问题无人负责，在保障经营者和游客利益上政府职能部门责任不清，这阻碍了中国乡村旅游的良性发展。

目前，全国还没有出台乡村旅游相关的专门的法律法规，主要是靠国家的红头文件支持乡村旅游的发展，经营无法可依，消费者的权益受到侵犯，无法得到保护，政府行政部门在发现问题后，也无章可循，导致许多乡村旅游地发展目前还处于一种自发或探索状态，这在一定程度上阻碍了乡村旅游发展。

2. 乡村旅游开发缺乏科学规划

中国现有乡村旅游政策方面还存在以下问题：科学规划是发展中国乡村旅游的基础，但许多乡村旅游区缺乏总体规划，环境破坏、浪费土地等现象严重。当前中国开发乡村旅游中的盲目、自发状态，造成了资源、人力、财力的巨大浪费，也使乡村旅游产品雷同、特色不明显，影响了乡村旅游的可持续发展和进一步做大、做强。由于缺乏统筹安排和规划，乡村旅游发展中各自为政、重复建设现象较为突出。很多乡村旅游项目普遍以传统的农家乐项目和观光游为主，产品层次偏低。乡村旅游产品的文化内涵挖掘不足，特色性较差，体验性设计偏少，缺少与科普、体育、康养、教育等产业的有效融合，乡村旅游产品的创新设计和地方特色不足。

部分发展乡村旅游的地区还存在设施滞后与服务水平偏低，产业融合的平台偏窄等问题。主要原因是中国地理环境复杂多元，有的以山地丘陵为主，多数乡村地理位置偏僻，交通条件、环卫设施和配套设施水平较低，有些乡村还存在内外部道路水平较低，停车、食宿、水电、通信、安全等配套不完善等问题。在相当大的范围内，乡村旅游的设施还存在卫生条件较差等问题，由于没有整体的科学规划，容易出现旅游的六要素不齐全或质量不高的现象，这些都影响了游客的旅游体验感，从而影响中国乡村旅游的发展。

3. 乡村旅游发展破坏当地生态环境

没有科学规划的建设开发，大量游客的涌入导致乡村旅游地的植被被破坏。中国的乡村由于空气清新、自然，吸引了城市游客前往旅游、休闲。但发展乡村旅游也会产生负面效应，即乡村旅游发展过程中，在交通的发展，景点的开发，餐饮、住宿、购物等方面的旅游资源和产品过度或规划不当的开发导致旅游景区的自然环境被破坏，旅游资源和产品超承载力消费导致对旅游环境的污染破坏及旅游资源的耗竭。乡村旅游的无序开发导致大量外来人员涌入，各种基础设施的不配套，特别是停车场、旅游厕所建设滞后，影响了乡村旅游目的地的卫生条件和生态环境。例如，因为游客的增多，大量随地丢弃的饮料瓶、食品包装袋、生活垃圾等固体垃圾在乡村旅游集中地区随处可见，严重影响了当地的环境卫生，可能对地下水造成污染，也严重影响了当地农民和到乡村旅游的游客的生活和健康。

4. 乡村旅游发展可能破坏了乡土文化

在中国乡村旅游旅游资源中，原生态的乡村特色文化、地方民风民俗资源是选择乡村旅游的游客最想体验与看到的。但部分乡村旅游经营者为了谋取经济利益，可能对当地乡土文化进行了恶俗包装，存在低劣甚至是恶搞的乡村娱乐表演，部分乡土文化项目没有经过有关部门的批准或认证就公开演出，使原有淳朴的民风民俗变得庸俗化或商业化，这样乡土文化的内涵和优秀元素都难以得到体现。部分地区具有乡村文化特色的手工艺品也存在粗制滥造的现象，缺乏实用价值或质感差，甚至是工业化大生产，使具有乡村文化特色的手工艺品失去了该有的传统的乡村艺术价值。

5. 乡村基础设施建设不完善，旅游衍生产品开发不够

乡村旅游的基础设施建设起步晚、底子薄，虽然近几年对基础设施建设投入较大，但乡村旅游地大都处在城市的郊区和经济发展水平相对较低的农村，还不能向成熟的旅游目的地看齐，还满足不了到乡村旅游的游客的需要。部分地区乡村旅游产品单一，并未形成系列，乡村各种资源未能充分有效地利用整合，重复建设多。产品深度开发不够，许多乡村旅游产品只是在原有生产基础上简单改动，文化品位不高，难以体现当地特色，从而影响了乡村旅游发展的后劲。

乡村旅游对旅游者最有吸引力的主要是"农、土、绿、特"，但部分乡村旅游不珍惜自身优越的生态环境、农家特色、自然风光、民风民俗等特有内容，把原本田野飘香、溪水潺潺、青山绿水的乡村，变成了一个四不像地区，这样就使当地的乡村旅游失去了其本来特色。

6. 对乡村旅游人才的培养力度不够

目前中国乡村旅游从业人员文化素质还偏低，缺乏系统化培训，旅游服务意识较弱，服务水平偏低，造成乱设摊点、欺客宰客现象时有发生，难以为游客提供规范化和个性化服务，成为制约中国乡村旅游发展的瓶颈。

7. 乡村旅游产品特色性较弱和层次偏低

中国乡村旅游出现遍地开花的现象。当前中国的乡村旅游多倾向于对住宿和饮食产品的浅层次开发，对乡村旅游的文化、教育、康健、研学等功能挖掘不足，与农业、科普、文化、创意等领域的融合度不高，中国乡村旅游产业总体上也还是起步状态，协作意识不强，部门之间缺乏合作。旅游的六大要素产业及其上下游关联产业之间并未形成合力。从中国乡村旅游经营收入的分项构成看，仍以住宿和餐饮收入为主，游乐体验等其他类项目收入较低。同时，当前中国的乡村旅游以分散的家庭经营为主，规模小、各自为政、管理粗放，区域间的横向融合不足，造成乡村旅游业态单一、档次不高、产品同质化问题较为突出。

8. 资金投入不足和融资渠道单一

目前中国乡村旅游发展中，地方政府支农资金有限，"三农"相关资金分散，部分扶持政策的针对性和实效性不强，主体依靠银行信贷，融资渠

道相对单一。乡村旅游发展面临着资金短缺、资金供给不充分、融资能力弱、融资渠道单一的窘境，造成了乡村旅游产业资金投入不足。

乡村旅游具有旅游产业的特性，是一个高度关联的产业，乡村旅游建设是富有时代性和创新性的新农村建设模式。乡村旅游促进农村经济发展、推动社会主义新农村建设的强劲动力决定了对乡村旅游的投资是持续增加的，要加大以美丽乡村为载体的社会主义新农村建设的投入。

9. 税费政策有待优化和完善

目前中国对发展乡村旅游实行的税收政策，大多为税收优惠政策。主要是因为乡村旅游发展过程中，人们主要强调乡村旅游作为一项朝阳产业和富民工程，造血功能强，惠及百姓广，是促进农业增效和农民就业增收的新途径，是推进新农村建设和城乡统筹发展的新平台，是丰富旅游资源和提高居民幸福指数的新场所。为推动绿色低碳乡村旅游，要发挥税收的调节作用，对发展乡村旅游过程中导致环境污染和资源破坏的企业征收税费，引导社会资金流向。

第二节　持续推进高质量发展的政策保障

一、土地供给政策

1. 土地对乡村旅游发展的重要性

乡村旅游的发展与农村土地资源的开发利用息息相关，制约中国乡村旅游发展的主要因素是土地问题，特别是大棚房事件出来以后，国家加大了对土地的监管，耕地是红线，是国家战略。国家实施了新型城镇化、生态文明建设、供给侧结构性改革等一系列战略举措，实行建设用地总量和强度的"双控"，严格节约集约用地管理。先后出台了《基本农田保护条例》《农村土地承包法》等，对土地开发的用途管制有非常明确的规定。特别是《国土资源部　农业部关于进一步支持设施农业健康发展的通知》（国土资发〔2014〕127号）的发布，更是将该要求进一步明确，使得发展休闲农业在新增用地指标上面临着较多的条规限制。

农村土地资源是乡村旅游得以发展的物质基础，同时也是实现乡村旅游发展繁荣的决定因素，但由于一直以来土地资源归属国土资源部管理，乡村旅游由国家旅游局监督，两者的集成综合效应被忽略了。严格的土地政策也限制了部分乡村旅游项目的建设和实施，审批手续难、费用高、景区扩建新建难的现象普遍存在。发展乡村旅游必须有一定的土地保证，在这种情况下，2017年中央一号文件专门强调提出，要完善新增建设用地的保障机制，将年度新增建设用地计划指标确定一定比例，用于支持农村新产业、新业态的发展，允许通过村庄整治、宅基地整理等节约的建设用地，通过入股、联营等方式，重点支持乡村休闲旅游、养老等产业和农村三产融合发展。

乡村旅游的发展及由此延伸的各类活动是土地资源与乡村旅游相结合的产物，土地资源与乡村旅游之间存在一定的相关性，例如农业生产的农作物用于农业观光，自然存在的林地和草地用来生态旅游，淳朴古老的农村建筑形成了民俗文化旅游，以及特色农家饭形成特色餐饮旅游。农村土地资源通过合理、高效开发利用是新农村建设的内容之一，国土资源部联合住房和城乡建设部、国家旅游局出台的《关于支持旅游业发展用地政策的意见》目的便在于提高旅游业用地市场化配置和节约集约利用水平，为发展中国乡村旅游提供土地政策支持。政策主要的亮点是放活农村用地政策，赋予农民集体和个人更多的土地发展权。这是中国逐步放活农村土地的改革思路在乡村旅游方面的实施。

2. 土地管理对乡村旅游发展存在的不足

（1）土地管理机制不完善，缺乏政策引导和监管

乡村旅游土地规划管理涉及多个部门，包括土地部门、工商部门、农业部门、林业部门、房产部门等。目前我国对乡村旅游发展中土地管理界限模糊，职权不明确，导致土地在实际利用时出现交叉管理、重复管理的现象，或是各部门相互推诿，最终出现没有部门管理的现象，说明乡村土地在监督管理上机制不完善，存在的诸多困难均不利于中央政策的贯彻和执行，且严重制约农村土地的高效利用和当地乡村旅游的发展。

近年来，国家对于旅游产业的重视和旅游产地用地试点的推行，增加

了地方"旅游兴市"的动力,党的十八届五中全会也将"大力发展旅游业"作为"十三五"期间构建产业新体系的重要内容。然而,随着我国旅游业的蓬勃快速发展,其土地使用面临的新问题逐渐凸显。旅游业用地政策分散于其他行业之中,系统性不够。旅游业是综合性产业,涉及的土地用途和权利类型复杂多样。不仅要用到建筑土地、农林用地,还要涉及未利用地等。在我国的土地使用类型中,旅游用地一直被归为与商业用地、娱乐用地并列的营利性较强的建筑用地。日益增长的旅游用地需求和相对紧缺的建设用地指标之间的矛盾十分突出。

随着经济发展,国家简政放权,明确提出要落实集体所有权,稳定农户承包权,放活土地经营权,土地流转模式将变得灵活,也将进一步影响乡村旅游发展。乡村旅游是未来发展的朝阳产业,于社会、经济发展都十分有利,它同时结合第一产业与第三产业,也非常有发展前景,但是在其发展中不能忽视农民土地权益的保障,才能使社会安定和谐,经济平稳有序。综上所述,乡村旅游发展既包含了对资源的开发利用,又包含了对资源的整合重组、优化配置,通过相关利益主体的参与,产生经济效益从而进行利益分配。通过对相关研究的梳理发现,我国在实践中多以出租、转包、入股、置换、征收等流转方式获取土地发展乡村旅游。出租、转包、入股、置换是通过让渡土地承包经营权、宅基地使用权获得收益。征收是改变所有权权属的流转方式,将集体土地所有变为国家所有,一旦如此,土地收归国有后的用途与利益均与农民无关,征收补偿款则成为农民土地权益的最后实现方式,因此也成为土地问题带来的硬伤,需要加强对土地使用的引导与监管。

（2）土地流转还不够规范,利益分配还不够合理

近年来,乡村旅游发展中,土地权属不清晰、利益分配不均匀、经营主体不明确等现象主要是土地流转问题造成的。土地流转规范,利益分配合理下乡村旅游业的发展不仅能促进乡村旅游经济的发展,也能提高政府的财政收入。有些乡镇出面租赁农民土地再进行转租用于乡村旅游建设,对农民补偿费用较低,且在没有土地流转合同及职能部门鉴定和备案的情况下,流转程序不规范,当与政策有冲突时,容易造成农民利益受损。究其根源,是乡村旅游土地利用利益分配的不合理。

（3）规划衔接不足，一些乡村旅游用地的建设项目难以落地

旅游项目规划并未纳入土地利用总体规划，难获发展空间；部分景区旅游公共服务设施建设不足；粗放式旅游经济增长模式造成旅游用地浪费问题突出；存量用地使用低效和闲置现象比较严重，旅游用地节约集约水平有待提高。旅游新业态用地政策长期存在不明确现象，旅游用地长期处在土地使用的"夹缝"之中。现有土地管理制度与旅游产业发展的需要不相适应，尤其乡村旅游作为当前和今后旅游业发展的重点领域，但是，农民集体和个人缺乏土地发展权一直是制约其升级发展的重要因素。这些都已成为促进旅游业改革发展的客观需要。

随着乡村旅游、文化旅游、自驾车房车旅游、邮轮游艇旅游、研学旅游等新产品新业态的兴起，新的用地政策需求旺盛。而作为国民经济战略支柱产业与新兴服务业，未来必然会出现更多的旅游投资需求，新增旅游用地不可避免。改革完善旅游用地管理制度，推动土地差别化管理与引导旅游供给结构调整相结合，更成为支持旅游业发展的新课题。

3. 中国乡村旅游发展中农村土地资源可持续利用的对策

以农业活动为主体的乡村旅游与农村土地流转关系密切，两者的联系集中体现在土地经营权集中问题上。土地流转可以较好地解决旅游用地及旅游业发展面临的资金瓶颈，还可以盘活农村劳动力市场，推动乡村旅游的健康发展。乡村旅游开发要求集中土地经营权，其发展过程中带来经济效益并新增就业机会，可实现农民离土不离乡的愿望，最终使得乡村旅游成为驱动土地流转的重要因素。集中土地经营权以促进土地集约、节约、高效利用为目标，盘活区域内土地存量，实现土地增效，增加农民财产性收入，增强村级集体经济收入。

（1）科学规划乡村旅游土地资源

乡村旅游发展用地要有科学、长远的规划方案，遵循乡村旅游资源的纯真性，因地制宜对乡村旅游用地进行合理空间布局，坚持人与资源、人与环境、人与自然的和谐发展理念，坚持高效利用土地资源和保护土地生态环境相结合，合理布局住宅区、农业观光区、商业区、农耕区等不同功能模块。科学规划应主要从以下几个方面展开：①全面了解各地乡村旅游发展中农村土地利用的规模、类型、用途、效益及目前存在的问题等；②制定时间、空间上

的乡村旅游土地组合利用模式；③统筹乡村旅游资源核心区和边缘区土地资源利用模式；④完善乡村旅游发展土地保护监督和保护措施。只有科学、合理地进行旅游用地规划，才能避免雷同建设、重复建设，实现乡村旅游用地的可持续发展。

（2）建立土地经营权和宅基地使用权流转机制

在乡村旅游范围内完成农村土地确权登记颁证工作，建立农户对土地承包权、宅基地使用权、集体收益分配权的自愿有偿退出机制，提高资源利用效率，防止闲置和浪费。建立土地征收、集体经营性建设用地入市、宅基地制度改革试点，试点进行农村承包土地的经营权和农民住房财产权抵押贷款。

细化土地流转实施细则，方便土地使用权融资。尽管国家已明确农村土地使用权可以流转，但乡村旅游开发中土地使用权流转还面临很多困难，比如缺少土地使用权流转实施细则，乡村旅游涉及的非物质文化产权等也面临政策法规上的空缺。土地流转应依据国家有关精神,细化土地流转规则，制定遵循旅游发展规律的土地使用权流转操作办法，坚持旅游资源所有权、管理权与经营权相分离的原则，以承包、租赁等方式吸引社会资本参与旅游项目的开发与建设。积极发展以村庄或乡镇为单位的乡村旅游合作组织和股份制旅游企业，村民可以投入资金或出让土地使用权、房屋使用权等形式入股，参与乡村旅游经营，按股份分享经营收益，成为乡村旅游的受益方。

（3）规范推进建设用地调剂使用机制

在乡村旅游范围内允许建设用地指标调拨或集中使用，推动土地资产在整合中升值。高标准、高质量推进村庄整治，在规范管理、规范操作、规范运行的基础上，适当扩大建设用地增减挂钩规模和范围，同时运用现代信息技术手段加强土地利用变更情况的监测监管。

保障乡村旅游用地。乡村旅游以农村村落为场所，以田园风光、乡土文化、农事劳作、农家生活等为旅游资源，通常对土地有较大需求。各级政府在年度土地供应中，要适当增加旅游业发展用地比重。对符合土地利用总体规划和城市总体规划的乡村旅游项目，优先考虑安排建设用地指标以满足乡村旅游发展的要求。对于投资规模大、产业拉动效应强的项目，更要在地价上或政策上给予一定优惠。合理引导农村土地使用权流转或变更，进一步促进土地规模化经营，确保乡村旅游项目的土地使用形成"集中、连片、规模"的效应。重大乡村旅游项目在用地上确需调整土地利用总体规划的，应允许依法按程序及时调整，做到最多跑一次。

（4）建立低丘缓坡地开发机制

在坚持最严格的耕地保护制度、确保生态安全的前提下，在田园综合体内开展低丘缓坡地开发试点。通过创新规划计划方式、开展整体整治、土地分批供应等政策措施，合理确定低丘缓坡地开发用途、规模、布局和项目用地准入门槛。村民的承包土地统一流转给村股份经济合作社，再由村股份经济合作社统筹土地资源招引投资商入驻，签订合同，若发生纠纷则由村集体协商解决。采取土地经营权转让、土地经营权入股等方式，以规模化的土地流转，确保经营权流转出的农户增加财产性收入和村级集体经济收入增加。

（5）提高生态环境保护意识

中国乡村旅游发展以农家乐和乡村农业观光采摘型为主，导致生态环境受到较为严重的污染。改善生态环境的主要措施有：①在发展农家乐的同时，应加大对住宿、餐饮等行业的生活垃圾和污水的处理，必要时建设垃圾填埋场及污水处理厂；②在以观光采摘农产品为主的乡村旅游发展中，应严格控制化肥、农药的使用量，尽量降低土壤的破坏程度，大力发展绿色、无公害农产品，发展有机农业，阻断土地污染源头，保障食品安全；③对水土流失、破坏严重的土地，应加大园林生态建设，修复土壤结构，保护生态安全。

（6）建立健全土地管理和监督机制

中国在乡村旅游发展土地开发中，有关管理部门应加强沟通，制定土地规划审批管理制度，明确责任，健全旅游用地开发利用程序。针对中国乡村旅游发展中因土地征收制度、土地流转制度不健全而导致的混乱、无序、无人监管的乱象，政府应在乡村旅游用地流转、规划、开发、利用及经营等环节加大监督力度，坚决杜绝随意更改土地用途、征收及开发土地资源、扩大土地使用面积等违法违规使用土地行为。同时，政府应采取购买农民土地发展权、农民入股土地分红、土地租赁、土地转包等流转形式，以维系土地资源的健康、高效、可持续利用。

（7）协调土地相关者的利益分配

乡村旅游土地发展中农村土地增值的主体受益者应为农民，但目前部分乡村旅游开发中的农民在乡村旅游土地发展中参与不足，处于缺失地位，导致乡村旅游用地收益分配体系不合理。因此，政府及相关参与者应以农民利益为主体，做好挖掘乡村资源和高效合理利用土地资源的政策引导和服务工作，协调好开发商与农民之间的利益分配，杜绝与民争利，以发展乡村旅游来实现兴村富民。

二、财政政策

1. 中国主要的乡村旅游财政政策

（1）出台了一系列发展乡村旅游的财政政策

在国家大力促进旅游产业发展战略的指引下，全国各级政府部门制定了一系列发展乡村旅游、推进社会主义新农村建设的政策，通过政策的引导及直接投资方式促进乡村旅游发展。

其中包括财政直接投资，主要表现为财政对乡村旅游基础设施的投资，财政对乡村旅游资源开发与保护的投资，财政对乡村旅游目的地形象宣传和促销的投资，财政对乡村旅游人才培养的投资，财政对乡村旅游信息化（智慧旅游）系统建设的投资，财政对乡村旅游产品设计开发的投资，财政对乡村旅游市场规范的投资，财政对从事乡村旅游企业的投资，等等。

（2）安排专项财政资金，支持乡村旅游发展

为了促进旅游产业发展，各省区市都设立了支持旅游产业发展的项目资金。主要有：旅游发展专项资金，支持公共旅游设施建设、旅游规划、旅游宣传促销、旅游市场整治等支出；设立服务业发展专项资金，重点支持购物中心建设、旅游购物和餐饮、物流以及会展业发展的支出；设立文化产业发展专项资金，推进文化科技创新和文化传播体系建设，推动文化企业"走出去"以及支持当地特色文化、民俗文化的挖掘、整理、保护、提升以及旅游文化产品开发等方面的支出。

（3）设立专项旅游基金，促进乡村旅游产业发展

目前全国投资发展乡村旅游产业的大型企业还较少，农户又缺乏投资实力，因此，现阶段中国乡村旅游发展，仍要依靠政府投资撬动社会投资，政府投资先行，开启旅游基础设施建设，优化旅游投资硬环境，构建完整的乡村产业链和板块经济体系。建议省财政每年年初预算中安排一部分资金用于设立专项旅游基金，每年从中拿出一定比例作为乡村旅游发展专项基金和配套资金，主要用于项目区及周围地区公共基础设施的建设、改造升级以及乡村旅游项目的投资补助或贷款贴息。

（4）安排财政资金用于农村基础设施建设

近年来，全国各级财政不断加大对"三农"的投入力度，无论是资金规模，还是增长速度都是前所未有的，各级财政筹措资金先后实施加大基础设施投放、生态修复、卫生条件整治等，筹措资金实施退耕还林、森林生态效益补偿，要求实现村村通公路，乡村通电率均达100%。财政对民生的支持力度也在加大，在教育、医疗、卫生、社保、保障房等民生领域加大财政支出。有力地推进乡村社保、健康、教育、土地整治、农补、生态、交通等为乡村办实事工作。大力推进美丽乡村建设，农村积极朝"生产现代化，生活优质化，环境优美化"方向转变，社会主义新乡村建设初见成效。

2. 现行财政政策促进乡村旅游发展的成果

（1）完善农村基础设施建设，改善乡村旅游环境

近年来，全国各级财政不断加大"三农"的投入力度，农村基础设施也日益完善。全国开展美丽乡村建设，改善了乡村旅游环境，对乡村旅游景区的建立及与当地社区的融合起到了积极的作用。这不但使得乡村旅游的吸引力增加，也使得旅游产品的质量得以提高，可以为乡村旅游提供了良好的生存环境和产品支持。

（2）推进社会主义新农村建设，实现乡村振兴

乡村旅游的发展能拉动农村经济迅速发展和推进社会主义新农村建设，体现出我国经济社会发展进程中第三产业和第一产业的良性互动关系。第一产业与旅游业发展紧密结合，促进乡村旅游的发展，可以解决农村富余劳动力就业问题、实现农民增收、调整农村产业结构、改善农村风貌。景区建设在土地征用和开发过程中，还会尽量保留土地地面上种植的经济作

物，并把经济作物的收益权归原农户所有。景区这些村民受益是最大的，他们至少有四个方面的收入，第一是土地出租收入，第二是出租土地上的农作物收益，第三是景区就业工资收入，第四是劳动产品收入（包括出售自制手工艺品、土特产等收入）。部分农村依靠乡村旅游业，实现了发家致富，实现了建设美好家园的愿望。

（3）财政支持为乡村旅游发展打造了新格局

无论是财政资金用于农村基础设施建设，还是财政预算安排设立了直接和间接支持乡村旅游产业发展的项目资金，以及各种税收优惠政策的实施，都为中国乡村旅游发展打下了坚实的基础，发展乡村旅游已经成为推进社会主义新农村建设、解决"三农"问题和全面建成小康社会的一条有效途径。目前全国各部门和各级政府充分发挥自身优势，对发展乡村旅游做出具体的安排部署，发展具有当地特色的乡村旅游经济，同时还研究和制定了促进乡村旅游发展的财政政策文件，逐步形成推进乡村旅游发展的良好格局。

（4）形成了一批具有特色的乡村旅游产品

中国乡村旅游萌芽于20世纪90年代中期，近年来，一些乡村旅游景区围绕原生态、淳朴民俗等旅游资源深度挖掘生态文化，大力发展原生态旅游，不断提升乡村旅游规模和档次，目前已形成了自然生态风光游、农业生产和农村生活体验游、农民新村（文明生态村）游、农业主题公园游等乡村旅游产品。

加大财政与信贷支持。乡村旅游投入大、成本高，回收期较长，经济效益相对偏低，同时我国乡村旅游还处于低水平阶段，政府应在财政及信贷方面予以支持和落实。各级政府设立的旅游发展引导资金，应适当向乡村旅游的重点项目倾斜，扶持一批有发展前景、带动作用强、以公司加农户为经营方式的乡村旅游龙头企业；交通、水利、农业、林业、信息产业等部门在安排建设资金时，要提高用于乡村旅游重点项目配套的比重。建立乡村旅游宣传专项基金，用于乡村旅游整体形象宣传、乡村旅游节庆活动、建立乡村旅游服务和营销网络。加大对乡村旅游基础设施建设的信贷投入。设立贷款补贴、信用贷款、信用担保等方式，拓宽乡村旅游项目投融资渠道。对乡村旅游生产项目、旅游基础设施和功能设施建设项目给予贴息贷款或补贴。扩大以景点项目收费权或企业收益权为质押发放贷款的范围。由专业机构为乡村旅游企业评定信用级别，金融机构根据信用级别为企业发放信用贷款。通过政府再担保、行业协会成立担保中心、有实力的企业相互参保等形式为企业融资提供信用担保。

3. 现行中国乡村旅游财政政策的缺陷和不足

（1）投资性支出相对不足

财政直接投资是财政促进乡村旅游发展的最直接方式，但是财政资金是有限的，大部分市县财政尚属于"吃饭财政"，中国对促进乡村旅游的投资政策不够灵活，没有充分发挥财政资金带动社会、企业投资的杠杆效应，发挥不了"四两拨千斤"的作用，存在乡村旅游业投融资渠道不畅的突出问题。

我国随着经济的发展，积累了大量的社会资金和民间资本。财政应该发挥政策引导作用，吸引这些资金投入乡村旅游的发展，这样乡村旅游才能得到足够的资金来实现快速的发展，反过来促进经济发展、财政收入的增长和农民收入的增加，实现经济效益和社会效益互动。

（2）乡村旅游基础较差，财政投入压力较大

部分文明生态村虽然做到了村内路巷硬化，但通往交通主干道的道路却未能硬化，季节性行路难问题在部分地区依然存在。一些很有特色并已开展乡村游的地区由于较偏僻，加上道路间缺乏必要的标示，大部分村庄缺少必要的景物介绍牌，致使游客数量受到一定限制。一些地区住宿、餐饮、娱乐等接待设施基本没有，连最基本的公共厕所都没配备。整个旅游基础设施和服务设施离乡村旅游国际化的消费需求尚有很大的差距。

（3）财政对乡村旅游信息化和人才队伍的投放不足

中国的乡村旅游景区（点）由于起步较晚，总体水平参差不齐，布局无序，良莠并存，在乡村旅游信息化方面更是较弱。全区没有建设专门的乡村旅游信息网站，无法满足市场对信息的需求。

乡村旅游存在着旅游人才总量不足、结构不合理、地区分布不平衡、整体素质不高、流失严重等现状，与未来需求相比还存在较大差距，特别是乡村旅游开发管理过程中，当地经营带头人、旅游接待人员的低素质，专业的策划、管理、经营、营销、规划设计等方面的人才缺乏等严重制约乡村旅游的发展。

4. 促进乡村旅游发展的财政政策建议

（1）加大财政对乡村旅游业的投入

①加大乡村旅游基础环境的投入

完善旅游基础设施，提高旅游区的可进入性是发展乡村旅游首先要解决的问题，积极落实中央的"村村通公路"政策，并在全国率先推行美丽乡村建设，大力推进乡村基础设施的建设，也给中国大多数农村带来翻天覆地的变化，文明生态村内大都做到了通水通电通路。争取中央财政对各地的转移支付政策，利用中央政策争取更多的发展建设资金投入，同时各级政府要加大财政投入，在"村村通公路"和文明生态村建设的基础上，整合资金，加快推进旅游村实现基础设施城市化、服务配套设施现代化、农村景观生态化、交通便利化等"四化"建设，开发广阔的农村旅游天地，促进乡村旅游发展。

②加大对乡村旅游资源的建设开发和保护投入

良好的旅游资源是乡村旅游可持续发展的宝贵财富，优美的生态环境和多元性文化是增强旅游吸引力的保障。加强生态旅游，既可以改善当地环境，还可以推动当地经济发展，对提高当地农民收入也具有重要作用。必须要按照科学发展观的要求，严格坚持科学保护、合理开发和永续利用原则，不能涸泽而渔、杀鸡取卵。优先开发经济基础较好、资源条件优越的乡村，并做好规划，特别是在开发前要对可能造成的环境影响、资源破坏等情况做出相应评估，做到未雨绸缪。适度开发经济基础薄弱、资源条件一般的乡村；由于生态旅游区多位于生态脆弱带及环境敏感地带，旅游资源极易遭到破坏，所以对一些生态脆弱的地区或环境敏感地带及乡村旅游条件尚不成熟的地区，则暂缓开发，并制定相应的保护措施。由于乡村旅游具有开发的负面效应，需要政府整合资源，加大对乡村旅游自然资源的规划、开发建设和保护的投入力度，以实现乡村旅游的可持续发展。要坚持保护、合理开发和利用的原则，先科学规划，再建设开发。避免对自然资源简单、粗暴的使用，严防破坏性开发生态环境项目。还应当充分考虑和发挥乡土元素，保持乡村旅游资源的乡土性。就人文旅游资源而言，历史文物古迹、民族民俗文化、侨民风情、建筑设施、旅游商品、人文活动等也丰富多彩。人文旅游资源是人们智慧活动的结晶，有些破坏了就不可再生且难抢救。对这些稀有且脆弱的资源，我们要在专家的指导下做好保护和开发的规划工作，加大财政投入，抢救、挖掘、整理、传承、保护好这些人文旅游资源，进行有序开发，合理利用，实现自然资源和人文资源的有机结合，这样才能实现乡村旅游可持续发展。

③进一步加大对乡村旅游宣传促销的投入

为了扩大乡村旅游客源，应当让旅游消费者掌握更多的旅游产品信息。推广乡村旅游产品，要把旅游产品的信息有效地传递给消费者，才有可能激发消费者的兴趣。中国有很多独具特色的乡村旅游资源，但很多资源还深藏闺中，不为人知，要不断精心策划具有广泛影响力的活动和组织乡村旅游的整体形象宣传。要加大财政资金在这方面的投入，采取得力措施加大整体宣传促销力度，在继续要求市县及鼓励企业做好加大推介力度的同时，旅游部门要整合资源，统筹规划，上下结合，共同打造统一形象。

④加大乡村旅游人才培养的投入

要政策支持和资金投入，最关键的还是需要一支高素质、同旅游创新发展相适应的人才队伍。人才的培养是推动乡村旅游发展的重要因素，有高素质的乡村旅游从业人员才可能有高质量的乡村旅游产品，才可能有高质量的乡村旅游发展。目前，乡村旅游的人才培养中政府财政投入很少，与旅游资源大省建设不相适应。为此，各级政府要大力实施"人才强旅"战略和旅游发展"人才优先"战略，加大旅游人才培养财政资金投入，设立旅游人才培养专项资金，为乡村旅游人才培养提供坚实的财力保障，与专业院校配合建立健全一套既适合促进旅游建设又与国际接轨的人才培养和开发机制，形成机制健全、运行规范的人才开发体系和市场体系，使乡村成为国内特色旅游人才高地和旅游人才集聚区，使旅游人才队伍在数量、质量和结构上为乡村旅游发展提供有力支撑。

⑤加大乡村旅游信息系统建设的投入

乡村旅游是一门综合性的行业，其关联度高，涉及面广，辐射力强。其发展既离不开民航、铁路、交通等产业的协作配合，也离不开商业、餐饮、娱乐等方面的配套服务，信息是各环节互相联结的纽带。同时，乡村旅游作为一种新业态旅游，其对信息的依赖性特别强。特别是随着信息技术作为生产力中最活跃的因素日益渗透，从社会文化、技术力量、旅游市场结构等诸方面加速旅游国际化发展趋势，没有走信息化发展道路的地区都将陷于"信息孤岛"的状态。政府要加大对乡村旅游信息化建设的财政资金投入，科学有效地推进信息化工程建设，对乡村旅游信息化建设进行整体规划，制定统一标准，规范建设方向，建立起各种横向、纵向的联系，构成系统的网络平台，实现乡村、农家饭店、旅行社、管理机构之间的相互联结，为广大来乡村旅游的游客提供信息查询、投诉处理、紧急救援等全面、优质的服务。乡村旅游地相对来说信息较闭塞，群众文化素质较低，需要政府的引导，宣传这些优质产品，让优质的乡村旅游走出去。同时由于乡村旅游也是治安的盲区，需要政府的引导，促进乡村旅游业市场经济个性的完善，实现中国乡村旅游的质量提升。

（2）整合各类涉农资金，支持乡村旅游建设

建设美丽乡村需要大量资金投入，发展乡村旅游同样需要资金投入。以全国的财力来看，开辟新的专门资金渠道很困难，各级财政安排下达的相关涉农资金很多，把这些资金整合起来就可以形成具有相当规模的投资，也能避免重复建设。捆绑不同层面、不同渠道的涉农资金，统筹这些资金支持乡村旅游建设开发，促进各类涉农资金由"撒胡椒面"到"积沙成塔"式的高度集合，以形成合力，形成多元的支持乡村旅游建设的新格局，激活和带动全社会支持乡村旅游建设。各级政府要按照"多个渠道来水、一个池子蓄水、一个龙头放水"，"各炒一盘菜、共办一桌席"的思路，整合各类涉农资金进行统筹安排。在安排各类涉农资金时，要充分考虑乡村旅游发展需要并充分考虑乡村旅游元素，明确乡村旅游中各类资金的投入，在满足专项用途的同时满足乡村旅游发展需要，促进乡村旅游开发和新农村建设共同发展。旅游产业发展涉及旅游、财政、文化文物、发改、建设、国土、农业、林业、交通、水利等诸多部门，这就要求各部门遵循"渠道不乱、用途不变、统筹安排、各记其功"的原则，既要发挥各自的职能优势，又要分工协作、充分协商、合力推进，合理界定和找准在发展乡村旅游中的工作定位，建立联动机制，以支持乡村旅游发展、促进社会主义新农村建设为出发点和落脚点，充分整合利用现有资金和项目资源。如农业部门要做好产业支持、技术服务、农业基础设施完善、特色农产品开发与推广等方面工作；旅游部门要加大在乡村旅游规划、产品设计和开发、宣传促销、行业管理等方面的工作力度；财政部门要加强财政资金的监督管理，确保资金安全有效；其他相关部门分别对其归口管理的农村公路建设、文明村建设、水利设施建设、文化设施建设、农业综合开发、扶贫开发、改水改厕、污水处理、农村沼气建设、"一事一议"、各种培训补贴等资金和项目进行捆绑整合，合力支持和推进乡村旅游发展。

（3）进一步优化和完善税费政策

乡村旅游的发展是以农村自然风光、人文遗迹、民俗风情、农业生产、农民生活及农村环境为旅游吸引物，良好的环境是乡村旅游开发可持续健康发展的基础。中国在今后的乡村旅游建设中要走环境友好、集约高效、开放包容、协调可持续发展的绿色崛起之路。低碳绿色旅游是乡村旅游顺应低碳经济时代要求的必然选择，也是社会主义新农村建设的必由之路。税费政策作为经济引导和调控的重要手段，可以引导资源市场、要素市场、产品市场的重新调整，弥补市场机制自发形成的不合理的市场结构。因此，要通过采取税费限制政策与税费优惠政策相结合的方式，在减少环境污染、加强环境与资源保护方面发挥其积极的作用，以促进乡村旅游产业发展方式转变和发展低碳绿色乡村旅游。

①完善促进生态建设的税收政策

在旅游资源开发、建设和使用过程中，会产生各种各样的污染和不同程度的资源消耗，从而影响生态环境，因此要完善促进生态建设的税费政策，实施有利于把这些负面影响降到最低的税费政策，对产生这些负面影响的行为要课以重税，充分发挥税收的引导作用。

针对旅游资源开发方面，要从保护旅游资源生态出发完善资源税，强化生态环境的保护和自然资源合理开发利用。建议按资源税的税种属性，将资源税的征收范围扩大到所有应予保护的自然资源，包括土地资源、水资源、海洋资源、森林资源、草场资源、河川资源、滩涂资源、矿产资源、地热资源等。按照乡村旅游资源确定不同的税额，特别可以考虑对非再生的稀缺性旅游资源提高征收标准。通过税费政策的调节和引导，把旅游资源的开发和利用同纳税人的切身利益相联系，有利于政府加强对旅游资源的保护和管理，减少旅游资源的损失和浪费，也有利于激励旅游经营者提高乡村旅游资源的开发利用率，合理、有效、节约地开发利用乡村旅游资源。

旅游餐饮和旅游住宿需要大量的能源和水资源。据统计，一家酒店经营收入的能源消费占比15%，其中50%又被空调这个大能耗所消费。如果采用智能控制的先进中央空调设施系统，综合节能效果便可达空调总能源消耗的20%到40%。国务院印发的《关于加快发展旅游业的意见》也明确指出要推进节能环保，实施旅游节能节水减排工程，积极利用新能源新材料，广泛运用节能节水减排技术，实行合同能源管理，实施高效照明改造，减少温室气体排放，积极发展循环经济，创建绿色环保企业。充分发挥税费政策对经济的调控作用，一要发挥税费政策对低碳社会行为的引导，推动餐饮住宿在建筑材料、供热系统、空调系统、供水设施等方面采用新技术。加大优惠措施，在耗能少、可以回收利用、高科技含量的产品和企业节能技术的研发与节能产品的推广方面实行税费减免。二是发挥税费政策对高碳经济行为的调控，逐步降低餐饮住宿行业的碳排放。对资源消耗量大，以无法回收利用的材料或者难以降解的材料制造的产品，以及使用中会对环境造成严重污染而又有相关替代产品的各类物品，提高排污费等征收标准。

②提高税费政策产业扶持力度

可以充分利用农村旅游资源发展乡村旅游，优化农村产业结构，发展农村旅游业，增加农民收入，为新农村建设奠定基础。因此，可以考虑把乡村旅游作为现代乡村与旅游业相结合的一种新型旅游模式，既要享受"三农"的有关税费优惠政策，又要享受旅游产业的有关税费优惠政策。同时，乡村旅游业由于其行业特点，尚处于起步阶段，应加大对乡村旅游税费优惠扶持。可以参照新办高新科技企业的待遇，自营业之日起，享受三年的优惠期，所缴交增值税、企业所得税地方政府财政留成部分（增值税25%、企业所得税30%），由财政全额用于扶持发展；三年满后，所缴交增值税、企业所得税地方政府财政留成部分（增值税25%、企业所得税30%）的50%五年内用于扶持企业发展；乡村旅游企业聘用符合条件的当地农民进行就业的，可享受下岗失业人员再就业税收优惠政策；乡村旅游企业长期亏损且经营确有困难的，给予定期减免房产税；支持农民和社会力量自办旅游项目，对在农村经营的"农家乐""渔家乐"观光农业等旅游项目，加大免税额并提高起征点。应当鼓励和支持旅游企业进行宣传促销，在宣传促销费征收方面，政府有关职能部门要给予优惠扶持。要积极清理乱收费和不合理收费行为，减轻乡村旅游企业负担。

③完善财政投入机制，拓展融资渠道

中国乡村旅游还处于起步阶段，要求政府在财政上加大投入，但乡村旅游业发展仅仅依靠财政投入的增长是不够的，而且也缺乏发展的后劲，必须改变财政资金直接支持和"撒胡椒面"方法，创新和完善财政投入机制，充分发挥财政资金的杠杆放大作用、导向效应和对产业发展的支持效应，为乡村旅游业的发展拓展融资渠道，引导更多资金投向乡村旅游产业，以解决由于当地财政规模小而存在的财政资金支持乡村旅游不足的难题，最大限度地支持乡村旅游业的发展。

在乡村旅游开发建设中，建立"政府主导、业主开发、市场运作、多方参与"的开发体制，以财政投入为引导、企业业主开发为主体、社会资金为补充的模式，多渠道投入。通过财政补助、财政奖励、税费优惠、贷款补贴等措施，鼓励市场投资主体在确保农民利益基础上，以多种形式投资开发乡村旅游项目，兴办各种旅游开发性实体；鼓励农户和回乡创业农民工以房屋、宅基地、土地承包使用权、林权、资金和技术等参与乡村旅游投资开发。

建立财政补偿金融、金融扶植乡村旅游业的良性循环机制，拉动信贷资金投入。通过财政补贴与奖励、财政贴息、税费优惠、信贷损失的分担和补偿、信用担保等措施，改善金融业的融资环境，增强金融抵抗风险的能力，调动金融机构的投资热情，促使金融机构降低利率、改善贷款条件、增加信贷额度、扩大贷款范围等为乡村旅游贷款或低息贷款，以达到以少量财政投入拉动大量信贷资金的目的。同时通过财政补贴与奖励、税费优惠、再保险、风险贴息等方式，调动政策性和商业性保险机构开展乡村旅游业保险业务的积极性，化解乡村旅游投资者在经营过程中可能发生的风险。

建立财政资金与民间资本的联动机制，吸纳和引导民间资金投入。积极发挥财政资金的引导和撬动作用，通过设立乡村旅游创业投资基金、乡村旅游产业投资基金、乡村旅游股权投资基金等，吸纳民间资金，利用政府性融资平台（如城乡投资建设开发公司等）以阶段参股、跟进投资、风险补助和投资保障等方式引导民间资本介入乡村旅游业投资领域和投资项目。

三、金融政策

经济社会发展必须都要有经济目标，工商资本需要盈利、农民需要增收、财政需要税收、GDP 需要提高，多主体利益诉求决定了乡村旅游项目的建设资金来源渠道的多样性；同时又需要考虑各路资金的介入方式与占比，比如政府做撬动资金，企业做投资主体，银行给贷款融资，第三方融资担保，农民土地产权入股，等等，这样就形成了乡村旅游开发的"资本复合体"。乡村旅游发展需要整合社会资本，激活市场活力，但要坚持农民合作社的主体地位，防止外来资本对农村资产的侵占。运用补助、贴息、担保基金、风险补偿金等多种方式，提升资金使用效益；积极与金融机构对接合作，通过"财金融合"等方式创新投融资机制；通过财政撬动、贴息贷款、融资担保、产权入股、PPP 等模式，引入更多的金融和社会资本。

1. 中国主要的乡村旅游金融政策

发展乡村旅游离不开金融支持和金融服务，强有力的金融支持可大力促进乡村旅游可持续发展。通过"旅游＋金融"的模式，加强金融对乡村旅游的支持可以更加合理有效地发展乡村旅游。乡村旅游产业发展所需资金巨大，且投资回报期长，具有较高的不确定风险，因此需要依赖金融服务的支持。

（1）国家提供了政策性金融支持

一是直接财政投入。政府通过直接的财政投入，扶持具有发展潜力的乡村。二是发放政策性优惠贷款。主要是推出利率十分优惠的"乡村旅游融资贷款"，以承诺代替抵押和担保，从源头上解决融资困难。三是金融服务与乡村旅游项目相结合。乡村旅游项目一旦立项，就将有专门的金融扶持或支持，以项目化金融服务来推动乡村旅游发展。全国各级金融机构立刻出台工作方案，多部门协作推进乡村旅游示范工程。根据各地旅游资源的实际情况，制定出台相应的金融支持旅游业发展计划、政银企合作协议或是乡村旅游示范工程指导意见等。

（2）各级政府提供商业性金融支持

单纯依靠政府的投入无法满足中国乡村旅游发展所需的庞大资金，必须依靠商业信贷机构的大力支持。一是中央一号文件对现代农村金融体系给予了充分重视，提出完善农村金融服务。二是商业性金融机构重视乡村旅游开展。随着乡村旅游的发展，农村经济实力得到明显提高，商业银行也获得了较好的回报。其他的商业银行也随之纷纷加强与政府或企业的合作，加大对农村金融市场的重视，进一步解决了乡村旅游发展所急需的资金。三是各旅游行政主管部门收集重点旅游项目和旅游企业金融需求信息，积极搭建银企对接平台，主动为重点旅游项目提供信贷服务。

（3）金融机构出台专项乡村旅游扶持方案

按照乡村旅游发展的工作要求，根据旅游贷款需求情况建立了旅游贷款风险补偿基金，实施旅游业贷款保全和金融机构奖补政策，引导农信社信贷资金向旅游业倾斜。积极推动小额担保贷款落实财政贴息政策，鼓励广大乡村旅游项目开工与建设，鼓励村民开展旅游创业。采取多样化的信贷支持方式，通过农户抵押、小额信用贷款、农户联保贷款等方式为乡村旅游经营农户及个体经济提供信贷支持。采用青年创业贷款的方式支持村屯翻新建设，为打造旅游、文化休闲、农家乐、生态观光农业为一体的村屯提供信贷支持。通过农户小额贷款助建农家小旅馆。设立贷款风险补偿基金实行优惠利率贷款政策，让利乡村旅游企业。

2. 加强金融机构对乡村旅游支持的对策

（1）国家要在金融政策上对乡村旅游开发加大支持力度

金融部门要积极主动参与当地乡村旅游发展规划的研究编制，按照整体发展规划的部署，制订金融支持乡村旅游产业发展纲要及具体实施方案，突出金融支持的统筹性，将金融支持纳入"政府引导、市场运作、社会参与"的旅游投融资总体框架之内，考虑信贷资金与外资、民资、财政资金的统筹运用，充分提升信贷支持与其他资金扶持的合力。

中国乡村旅游发展必须有金融上的支持。要借势于国家乡村振兴政策，整合各部门的专项资金，加大对乡村旅游中的基础设施和公共服务配套领域资金投放力度；要综合运用政府性专项资金、政策性专门资金，充分发挥社会、企业资本和支持乡村旅游发展的商业信贷等多种资金筹集渠道。

地方政府要鼓励当地商业银行、融资租赁等商业金融机构和农村信用银行、信用社等金融机构，给予最优惠信贷利率，加大对乡村旅游龙头企业、中小企业、农村合作组织和农民的资金支持力度，推出针对发展乡村旅游、旅游特色小镇、乡村振兴的各类贷款和担保等金融产品。

政府要鼓励金融机构在乡村旅游景点开设金融营业点或自助银行等，并制定相关优惠扶持政策，鼓励和支持商业银行对乡村旅游发放贷款，扩大信贷供给，解决其在发展过程中的融资需求问题。要统筹金融支持乡村旅游与村庄整治、农业基础设施建设以及发展高效生态农业，充分利用自然景观、田园景观、村居民舍、饮食文化和民俗文化等资源，助推布局合理、内涵丰富的乡村旅游格局的形成。

（2）金融机构要增加重点乡村旅游项目的有效信贷投入

要结合地方实际，有计划、有步骤地逐步增加旅游产业的信贷投入，集中资金、突出重点地支持一些效益好、信誉高、辐射带动能力强的重点旅游企业和旅游开发项目，大力支持旅游商品开发、景区景点建设、基础设施的建设和改造，尤其要支持次级节点和乡村旅游的交通、吃住、娱乐等旅游业配套服务设施建设，营造良好的旅游环境，促进旅游产业的发展和经济结构的不断调整，空间架构不断优化，要坚决避免简单模仿和低水平重复建设项目的贷款投入。随着全国旅游发展区域合作趋势的加快，金融支持也要摸索新的区域合作方式，加速区域金融资源有效流动，发展跨行跨地区银团贷款等金融支持模式。

一是突出支持特色品牌。旅游经济是注意力经济，特色和品牌是吸引游客的关键因素。金融部门树立重点支持乡村旅游创特色、创品牌的主导思想，集中信贷资金支持经营户着力挖掘当地的自然生态、人文、民俗风情资源，丰富乡村旅游的内涵，进行全方位包装和整体宣传促销，着力打造生态休闲式、民俗体验式、互动参与式等乡村旅游品牌，形成与众不同的风格和特色。二是突出支持重点经营户。金融机构及时参与乡村旅游项目的前期考察、总体规划与后期开发的全过程，围绕旅游"吃、住、行、游、购、娱"六大要素，重点培植和支持有特色、有效益的旅游企业和项目。综合运用不动产抵押、收费权质押、经营户联保等方式，对旅游龙头企业和重点项目实行优先贷款、简化手续、放宽额度、提供利率优惠等措施。

（3）拓宽融资渠道，破解融资难题，为旅游产业融资提供支持

要继续探索农村各类抵押贷款和质押贷款方式，落实并推广农村土地、林地、宅基地"三权分置"抵押和各类权益质押融资平台。采用PPP项目或公建民营等多种形式，倡导和激励社会资本参与乡村旅游项目建设，发展多类型的旅游产业经营主体，并确定受益主体和利益分配方法。当地农民可凭借土地承包经营权、宅基地使用权、自有住房等多种形式进行参股，社会资本则注入资金、规划和管理等，实现股份制发展，促进乡村旅游进行一二三产业的深度融合发展，提高资金的收益率，实现当地乡村旅游的大发展。

正确发挥民间资本的作用。民间金融已经成为农村金融体系的重要组成部分，发展乡村旅游，不光是要依靠商业金融等的支持，还应挖掘民间资本，鼓励其投资乡村旅馆建设、手工艺术品制作、民间文化开发等领域，把乡村旅游做得更完善、更具吸引力。乡村旅游企业及个体农户应当合理并有效地利用民间资本，与政府共同促进民间借贷真正实现正规化。为引导民间融资利率下行，盘活民间资金，当地政府应当较好地引导当地产业升级，创造良好的农村金融环境。我国应当尽快发布系统完善并且明确针对性强的《民间融资法》，从而实现民间借贷真正合法化，确定其法律地位，对借贷双方的权利、义务和责任做出明确解释。并且要建立民间借贷监测分析机制，明确规定民间借贷机构的经营行为活动，划定法律界限，分清非法行为，保障合法行为的合法权益，同时强力打击民间借贷中违法犯罪行为，并且理清和解决相关法律法规所存在的矛盾和疑问。

（4）创新融资模式，多元化、多渠道支持旅游业发展

创新投融资体制和金融投入方式，有效发挥金融的作用，引导金融和社会资本投向乡村旅游产业建设。①由政府给予乡村旅游经营业主一定的信用担保。②通过组建农村合作社联合社，吸纳经营状况规范的农民专业合作社、农业龙头企业、家庭农场、专业大户参与乡村旅游建设，切实解决在建设过程中担保难的问题。③地方政府出台相关政策，为解决农业生产主体融资难担保难问题，由当地信用合作社联合社提供担保、相关银行向农业生产主体发放贷款，进行财政补贴，专门制定实施方案。④对市级（含）及以上农业龙头企业、农民专业合作社及社员、家庭农场、农业生产

大户、其他符合条件的农业经营企业及个体工商户等实行贷款支持。农村信用社是支持乡村旅游开发的主力军。由于乡村旅游的特点，乡村旅游要想形成规模来吸引投资的可能性并不大，因此，农村信用社理所当然地成为支持乡村旅游开发的主力军。

一是要做深旅游门票收益权质押、知名旅游商品商标使用权抵押等贷款业务，不断满足旅游企业日益增长的融资需求；二是进一步完善旅游企业融资担保等信用增强体系，加大各类信用担保机构对旅游企业和旅游项目的担保力度，要针对旅游企业普遍规模不大、可供抵押的资产不多、资信状况很难符合金融机构贷款标准的状况，完善旅游企业融资担保等信用体系，建立和完善针对旅游企业和旅游项目的相对成熟和稳定的担保机制，解决好成长型旅游企业贷款难问题；三是鼓励中小旅游企业和乡村旅游经营户以互助联保方式实现小额融资满足中小旅游企业和农村经营户融资需求；四是加强旅游龙头企业的培育，支持旅游集团上市，提高其对区域旅游资源的开发和运作能力。

（5）降低乡村旅游贷款利率，落实涉旅金融优惠政策

在金融支持旅游业发展工作上仍需加大工作力度、做出工作实绩。第一，推动各级政府设立旅游业贷款风险补偿基金，以便申请增加更多的合意贷款、支农再贷款，加强信贷政策窗口指导，为当地旅游业发展配备贷款额度，同时加强抵押担保创新，适当延长贷款期限，贷款利率控制在基准旅游的1.1倍以内，缓解旅游业贷款难、贷款贵以及期限错配问题。第二，进一步加大旅游项目储备工作力度，储备一批有发展潜力、可操作性强的好项目，各金融机构主动对接项目或企业，加强政银企沟通合作。大力制定涉旅金融优惠政策。积极深入乡村休闲企业了解情况，宣传信贷政策，鼓励金融机构创新针对旅游业的信贷产品、融资产品和服务手段，不断提高金融扶旅的质量和效率。第三，努力开发符合农村休闲产业发展的金融产品。发放农村休闲产业配套基础设施专项贷款、"农家乐"生态旅游贷款等，尝试开办旅游景区经营权和门票收入等质押贷款业务。鼓励中小旅游企业和乡村旅游经营户联保融资，通过"联保互保、风险共担"的方式，推动旅游行业的相关中小企业选择合适伙伴共同申贷，解决担保难问题。同时，农村金融机构信贷审批权限要适当向基层倾斜，减少乡村休闲企业贷款程序，

缩短获贷时间，优化还贷方式。

（6）建立风险意识，提高金融服务的针对性

及时组织对重点乡村旅游项目进行信用等级评定，对经营管理规范、信贷资金运营正常、诚实守信的经营户可追加授信额度，乡村旅游企业应当克服盲目的逐利性，分析所开发项目的可行性，建立一套完善的企业内外部监督机制和风险评估机制来加强对各种风险的预防和控制。

建立现代企业管理制度来健全企业法人治理结构，实现管理上的经验化和创新化，完善财务管理制度来合理安排旅游项目的经营，并努力实现利润最大化，引进并培训优秀管理人才来制定科学有效的决策，从而严格运作旅游项目。统筹支持不同投资主体，把以农民群众为投资经营主体的"农家乐"经营和以工商资本、民营经济、农业龙头企业等为投资经营主体的其他乡村旅游模式区分开来，制定差别化的金融支持政策，促进乡村旅游向集约化、联户成片、公司经营、特色化方向发展。

（7）增强金融支持的服务性，加强金融服务的基础工作

各金融部门应针对部分乡村旅游业主文化素质不高、大多缺乏金融专业知识的现状，采取形式多样、内容丰富的宣传方式，重点介绍存贷款利率、银行卡等非现金支付工具应用、账户管理、农户小额信用贷款及农户联保贷款管理规定、信贷征信、保险办理等金融基础知识，还可结合信贷业务讲解《担保法》《物权法》等常识，丰富业主的金融知识，增强其理财融资、风险防范观念。

各相关金融机构应建立辖区乡村旅游项目及经营户档案，实行跟踪服务。在服务手段上，逐步推行上门办贷、办理现金缴存等业务，为经营户提供方便。在贷款手续上，对符合贷款要求的经营者尽可能简化贷款手续、缩短办理时间，提高工作效率。在防范风险前提下，通过农户小额信用贷款、农户联保贷款等及时给予多样化的信贷支持，相关经办银行对城市下岗失业人员兴办乡村旅游要优先给予小额担保贷款扶持。可根据需要为经营户安装 POS 机，使乡村旅游步入电子消费时代。

四、法律政策

1. 中国乡村旅游法规、法律制定情况

我国 2013 年 10 月 1 日起实施的《旅游法》第四十六条规定："城镇和乡村居民利用自有住宅或者其他条件依法从事旅游经营，其管理办法由省、自治区、直辖市制定。"最近几年，不少地方政府相应出台了有关家庭旅馆、农家乐的地方性法规与政策，比如北京市《郊区民俗旅游户服务质量划分与评定标准》及《乡村民俗旅游户餐饮服务食品安全监督管理办法》、上海市《农家乐旅游服务质量等级划分》、成都市《农家乐旅游服务质量等级划分及评定》、长沙市《农家乐星级划分及评定标准》、安徽省《创建"农家乐旅游区（点）"实施标准》、湖南省《〈旅游家庭旅馆基本条件与评定〉地方标准实施办法》等。

2. 全国各地出台了地方性乡村旅游法规或条例

各地方政府更多地偏向于单一的服务质量等标准的制定，全国各地也都零星地出台了一些旅游法规或乡村旅游条例或规定。2015 年 3 月，深圳市大鹏新区颁布了《民宿管理办法（试行）》，是国内大陆地区对民宿进行专门规定的地方性法规。2015 年 5 月厦门市发布《关于进一步促进休闲农业发展意见的通知》，海南省在 2004 年、2005 年先后颁布了《家庭旅馆质量等级划分标准》《家庭旅馆消防技术规程》，在家庭旅馆集中的三亚、琼海还分别颁布了《三亚市家庭旅馆管理办法》《琼海市家庭旅馆管理暂行规定》，湖州市出台了《乡村旅游促进条例》，湖州市还出台了《民宿标准》《生态庄园标准》《农家乐标准》等。可见，全国各地政府都已经开始重视民宿的相关立法、条例或标准问题，以加强对乡村旅游的法律监管。

3. 健全乡村旅游法律体系的对策

专门法律法规是引导和规范乡村旅游健康发展的保障。借鉴国外经验，应尽快在开发规划与建设、资源环境保护、经营许可、质量管理等方面出台相应的规章制度，如"乡村旅游规划纲要""乡村自然与人文遗产资源保护草案""乡村游憩土地利用规划实施细则""乡村旅游促进计划""乡村环境

保护条例""乡村旅游开展申请条例""乡村旅游地规划与建设管理条例""乡村旅游经营者上岗管理条例""乡村旅游质量投诉与责任事故处理条例"等，为乡村旅游发展提供必要的法律、行政保障。并伴随着乡村旅游的深入开展，不断健全完善，保障乡村旅游的健康发展和乡村资源的可持续利用。

综上所述，全国乡村旅游要完善的监管立法，应有明确的监管主体，应有严格的许可、等级制度，应进行旅游执法，应进行行业自治组织参与监管等。只有这样乡村旅游发展才可能具有可执行性的监管机制并逐步完善，才能更好地保障乡村旅游健康有序发展，最终促进乡村旅游的整体提升。

五、人才政策

人才是旅游竞争制胜的重要因素，发展乡村旅游，同样需要倡导尊重知识、尊重人才的氛围，努力营造用好人才、吸引人才的环境，使乡村旅游成为推动中国经济发展的重要动力。乡村旅游的发展需要打造一支高素质、高技能以及高水平的旅游行政人员和经理人、旅游经营者以及服务者。

1. 国家出台的旅游人才政策情况

乡村振兴，要人才先行。党的十九大报告要求培养造就一支懂农业、爱农村、爱农民的"三农"工作队伍。乡村振兴战略是一个系统工程，要完成这一宏大战略，离不开政策、资金等全方位的支持，但目前最关键最急需的还是人才。凡事必先有人气，才有生机。产业发展、政策落实、项目实施、乡村治理等，都需要一批多元化的人才来支撑。2018年全国两会期间，习近平总书记在山东代表团参加审议时着重强调，推动乡村人才振兴，把人力资本开发放在首要位置，强化乡村振兴人才支撑，加快培育新型农业经营主体，让愿意留在乡村、建设家乡的人留得安心，让愿意上山下乡、回报乡村的人更有信心，激励各类人才在农村广阔天地大施所能、大展才华、大显身手，打造一支强大的乡村振兴人才队伍，在乡村形成人才、土地、资金、产业汇聚的良性循环。①

2. 中国乡村旅游人才现状

（1）乡村旅游人才从业人数多，但文化素质相对较低

乡村旅游的发展从根本上说是缺乏一支高素质、高水平的乡村旅游人才队伍，缺乏专门的乡村旅游人才，缺乏执行和运作优秀的创意、策划、规划的经营管理人才，旅游行政人员数量不多、乡村旅游经理人严重不足，从而使得乡村旅游的迅速发展与低素质乡村旅游经营管理人员和从业人员的矛盾日益突出。现阶段，乡村旅游从业人员多以当地的村民为主，其自身教育程度的局限使落后的服务观念和经营观念与游客的要求反差极大；管理人员又多以村干部兼任，造成对乡村旅游工作缺乏必要的科学指导，直接影响了旅游产品的质量，乃至乡村旅游的长足发展。

乡村旅游经营者和服务者虽然在数量上有发展优势，但是整体的文化素质和专业技能发展水平低下。乡村旅游大部分的从业人员文化素质较低，导致在乡村旅游进行开发的过程中出现以下情况：①观念落后。乡村旅游工作者中很多都是农民，没有接受过正规的教育培训，同时也缺乏旅游开发经营管理经验，对于旅游认识不足。城市近郊虽然已经开始享受旅游开发的成功，但是乡村现今还没有实现旅游开发。②经营管理能力低下。由于乡村受教育的水平较低，乡村村民对于旅游缺乏概念认识，只是单纯地认为农村的空房子能够用于接待旅游者，对于旅游景点的规划问题以及景点建设和旅游接待、旅游产品开发等问题完全没有概念，乡村旅游处于粗放经营，形成轻管理、低质量、低收入的恶性物循环，严重制约了我国乡村旅游业的发展，导致乡村旅游出现经营水平低下、收入水平不足以及发展水平落后等问题。

（2）乡村旅游人才培训严重不足

由于乡村旅游的开发和研究均处于较低层次，乡村旅游的经营管理人员相对较少，对乡村旅游从业人员缺乏系统有效的培训。从我国乡村发展至今，各地开始逐渐增加对乡村旅游专业人才的培养，但是发展速度较慢，大部

---

① 新华网．习近平等分别参加全国人大会议一些代表团审议［EB/OL］．（2018-03-08）［2021-09-21］.http://www.xinhuanet.com/politics/2018lh/2018-03/08/c_1122508329.htm.

分从事乡村旅游的人员主要来源于农村本身的劳动力，专业的旅游人员严重缺乏，并且，由于乡村旅游的发展，很多的人开始投入乡村旅游事业中来，很多的非专业人员由于缺乏专业知识，对乡村旅游的发展起着严重的负面作用。同时，针对乡村旅游人才的培训严重不足，国家和地方政府并没有进行重点关注，同时也没有进行相关的投入发展，导致乡村旅游一直处于专业化欠缺的发展背景下。

（3）院校培训的旅游专业人才多，到农村进行就业的数量少

伴随着乡村旅游业的不断发展和进步，旅游专业人才队伍也在不断发展、壮大，根据相关的数据统计分析，旅游学院的旅游专业学生的数量足够满足旅游业的发展。但是，虽然乡村旅游有着很好的发展前景，由于乡村旅游工作地点以及生活条件的限制问题，大部分的旅游专业学生或者工作人员并不会主动选择进入乡村旅游业，很多旅游专业人才宁愿改行发展也不愿意去从事乡村旅游事业，这就导致旅游业人才的大量流失，对乡村旅游业的发展产生严重的影响。

3. 建立一支高素质的乡村旅游人才队伍的对策

（1）加强政府的引导和管理，从政策上支持旅游人才的培养

乡村旅游的发展需要政府进行管理和引导，并且政府部门还要为乡村旅游制定相应的旅游规划，积极地为乡村旅游开发提供基础设施，并且进行积极的对外宣传。①评选星级旅游从业示范户。制定星级示范户评选方案，为获得星级的示范户提供培训的机会，并可组织星级示范户去其他地区进行实地考察与学习，以培养本地化的专业从业人员。②培养乡村旅游管理人才。可结合"一村一个大学生计划""大学生村官"工程，培养与录用乡村旅游管理人才。③与旅游院校合作，实行"订单式培养"，对于毕业后留在当地工作的旅游专业大学生给予多项优惠政策，以留住人才。

（2）加强从业人员培训，增加政府财政支持

针对乡村旅游人才的培养，主要从以下几个方面进行着手：第一，政府要高度重视乡村旅游人才的专业培养问题，并且将之放在旅游规划中，对乡村旅游服务标准进行严格的规定，对乡村旅游人员进行相应的行业标准指导，保证乡村旅游人员能够做到专业性发展。第二，政府部门要从乡村村民观念和农民的旅游知识技能两个方面进行重点培养，政府部门通过积

极的资金投入，逐渐对乡村旅游人员进行旅游开发观念的灌输，并且对农民进行乡村旅游专业知识以及技能的培养和训练。

对负责培训的机构和师资队伍建设提供支持。设立专项经费，重点支持乡村旅游人才培训。劳动、教育、旅游、农业等部门应将乡村旅游人才培训纳入行业培训计划，开展多层次、多渠道的教育培训，不断提高乡村旅游从业者在经营服务、食品卫生、旅游安全、接待礼仪等方面的综合素质和服务技能。大力开展农业技术知识、接待礼仪、游客服务等相关知识和技能的培训，不断提高服务质量和服务水平。农村劳动力转移培训阳光工程、新型农民科技培训工程等要将提高乡村旅游从业人员技能作为培训内容，将休闲农业讲解员、乡村旅游导游员、农家乐接待人员等职业纳入国家职业技能鉴定体系并给予培训鉴定经费支持，通过各种形式引导乡村旅游经营者和县、乡、村管理者更新发展观念、创新服务理念，不断提高经营管理者水平。同时充分发挥旅游行业协会作用，加强行业自律。对具备条件、有意涉足乡村旅游的农户和农民，尤其是对毕业生、复员退伍军人、农村"能人"以及回乡创业的农民工进行创业辅导和培训，鼓励更多的农民通过兴办"农家乐"等方式实现增收致富。

采取优惠政策引进一批从事生态旅游的专业人才、兼备生态知识和经济知识的管理人才、具有现代经营意识的企业高层管理人才、旅游人力资源管理培训人才和文化娱乐组织策划人才。培训就业与人事管理相结合，严格执行"先培训、后上岗"和"持证上岗"制度，普及岗前培训。

（3）院校参与，与旅游行政部门一起做好旅游人才的培养工作

随着乡村旅游的不断发展，高素质、高技能水平的专业人才出现严重缺乏的情况，因此，乡村旅游要想获得更好的发展，必须引进学院培训的专业人才对乡村旅游进行专业化的管理，还可以通过将原先乡村旅游者送往学院进行再培训的方式，来提升乡村旅游从业者的专业能力，为乡村旅游培养更多的人才。大力发展旅游职业教育，鼓励中、高等职业教育院校开办乡村旅游专业或设置旅游课程，在专业方向选择、课程设置、学生实习等方面给予政策性支持和引导。努力形成乡村旅游教育培训体系。

与当地高校开展校企合作，通过课程建设（教材开发）、专业实践（顶岗实习）、师生人力输送等方式，与相关高校联合，定向培养或委托培养乡村旅游人才，满足当地乡村旅游发展的人才需求。还可以与相关院校师生进行专项委托（横向课题），为乡村旅游从业人员、管理人员、服务人员、营销人员和业主等提供专业培训，提供市场调研、营销推广、创意设计和网络设计等多项服务，提升其乡村旅游人才的服务与经营管理水平，更好地为当地乡村旅游发展提供人才支撑。

要使乡村旅游真正实现产业化目标，包含更多的文化内涵，就需要提高从业人员的文化素质，有了旅游院校的参与，乡村旅游人才的培养就能走上规范、快速的轨道。旅游院校是旅游人才开发培养的主力军，它们在乡村旅游人才的培养中发挥着基础性作用。旅游院校有丰厚的教学资源，除了教育培养自己的学生成为旅游人才外，还肩负有开展社会培训的重任。

（4）多措并举，打造吸引旅游人才的新高地

提升乡村旅游人才的经营管理水平，为乡村旅游提供人才支撑以促进乡村旅游快速发展，需要加快乡村旅游人才的培养，提升乡村旅游经营主体的水平。具体要做好以下几个方面：第一，创造良好的人才环境，吸引优秀的乡村旅游人才到乡村就业和创业，集聚乡村旅游高等级人才和专门人才。第二，促进乡村旅游经营业主的自我提升，引导乡村旅游经营者进行专业水平的提升，参加各类各级的专门培训，系统化地开展乡村旅游业主的各类教育培训，规范乡村旅游业主的接待水平、服务标准和经营管理行为。第三，制定和完善各项乡村旅游行业的规章制度和规范，可组成乡村旅游合作社或旅游股份公司，并以合作社或公司为载体，采用多种经营方式，也可采用所有权与经营权分离的模式，充分调动人才的主观能动性，引导乡村旅游健康发展。

要以宜居的环境留住人。大力推进生态环境保护，完善基础设施，改进民风民俗，以"望得见山、看得见水、记得住乡愁"的美丽家园留住人，以美好的前景吸引人。引导和推动更多的资本、技术、人才等要素向农业农村流动，加快培育现代农业产业体系，实现一二三产业融合发展，保持农业农村经济发展旺盛活力，"让农业成为有奔头的产业，让农民成为体面的职业"。要以灵活的机制用好人。一方面，要进一步完善农村引进人才的政策，以更优惠的政策让农业人才回归农业、扎根农村；另一方面，以"不求所有，但求所用"的柔性机制，吸引支持专家学者、技能人才、企业家

等通过下乡担任志愿者、投资兴业、挂职兼职等灵活多样的机制，到农村这片广阔的天地中大显身手。实施乡村振兴，要千方百计让更多的人愿意留在农村，要想方设法汇集一批优秀人才到农村基层干事创业。

（5）重点培养乡村旅游中的三支队伍

农业要发展，乡村旅游要振兴，农民要富裕，破解人才瓶颈制约是关键，尤其要打造"三支"队伍。

一是一支具有专业技能的"新农人"队伍。推进农业供给侧结构性改革，实现从"靠天吃饭"的传统农业向现代农业升级，必须打造一支懂技术、懂创新、懂经营的新型职业农民队伍，让这批"新农人"通过新知识、新技能的提升，成为质量兴农、绿色兴农的主力军，支撑现代农业产业体系、生产体系、经营体系的建设，促进农业创新力、竞争力和全要素生产率的提高。

二是一支高素质的"带头人"队伍。"火车跑得快，全靠车头带"，乡村振兴同样需要挖掘一批能干的"带头人"。他们或者是农村种养大户，或者是农业龙头企业、农民合作社、家庭农场领头人，或者是回归农村的乡贤，是一批真正能引领乡亲共同致富、繁荣乡村的能人。

三是一支农村基层的"顶梁柱"队伍。党管农村工作是乡村振兴的基本原则，农村基层干部则是推动乡村振兴的核心力量。习近平总书记曾在《之江新语》中指出，选准配强村级党组织班子，既是增强农村基层组织、发挥战斗堡垒作用的基础，也是推进社会主义新农村建设的关键。实施乡村振兴战略，需要打造一支能吃苦、会发展、肯奉献的高素质专业化干部队伍。实施乡村振兴，要千方百计让更多的人愿意留在农村，要想方设法汇集一批优秀人才到农村基层干事创业。

第三节　营造高质量发展的良好环境

一、营造乡村旅游发展的产业环境

以乡村旅游区域极具特色的农业产业为主导，深度发掘地域文化底蕴，整合各项资源，通过现代农业＋乡村旅游，实现美丽乡村向美丽经济的全面升级。整合当地真山、真水生态资源，形成各具特色、窗口式的特色产业园，把生态转化为产业，把绿水青山转化为金山银山，实现核心价值。

1. 营造乡村旅游产业融合发展的平台

中国乡村旅游产业可融合不同产业共同发展。从旅游要素上看，乡村旅游业包含了食、宿、行、游、娱、购等配套的要素行业；从产业业态上看，涉及农业、工业、服务业三大产业的内容；在内容形式上看，包括了政治、经济、文化、体育、教育、健康、养生、会展和新材料等交叉渗透的新业态行业；从宏观上看，还囊括了金融、保险、房地产、建筑、商贸、制造等上下游行业。中国乡村旅游的发展和上述产业、行业都有着密切的关系与联系，并相互支撑和协调发展。中国乡村旅游融合发展可以实现中国旅游产业结构的优化，可以兴村富民，推动农村一二三产业持续、深度融合，还可以提高中国乡村的自身建设能力，实现乡村振兴。加强乡村旅游产业融合就必须从加强乡村旅游的融合平台建设、延长产业链、加快人才培养、激发融合力等方面着手，共同推动中国乡村旅游持续健康发展。

2. 营造乡村旅游发展的外部环境

现代人对旅游需求的多样化与专业化已不仅单纯限于名胜古迹的观光，且旅游胜地在旺季人满为患，无形中激发了人们对集短途、经济、娱乐、度假、体验、回归为一体的旅游产品的迫切需求，由此催生了乡村旅游产业的蓬勃发展。在中国乡村振兴战略的背景下，乡村旅游产业的发展成为乡村振兴中的重要引擎，旅游产业可以打破产业的界限，可以体现旅游产业的融合发展，可以改善农村生产生活环境，改变传统农业结构，带动农民脱贫致富。乡村旅游要结合农业生产中的生产活动，包括种植、畜牧、渔业等。根据各地耕作制度、生产对象、产品用途的不同，选择合适的区域进行生产，形成各具风格的农业生产内容。全国要形成支持乡村旅游发展的外部环境，从财政、金融、政策、法律和税收等方面为乡村旅游发展提供支持。

随着对中国乡村旅游业态发展探讨的不断升温，产业融合问题已成为当前中国乡村旅游发展的热点。中国乡村旅游产业要通过深入挖掘农业中的生态、工艺、文化和习俗等多种业态，打破不同产业之间的界限，实现乡村旅游产业的融合发展。推动中国乡村旅游产业间的交叉渗透和融合发展，已发展为中国乡村旅游提质增效和提升创造力、创新力、竞争力的必然选择和现实途径。旅游行政主管部门要多措并举地支持乡村旅游发展。

3. 加强基础设施建设，为乡村旅游发展提供良好的基础

乡村旅游基础和配套设施的完善情况影响乡村旅游的发展和竞争力的提升。要想富，先修路，成为乡村旅游发展的共识，一方面可以提高旅游目的地的通达性，提升游客到乡村旅游消费的便捷性和体验性；另一方面有助于吸引产业资本，增强招商引资和大项目引培力度。中国将乡村旅游的设施建设与新农村建设、美丽乡村建设、交通干线及环境治理等结合起来，多部门联动。首先，建设或改造提升通景公路，加大交通基础设施建设，完善自驾游服务设施，完善导览标识和导航系统等；其次，加快乡村"三通"（通水、通电、通网络），建设乡村旅游厕所和垃圾分类设施；最后，逐步推进乡村旅游信息化建设，运用大数据、人脸识别、人工智能、手绘地图等，建立掌上（手机）旅游系统。

4. 延长乡村旅游的产业链，提升乡村旅游品牌建设

整合乡村旅游的"食、宿、行、游、购、娱"六大要素，将各个要素进行整体规划、设计，相互促进、融合，使乡村旅游产业链完善，实现由粗放向集约发展转变；以"文化＋"、"旅游＋"或"互联网＋"等融合发展思路，因地制宜地使"乡村旅游＋"发展起来，带动乡村中的体育、养生、健康、商品服务等相关产业，梳理、整合当地乡村传统村落、精品民宿、特色温泉、规模农庄等资源，打造成食宿行游购娱一条龙服务；培育乡村旅游集聚区、旅游特色商品一条街、游客服务综合中心等产业中心，例如

特色小镇、康养基地等，实现乡村旅游价值增值和一二三产业跨界深度融合；树立全域旅游发展理念，打破区域限制和部门分割，旅游中心和行政中心可以区别对待，以方便游客集聚为原则，统筹整合当地乡村旅游资源，总体谋划和布局市场或业态，促进乡村旅游的持续健康发展；要注重产业的特色融合发展，必须以乡村特色旅游产品差异化为核心，依据不同区域的特色和乡村旅游资源，进行总体规划设计，形成"一乡一特色、一村一风情"的乡村旅游空间布局；结合地域特征、地方文化和资源特点，培育地方特色乡村旅游品牌，打造出唯一性，以便形成垄断性。

5. 形成乡村旅游完整的产业体系

乡村旅游产业要依托区域内的区位交通、资源禀赋、历史文化等优势，围绕田园风景和农业特色，建立相应的产业链条。其目的是促进农业生产适应市场需求变化，实现可持续发展。在"旅游＋""生态＋""休闲＋"等模式的基础上，拓展农业功能；推动农业与旅游、文化、养生、娱乐、健身等产业进行融合，提升农业附加值；通过建设农村电商、冷链物流等项目，完善农业服务流程，提高服务质量；以第一产业（农、林、牧、渔）为产业基础，利用各地独特的农业条件和农业产品，吸引当地居民和附近游客进行观光旅游，满足游客放松、休闲的需求；延长农业产业链条，最终形成完整的农业产业体系。

不同地区的乡村旅游发展模式，尽管在主题定位、核心特色、观赏景观等方面都有所不同，但在业态构成上却大同小异，基本上都是第一产业（农产品生产）、第二产业（农产品加工）和第三产业（研发、创意、销售、服务等）有机融合，大致可分为主导产业、配套产业、支持产业和衍生产业。乡村旅游发展需要有主导产业、支持产业和配套产业。

主导产业，也称核心产业，是产业集群中的关键环节，一般以1～2个产业为主，在发展过程中起重大作用，对产业的发展效益和升级态势有重要影响。它是乡村旅游打造的关键，是乡村旅游产业链的第一层，通过对项目地资源的整合、开发与创新，形成综合体产业集群的中心。一般以耕地农田、村庄建筑、民俗文化等资源为依托，以农业生产和农业休闲活动为核心内容，以特色农产品和农业园区的形式展现，培育独特的当地经济，凸显乡村亮点。

支持产业，指核心产业发展到一定程度后，单纯的农业生产和休闲活动已不足以支撑乡村旅游业继续发展，乡村旅游发展需要对农产品进行研发、加工、推介和促销，形成上下游产业链条，维护和强化核心产业的竞争优势，涉及加工工厂、媒体运营、金融机构等企业群。支持产业对农副产品的生产、加工、销售和休闲活动的策划、宣传、升级起支撑作用，为乡村旅游发展聚集更多的优势。

配套产业是乡村旅游产业发展不可或缺的存在。配套产业为乡村旅游产业提供良好的氛围与环境，实现产品与市场对接，满足消费者消费需求，增强消费体验，延长停留时间。核心产业是激发消费者来乡村旅游的首要动力，但如何扩大消费领域，增加回头客，实现多游重游，就需要配套的产业设施，满足其他消费体验。配套产业集中多种休闲功能，是各个产业的聚集，可以改善环境，促进提高劳动生产率，利于新企业的成长和新产业发展，主要包括旅游如游客集散中心、服务基地等，餐饮如农家饭、野炊、餐厅等，娱乐如参观、采摘、露营等，住宿如农家乐、乡村客栈等，商务如会展中心等，公共基础设施如道路、水电等，满足本地村民、观光游客、商务人士等不同类型消费者的不同需求。

衍生产业是以核心产业的产物融入创意和技术形成的，是一种创意产业。以特色农产品和文化创意为基础生产要素，加入创意，形成新的生产要素，可能与农业和乡村旅游没有直接关系，但对农业和乡村旅游的发展有促进作用，提升乡村旅游业的附加价值，扩大品牌影响力，增加经营性收入。衍生产业有创意产业、休闲地产、教育产业、制造产业等。

二、营造乡村旅游发展的营运环境

自改革开放以来，我国国民经济的快速增长及居民收入的逐年提高，使人们的生活方式和消费观念发生了巨大的变化，即由物质生活的满足逐步转向精神生活的追求。大众消费时代已到来，旅游已不再是少数人的专利，特别是私家车的快速增长为自驾乡村游提供了更多的便利。同时，乡村旅游发展具有时间基础。双休日与小长假的安排为休闲旅游提供了时间上的保证，黄金周的取消使短途出行受到了极大的青睐，位于城市近郊及边缘地带的乡村旅游成为人们出行的新宠。

1. 优化乡村旅游的营运运行体系

主要负责处理政府、企业和农民三者间的关系。政府把控全局，完善各类公共服务设施与基础设施建设，以各项政策为导向，引导规划落实、搭建发展平台、指引村民积极参与；企业、农民合作社、村集体等，主要负责整合资源，为乡村旅游发展提供资金支持与技术指导，促进一二三产业融合，推动产业健康发展；农民是乡村旅游发展的主要执行人与受益人，通过合作化、组织化等方式，参与综合体的经营管理与收益分配，维护乡村旅游持续健康发展。

2. 加强乡村旅游的营运经营体系

确保乡村旅游能够顺利运营的重要支撑骨架，发挥着引领多种农业适度规模经营的作用。通过土地流转、股份合作、代耕代种等方法扩大农业经营规模，做到土地连片种植、统一管理，完善农业生产经营体系，提高生产效率，增加农业效益。在完善乡村旅游经营体系的同时，需对经营主体进行相应培育。经营主体主要包括种养大户、家庭农场、民宿业主、农民合作社、龙头企业等，其中农业合作社是乡村旅游的主要载体。要以农业合作社为重点，引导支持其他经营主体共同发展，使其逐步成为现代农业的主导力量，带动区域内农民的可支配收入可持续性增长。

3. 强化乡村旅游的营运管理体系

作为营运管理方，乡村旅游发展要以观光休闲体验为核心，依托乡村资源，服务于城市，设置观光、参观、采摘、游览、体验等休闲活动，强调人与自然的和谐发展，为城乡居民提供一个能够纾解心理压力、悠然自得的空间。通过这些观光休闲体验活动，充分发挥乡村地域的休闲、旅游生态功能，还可带来购物、住宿、饮食等连锁经济效益，促进城乡统筹发展。

重视农业景观与农事活动。乡村旅游发展要充分利用农业景观和农事活动的吸引力，并以此为基础，结合农业技术、乡村民俗、农耕体验、农家生活等资源，形成集休闲旅游、生态农业、乡村社区于一体的综合体发展形式，具有聚集资源、提升区域价值、改善环境的作用。

以综合开发为主要手段。乡村旅游发展是通过结合农业景观和休闲旅游,结合农业与其他产业,升级产品结构,拓展产业链,实现农业综合开发,并以此为手段,推进城乡发展。它的各项功能不是独立发展的,也不是简单叠加,而是协同发展、相互补充的关系,以强化营运管理。

4. 完善乡村旅游的营运服务体系

乡村旅游由所依托的村社服务及相关配套支撑功能组成。它负责满足乡村旅游体内居民的生活需求,包括商业、交通、教育、医疗等;也服务农业、加工业、旅游业等企业产业,满足技术、物流等需求。完整的服务体系,功能齐全,服务细致,活动多样,可提供舒适优质的居住环境,便利通畅的交通路线,满足生产消费需求,为乡村旅游综合体内人群提供便捷高效服务,有利于形成新型城镇化乡村。

5. 发挥当地农民在营运管理中的主体地位

坚持以农民专业合作社、村集体经济组织、家庭农场等农业经营主体为主导,涉农企业参与,市场化运作为要求,创新建设模式、管理方式和服务手段,全面激活市场、激活要素、激活主体,调动乡村旅游区域内各个村股份经济合作社、村集体经济组织、家庭农场等相关单位的积极性和主动性,充分发挥当地农民在营运管理中的主体地位和核心作用。组织村民参与乡村旅游建设管理;允许村民采用土地流转、入股联营、房屋或宅基地租赁、企业就业、自主创业等多种方式获取收益;建立村民投诉、矛盾仲裁等协调制度。

三、营造乡村旅游发展的生态(环保)环境

习近平总书记强调的"既要绿水青山,也要金山银山""宁要绿水青山,不要金山银山""绿水青山就是金山银山"是指导乡村旅游发展的总纲。环境污染不容忽视。呼吸清新的空气,尽享优美的自然环境,品味安宁惬意的田园生活,以期获得一次心灵释放的精神之旅,是都市游客选择乡村旅游的主要动机之一。然而,在巨大的经济利益驱使下,开发者及经营者漠视环境效益,某些地方政府的急功近利导致项目缺乏规划,使得乡村旅游产生的污染已成为我国农村突出的环境问题之一,严重违背了乡村旅游维

护乡村自然环境及旅游资源的初衷。旅游交通对能源的消耗及大气的污染，旅游餐饮、住宿对能源的消耗及其产生的垃圾与水体污染，旅游活动对土壤的践踏、对植被的破坏及对动植物多样性及生活、生长习性的影响等，使乡村旅游开发的经济效益与环境效益的矛盾日渐凸显。

1. 从开发者的层面来加强对环境污染的监管

由当地政府出面，与开发商签订相关协议，对开发者在乡村旅游开发中应负的环保责任和义务进行明确的界定与划分，如若违约，取消其开发权。注重环境保护坚持旅游开发利用与环境保护并重、全面规划、积极保护、科学管理、永续利用的保护方针，突出抓好水体、土壤、大气等保护工程；实行"谁开发、谁保护，谁破坏、谁恢复，谁利用、谁补偿"的原则，加强资源开发的环境治理，建立相配套的地方性环境保护法规体系，控制自然生态恶化加剧的趋势。

2. 从政府的层面规划环保方案

可将环保指标纳入县、乡、村三级政府的政绩考核指标体系，实行层层环保责任制，把乡村旅游开发的经济效益与环保效益与干部的政绩挂钩，避免因急功近利而导致的重经济效益而轻环保效益的盲目开发。加强环境保护工作的日常教育与培训，制定具体的环境保护工作细则；建立机动的大气、水质、地质的监测系统。按科学环保的发展要求，努力完成生态环保的旅游建设工作，使之成为生态一流、经济发达、人与自然高度和谐发展的乡村旅游点。

政府还要规范好乡村旅游的环境及文化的保护，旅游活动本身应该关注生态环境和乡村景区文化的保护理念。高度追求自身与环境和谐共生，积极促进生态旅游业的可持续发展。生态经济乡村旅游的建设目标是全面推进乡村旅游发展紧紧围绕"生态乡村"的发展路子，既保护好生态环境又促进旅游经济快速发展。

3. 从经营者的层面来约束其环保意识

经营者主要分为集开发与经营于一体的，或自发开展农家乐的当地农民。对于前者可在签订开发协议时就明确其环保责任，并要求其一并上交开发方案及环保方案，只有两个方案同时通过，方可给予其开发权，这种机制可有效限制因盲目开发而导致的后续负面效应；建立开发信用档案，实行行业内联网公布，以免开发信用不良者被取消开发经营权后去异地继续进行乡村旅游开发。对于后者，可采取发放流动卫生红旗的方式激励农户环保的主观能动性。卫生红旗可制作成极具乡村韵味的酒幌形式，并可分为模范和达标两个等级，每月流动 1 次。游客自然愿意选择有卫生红旗的农家乐进行消费，卫生不达标的农家乐自然会因迫于压力而主动提高卫生水平，由此形成自动的环保经济的调节机制。

4. 从乡村旅游管理者层面来规范环保规范

乡村旅游景区的管理者需要从可持续发展的、相对客观的立场，创作并发布最佳游憩时间指数，在乡土特色、旅游态度、山水风光及食宿服务方面进行深刻描述并发布信息，从而最大限度地降低旅游者对于景区游览和服务不确定性的感知。包括景区生态文化元素设计、旅游景区绿色保护制度设计、村规民约、电子有声讲解引导、旅游电子显示屏与电子触摸屏的生态宣传、旅游容量监控与发布、微信公众平台宣传与引导、生态影响指数发布等，以实现旅游者尊重乡土文化与保护景观的目标。

经营管理者要重视对生态旅游标语的设计、环保设施说明、游客警示牌、导游对游览注意事项的提醒、旅行社监督、对游客绿色出行的引导等，以推动旅游者游览方式的变革，从而实行乡村绿色设计和绿色制造，节约资源，减少污染，树立生态旅游的理念。加强景区内各景点的垃圾收集、污水处理工作。通过开展生态旅游，使农民转向开展第三产业，从而减轻对环境保护的压力。

5. 从游客的层面来规范其环保行为

宏观上，整个社会应形成环保的风气，从全民层面上提高环保意识；微观上，旅游地自身应加强对游客环保的宣传与教育。在游客进入景区前，应向其发放环保的宣传册或宣传单，使游客对相关环保事项有个总体的认识；景区内应有环保提示牌，加深游客对环保的重视。倡导游客随身携带环保袋，将游玩过程中产生的垃圾自觉收集起来；为了鼓励游客收集垃圾的积极性，可采取抽奖的形式，收集垃圾并中奖的游客，可获得一份当地的土特产或一道免费的菜肴，或有景区标志的纪念品等。旅游者应该更尊重乡村地域文化，在追求高质量的乡村旅游体验的同时，以积极主动的心态与行为进行合理的游憩。

6. 维护生态平衡，始终把循环利用、环保放在重要位置

应注重维护乡村旅游生态平衡，优化乡村旅游资源配置，统筹乡村景观功能与旅游功能。在遵循可持续发展理念的基础上，挖掘农业生产的景观、文化、生态等价值，进行生态旅游开发；并利用农业环保生产新技术，促进农业节约生产资源、减少生产残余废弃物、实现资源再利用。营造优美的乡村旅游的风景，以此吸引客流，提升区域价值。

以循环利用与再生为生产方式。乡村旅游中的农业生产，要根据当地的农业生产特色，因地制宜地选择合适的循环生产模式，遵从可持续发展原则，实行集约化生产方式，高效利用农业资源，带领农业生产进入良性可持续发展轨道，追求经济效益、社会效益、生态效益高度统一的现代化农业。

总之，乡村旅游作为连接城市和乡村的纽带，促进了社会资源和文明成果在城乡之间的共享以及财富重新分配的实现，并为地区间经济发展差异和城乡差别的逐步缩小、产业结构优化等做出很大贡献，推动欠发达、开发不足的乡村地区经济、社会、环境和文化的可持续发展。可以说，乡村旅游对于加快实现社会主义新农村建设及城乡统筹发展具有重要意义。

四、营造乡村旅游发展的技术环境

1. 科技为乡村旅游发展提供支持

科技是乡村旅游发展的关键要素，同时还是乡村品质生活、优美生态环境的重要保障，全面渗透、支撑乡村旅游发展的各个方面。为降低资源和环境压力，秉持循环、可持续发展理念，要以科技手段增强对生态循环农业的支撑，构建农居循环社区，在确保产业发展、农业增收的条件下，改善生态环境，营造良好的生态居住和观光游憩环境。

2. 科技可以改善乡村旅游品质，提升质量

在乡村旅游开发中，科技要素的关键作用已经由现代农业园区生产力提升的促进剂，转变为产业融合的黏合剂，这是科技地位本质性改变的体现。传统的科技是促进生产效率提升，产品质量和效益提高；现代的科技是能够促进业态效率提升和业态融合，如物联网技术降低生产成本、提高

生产效率的同时，更能促进与消费者之间的互动，有助于建立良好的信任关系。因而从这个意义上说，科技的出发点和要素作用已经发生了改变。

3. 要搭建科技兴旅的平台

在有技术支撑平台的前提下，发布或为团队旅游者推送建议的观光时间、采摘时节、个性化游憩路线。在采摘及餐饮服务上，推广绿色环保食品，倡导绿色无污染旅游方式，使绿色成为旅游生活的主流价值和时尚。核心是向旅游者及村民公众宣传生态文明旅游的重要性及成果情况并加强建设。摒弃传统的硬性管理思路，倾向于以环境为中心的长远发展理念。在了解游客的行为规律和旅游态度的基础上，利用柔性方法转移游客的游憩意志，慢慢转变为实际利于环境的游憩行动。依托智能终端，实现景区生态化、高效率的智能运转与生态管理，以吸引更多的乡村爱好者前往。

4. 充分利用智慧乡村旅游管理系统

要完善视频监控系统，实现乡村旅游游客可达区域视频监控全覆盖，重点监控客流集中地点、事故易发地点；在景区出入口安装人脸识别系统，随时监控出入乡村的游客情况；在游客禁入区域安装配备自动探测报警的红外线监控系统；建立景区内部车辆、现场工作人员 GPS 定位系统及游客车辆车牌识别统计分析系统、停车场泊位量分析系统；在乡村旅游点设立游客电子紧急求助设施，实施服务半径不超过 500 米。在乡村旅游点有宣传资料、全景图、导览图、景物介绍牌、游客中心等处设置二维码，为游客提供自助导游导览服务。借助视频监控、手机信号监测、车辆监测、GPS 定位、红外感应等技术手段，有效采集乡村旅游的基础数据，在全面了解乡村旅游运行情况的基础上，为精准乡村旅游营销提供依据。

五、营造乡村旅游发展的收益分配（兴村富民）环境

1. 乡村旅游可大幅提升传统农业的附加值

旅游是产业关联度极高的产业，涉及吃、住、行、观光、娱乐及购物等相关行业，旅游业的发展将有利于带动产业链上相关产业的发展。乡村旅游发展是农业结构调整的需要。目前我国农村产业结构不完善，第一产

业比重过大，第二、三产业比重小且发展缓慢，影响了农民收入的增加，因此急需进行农业结构调整以切实落实乡村旅游建设促进农民增收的目标。因此，乡村旅游的发展势必有利于从以农业为主的产业结构转向农业和非农业兼而有之的格局，从而带动传统农业的快速发展。

2. 要建立乡村旅游利益分配机制

乡村旅游一定要有合理的利益分配机制，保证参与人员有共享经济发展的成果的权利。乡村旅游要建立合作分红机制，由村集体、旅游公司、家庭农场主按照约定比例进行利益分配，村民再从村集体中享受分红。按照政府引导、市场主体的原则，实现村集体和社会资本共建共营、共享共赢。建立一套完整的利益分配机制，使得村集体、旅游公司、家庭农场主和村民都能从中获得相应的收益，这样才能调动各方的积极性。

第三章
农民利益视角下的
国内乡村旅游案例分析

乡村旅游之所以成为中央与各级地方政府一直鼓励的发展领域，主要在于对农民利益诉求提升的道路探索。当前我国城市化水平进入新发展阶段，城市整体生活水平提高的背景下，通过挖掘乡村旅游中的高品质、有情怀、大健康、广休闲、深体验因素，为乡村振兴拓展新的、具备更大发展潜力和可持续性的产业，成为实现农民利益提升的重要发展战略。大量成功的乡村旅游案例也表明，乡村旅游整体大发展已经成为我国当代旅游业发展所不能回避的事实。在我国乡村振兴战略指引下，对于大量期望通过发展旅游来实现经济发展升级的乡村而言，资源、环境、要素的制约是直接影响乡村休闲旅游产业发展是否成功和可持续的关键要素，而其中如何从农民利益视角破除这些制约条件并形成成功模式和经验显得更为重要。本章依据资源特征将我国乡村旅游分为城市边缘区、景区依托型和连片贫困区三种类型，然后在特征分析的基础上分析具体案例在农民利益提升上的成功经验，以为后续研究提供借鉴。

第一节　城市边缘区乡村旅游

一、消费升级下的城市边缘区

1. 边缘区定义

在城市形态学研究中，洛斯乌姆（1975）在研究了城市地区和乡村腹地以后，将现代社会的区域划分为核心区、城市边缘区、城市影响区和乡村腹地四个部分。他将城市边缘区的内涵描述为位于城市核心区外围，发展成为介于城市和乡村之间的连续同一体。对于这一概念，可以从空间和时间两个维度进行分解。从空间维度上，城市边缘区的地域范围介于城市和乡村之间，其形态特征随着与核心城区的距离变大而逐渐向乡村形态转变，体现了城市核心地位在空间上的辐射能力；从时间维度上，城市边缘区受城市辐射力的影响一直处于动态变化之中，其形态在空间和经济社会功能上也随着时间的变化而不断演变，形态结构和要素流动在不同的发展阶段也呈现出较大的不同。进一步看，城市边缘区融合了城市与乡村形态特征，具备独特的社会、经济功能，作为城市与乡村的过渡形态，其形成了特有的功能性边界和要素交换通道。

2. 城市边缘区农民利益的特征

结合我国近年来的城镇化发展趋势，根据洛斯乌姆的区域城市结构与定义，在城市的辐射状空间结构中，城市边缘区受到核心区的巨大影响。在经济发展上要素流动受核心区主导，劳动力与资本的流动十分活跃，在土地使用性质上建设用地与非建设用地、农业用地混合并存。基本形态上保留部分乡村特征的前提下，转向非农经济。总的来看，都市边缘区具有以下几个显著特征。

（一）经济结构的非农化比例持续上升

城市边缘区处于核心区的经济辐射之下，发展总体方向服从于核心区并受其主导。但是边缘区乡村同时又具备相当的自主性，其通常结合自身的空间区位优势和资源条件发展制造业、乡村旅游等非农产业。相对于城市核心区，边缘区乡村土地资源丰富且价格较低，吸收了大量来自核心区的工业。而对于更倾向于外围的乡村则利用其文化、自然或者农业资源发展为核心区服务的休闲旅游业，成为城市人群的主要休闲度假产业带。这些非农经济，尤其是近年来乡村振兴战略下的乡村休闲旅游业发展，促使了边缘区经济结构的非农化比例大大上升。同时吸引了大量城市资本的介入，使得这些乡村的观光农业、生态农业不断向现代都市农业转型。

（二）人口构成的多样化

边缘区非农人口比例、区域分布和流动呈现更为复杂的特征。由于承接了来自核心区的全方位经济和社会影响力的辐射，城市边缘区的产业结构一直处于非农化转型的过程之中，使得其乡村人口由单一的农业人口向多样化转变，既有从事农业的原居民，也有因制造业、乡村休闲旅游业等产业蓬勃发展而吸引而来的外来就业人员或原居民，表现为极为丰富的人口构成。

（三）土地利用的多样性

继续深入研究前述两个特征可以发现，由于城市边缘区的非农化比例上升和人口结构多样化，以及城市与乡村形态的融合特性，决定了其在土地性质上的多样性。这也是城市边缘区一个关键特征。与核心区和乡村单一的土地性质不同，都市边缘区土地利用通常由城市建设用地、村镇建设用地、非建设用地三类构成。具体包括农业用地、生态用地、工业园区、远郊居住区、区域交通设施用地、村庄建设用地、村镇工业用地等，充分体现了其土地利用的多样性。

（四）城乡景观风貌的多样性

城市的典型标志是密集的高楼与交错的街道，而城市边缘区的景观风貌则要丰富得多，充满乡村风情的田野、林地、湖泊以及大量农业或者自然景观。建筑物的疏松型分布与大量错落有致的乡村景观形成了城市边缘区的主要风貌特征。总体上，城市与乡村景观形态有机融合，呈现自然、农业与钢筋混凝土并存的复杂形态。

3. 消费升级推动城市边缘区乡村旅游

消费升级主要是指经济体消费结构、消费模式高级化，消费者观念向高层次消费迁移，以及消费方式更加多元化的过程。从我国改革开放以来发生的两次消费升级来看，第一次消费升级以食品和轻工业品比例的此消彼长为主要特征，居民消费观念开始改变，自由市场的出现和快速发展使得整个社会的主动消费欲望开始释放。20世纪90年代的工业化建设也大大推进了全社会居民的消费能力，消费结构中家电产品比例大幅度提升，同时教育、医疗、交通等发展型消费比例稳步上升，消费的方式与内涵愈加丰富，这构成了第二次消费升级的主要特征。

21世纪的第二个十年以来，随着我国GDP超过10万亿美元，整体的消费层次、模式和能力也进入了与前两次截然不同的新阶段。最主要的特征表现为服务性消费的占比逐年增加，旅游休闲、娱乐、教育为代表的服务型经济在居民部门的消费结构中占比快速攀升，恩格尔系数不断向发达国家水平靠拢；在消费模式方面，以亲子教育、旅游度假、医疗保健以及电子消费等以未来发展和精神提升为主要目的的消费逐渐成为人们生活中谈论的主要话题，尤其是以娱乐、文化、旅游休闲等为代表的精神享受型消费成为主流；互联网尤其是移动互联网的深入渗透重新塑造了我国居民当前的消费观念，传统的群体同一化消费演变为崇尚个性的消费观念，这一消费特性在 80 后到 00 后人群中十分普遍，物质消费之上依存的信誉等无形价值更为受到关注，线下线上的融合使得人们在文化教育、旅游休闲等方面的精神消费需求更加多样化。随之而来的体验式商业业态由于更为强调消费者的体验和感受，成为当前消费升级的主要趋势，而边缘区乡村休闲旅游作为提升城市人群精神生活的重要形式，受到绝大多数消费者的推崇和追求，更由于区位优势，成为支持城市消费升级的重要发展方式。

我国近年来城市消费升级进程的快速推进对城市边缘区的乡村产业转型产生了强烈的冲击和影响，使这些乡村在产业结构和空间形态上都发生了明显的变化。处于核心区不同辐射强度下的乡村也呈现出不同的发展倾向，即便处于边缘区末端区域的乡村也根据核心区发展需求而寻求新的角色进行转变，服从于城市消费升级趋势，而利用其更为传统的空间功能和景观风貌为城市人群提供乡村休闲旅游功能。

二、边缘区乡村旅游案例一——成都三圣乡

1. 基本概况

三圣乡处于成都市东南方位，现在改名为三圣街道办事处，被划分在成都市锦江区，距离市区大约有 7 公里，下面有 6 个行政村，占地面积为约为 16 平方公里，农业人口占总人口的 93.14%，共计 16962 人，耕地面积12676 亩，人均耕地 0.17 亩。土质是酸性膨胀土，不适合种植粮食作物，"城市通风口"的区位特征决定了土地不能用于开发建设，只能用作城市绿地。此二因素决定了这里既不能大力发展传统农业，也无法发展工业、房地产等非农产业。

实际上，于清朝年间，三圣乡就因为花卉种植交易而声名远播，自此以来，三圣乡被成都人称为"花乡"，该地土壤呈酸性，非常适合月季、玫瑰的生长，在成都市场中，有百分之八十是以玫瑰为代表的鲜切花，并且这种鲜切花被大量批发到外地（锦江区委党校课题组，2006）。此外，成都市历来有着"休闲之都"的美名，成都市民常常休闲娱乐。20 世纪 90 年代兴起、风靡全国的"农家乐"的起源地正是成都，成都市城镇居民每年每

人去"农家乐"休闲的次数将近42次，超过一年出游总次数的一半。

三圣乡非常独特的自然条件和区位优势，使其非常适合发展以农家乐、休闲娱乐和花卉观光为主要内容的乡村旅游。2003年9月，三圣乡借举行博览会的机会打造以"五朵金花"为代表、以现代花卉产业为支撑的乡村休闲旅游。在不断努力之后，锦江区政府首先成功打造了红砂村的"花乡农居"园区。此后，锦江区政府又对梅、菊、荷等花文化内蕴和产业潜力进行了深入挖掘，在周边村庄因地制宜地开创了一条专业、有规模且品牌化的休闲农业之路，被赞誉为"五朵金花"。2006年4月，三圣乡"五朵金花"中最出名的"花乡农居"（红砂村）通过了国家4A级风景旅游区的验收。2003年以来，"五朵金花"接待海内外游客高达一千多万人次，经济收入也非常可观，每年均超过2亿元。

2. 开发模式

（1）政府主导、科学规划差异性发展

如若根据以往产业发展规律，三圣乡休闲旅游与花卉产业相结合的旅游开发模式必然要经历一个艰难且漫长的过程才能取得一定的成效，并且在此期间，需要大量的投资以及反复试验，仅仅依赖农民和民间资本的力量很难达到"城乡一体化""城乡统筹发展"的目标。因此，政府作为社会管理机关，有责任也有能力在宏观层面上进行指导、在客观上支持，使三圣乡避免重复城中村的尴尬局面。在其开发过程中，锦江区政府和市级部门均投入大量资金，此外，还积极引入外部资金投入。

主要在以下几个方面做出了一些调整：1）按照一个村庄、两种格局的原则，通过"农民出资、政府补助"的方式对原有的农村民居住房进行改造，按照川西民居风格来规划整修景区内的农房，打造为农家乐旅游区。2）基础设施城市化。根据总体规划，农村基础设施将按照城市道路、污水处理、天然气和其他生活设施的标准进行完善。3）配套设施现代化。在全地区农村地区的所有行政村安装家庭光纤，实现农村家家户户能上网的愿景；按照社区卫生服务中心的标准，建立村卫生服务中心。

差异化布局体现在：1）空间上，花卉品种分散。让"五朵金花"呈星状分布，使其在空间上不会出现重叠现象，以免游客会顾此失彼，规避五朵金花的非良性竞争。2）在时间上，花卉品种也呈连续性，四季常新。梅花、

荷花、菊花次第开放,春夏秋冬都会有不同品种的花,避免由于花种稀少而使其陷入季节性产业低迷。3)花卉产业的差异化。除农家娱乐之外,每种产业都有各自的特色,其中,"花乡农居"主要发展小盆花和鲜切花;"幸福梅林"根据梅文化和梅花产业链进行挖掘和发展;"东篱菊园"突出菊文化,形成了"菊韵、环境、花海、人文"四者的相互交融;"荷塘月色"凸显了以音乐和绘画为特色的美丽田园风光;"江家菜地"也以认种的方式,将枯燥的传统种植业变成了体验式农业。

（2）景观设计生态化

三圣乡旅游产业规划严格遵循城市通风开口用地的总体方向,在按照城乡生态规划理念发展乡村旅游的同时,为成都提供了一个不同于城市公共绿地的系统。在保持现有土地肌理和水网不变的情况下,建设湿地,建设新的绿地,保护原有生态植被,建设微水抗旱工程,加强原有土地的绿化和灌溉功能,注入梅、莲、菊等元素,突出文化遗产。该社区的主要特色景观系统由一条南北贯通、平均宽度约15米的"S"形人工生态休闲林带廊道串联而成,展现了社区土地与人有机共存的环境景观,强调了连续的整体感。

三、边缘区乡村旅游案例二——苏州旺山村

1. 基本概况

旺山村地理位置在苏州的西南部,坐落于尧峰山脚下,村域面积7平方千米,隶属于吴中区越溪街道,现有住户数为540,其中常住人口有2410人。旺山村与石湖、太湖相邻,在地理位置上有着独特优势,与东山、穹窿山共同组成苏州吴中太湖旅游区,被赞誉为"江苏最美乡村""中国最美乡村"等。此外,旺山村有着非常丰富的自然资源,全村总面积中约有80%都被绿色植被覆盖,景区内有着丰富多样的生态植被,种植有杉树、松树、竹子,此外,也产有大量的葡萄、枇杷、茶叶、银杏等。旺山村有着悠久的人文历史,如西施亭的故事、千年古刹宝华寺、九龙潭的传说等等,它在发展乡村旅游业上有着巨大潜力。目前为止,旺山村已经有南山、

宝华寺、耕岛农事体验区、九龙潭、七子山、钱家坞农家乐、礇磇岭茶园、环秀晓筑度假村等八大景点了。此外，旺山景区还创建了农业科普教育基地，是一处既涵盖了银杏种植园和碧螺春茶园又集田园村落、农业生态、历史古迹于一体的旅游休闲胜地。

2. 发展进程

在 2002 年，苏州旺山村开始实行旅游开发，开发过程中，政府起着主导作用。在规划中，政府给予企业与其他外来资本部分土地使用权，减少了农用耕地，加快了乡村整体现代化的脚步。旺山村原本的生产方式为农业和工业，政府的政策以及外资的引入使得其经济结构发生了改变，由原来的"农业＋工业＋居住"的乡村景观模式，向以旅游服务功能为主的旅游吸引物营造转变，乡村文化与现代文化的融合也使旅游地景观呈现现代化与商业化趋势。2005 年 6 月，完成了钱家坞景观与民户改造修复、耕岛体验式景观、礇磇岭景区规划；2005 年成立旺山农庄旅游发展有限公司；2006 年 11 月，规划了旺山村生态大道与九龙潭水库，于 2007 年完善了旅游服务设施的规划，如设计旅游服务中心等。

21 世纪初，旺山村被列入首批苏州市社会主义新农村，此后，旺山村努力发挥本地资源优势，结合农业观光和农产品销售，积极开发特色旅游产业（农家乐等）。同时对房屋和地面进行改造和修整，重新刷新社区墙面，整修街道和景区步道。2012 年，接待游客总人次超过了 100 万，解决了当地 800 多位村民的就业问题，为景区创造了 3 亿多元的收益，村级集体收益超过 2000 万元，人均农民纯收入已经超过 2.7 万元。同时，旺山村亦获得了苏州吴中太湖旅游区 5A 级景区的称号，旺山品牌进一步打响。到目前为止，旺山村已经是一个包含健身保健、小河垂钓、乡村小宿、农家餐饮、森林氧吧等多种活动项目的休闲旅游观光区。

在旺山村整体旅游发展过程中，乡村建设资金的主要来源是资金下乡，而村民、村委会和合作社作为乡村旅游目的地的主要社会组织结构，对景观规划的参与相对较少。在政府的规划和控制下，政府和企业重视发展农村经济景观，主要依靠政府吸引外资参与。原本以农业为主的经济农业景观已经成为一种新的生产空间，主要表现在农村建设用地的扩张和消费空间的景观建设上。在聚落景观方面，主要表现为村落基础设施的改善和现有景观资源的利用，这不仅改变了旺山村的传统文化，也改善了村民的生活环境以及生活条件。

四、都市边缘区乡村旅游发展的经验和启示

从系统角度看，由于旅游是人们在空间范围的流动性行为，所以属于开放型有机系统。乡村振兴战略下的休闲旅游开发的本质正是大力推动城市消费者与边缘区乡村进行更为充分的资源交换。城市消费者对于精神消费需求的增加与边缘区乡村对于经济发展的强烈需求形成恰如其分的结合：城市消费者的不断涌入吸引来大量资本的介入，使得投资主体更加多元，大量的个人、企业、机构纷纷加入乡村旅游及其周边项目的建设中去。资本、劳动力及各类资源的聚集引起政府相关部门的注意，更多的鼓励与优化政策持续转向乡村经济社会发展，大大推动了人才、文化和信息在城市边缘区的融合与交换。边缘区乡村发展休闲旅游，其实质是使乡村独特的农业与自然文化资源满足城市消费者的主题化消费需求，而如何使乡村充分融入城市经济运行体，成为城市区域经济中最具备原生态和经济活力的组成部分，充分总结和吸收成功乡村的经验十分必要。通过对三圣乡和旺山村成功因素进行分析，可以探索出一些一般的经验与启示来。

1. 政府主导下的产业转型

政府主导的产业结合对于三圣乡的成功十分重要，起到了初期启发、引领、规范的作用。为了使整个三圣乡区域的农业资源与城市消费需求实现良好契合，政府在三圣乡旅游开发的初期，投入了大量的资金，用于对村庄的道路等基础设施进行城市化改造，首先提升区域整体形象。主要包括农村住房的改建与拆迁，通过流转和集中整合优化土地资源提升利用效率以为产业优化做准备，通过种植花木进行区域生态环境改造提升整体乡村形象等方面。这些工作的主要目的是引导边缘区乡村改造效率低下的传统农业，推动区域内以农业为主的产业的整体升级，推动其产业结构由以粮食种植为主的小农户经济向经济产值更高、需求更加旺盛的花卉种植产业转变。在促进其经济结构整体转型的同时，充分利用发展花卉产业带来

的游客流量附加值，鼓励当地农户或者资本流向服务城市消费者的农家乐、休闲观光等乡村旅游业，为了向多层次产业体系拓展，引导高端资本投资高品质休闲项目，如高端住宿、商务旅行以及品质度假等。政府的初期政策与资金引导带来了明显的发展变化，产业重构和优化的主要目标均已经达到。根据当地发布的数据，从 2003 年改造开始，截至 2006 年，区域内的主要村落之一——红砂村就出现了 28 家规模型花卉生产企业，全村的花卉种植面积达到历史性的 100 亩。到 2007 年，整个三圣乡产业转型后年销售收入就达到 4 亿多元，孵化产业化龙头企业 2 家、大型企业 3 家，形成"五朵金花"景区品牌效应，景区内农家乐数量达到 328 处，有影响力的景点 20 多处。

2. 以保障农民利益为本的发展之路

除了政府主导推进的引领作用之外，将农业、农民民生作为产业结构转型升级的基本出发点也是三圣乡与旺山村这一类的乡村旅游成功发展的重要原因。三圣乡和旺山村案例带来的启示主要体现在以下几个方面。

（1）依托农业根基，重塑发展特色

发展乡村旅游不能脱离农业这一根本路线，在摆脱乡村特色的情况下发展旅游会陷入盲目的陷阱。在乡村农业的原生态特色根基上进行提升，进而开发各类乡土型旅游产品，如农家菜、田野乡情的主题活动等，继而进行产业链条的重构和延伸性开发，创造出新的价值点。如旺山村就实施了"3＋1"的发展策略，在以发展高效农业稳固基本盘的基础上，大力拓展以特色乡村旅游为核心的第三产业来提升经济发展内涵和质量。旺山村在发展过程中主要进行两方面的工作，一是引导农业生产实现规模化，促进农业生产效益的提升，二是鼓励农户围绕农业活动开展多种经营。从这两方面着手，在不改变农村农业本色的前提下挖掘乡村特色产业，农业生产效益的提升推动了农产品的不断改良和绿色农产品经营水平，实现了农业生产与生态农业的有机结合，促进了休闲农业产业的兴盛。在形成良性发展的基础上进一步引入城市资本与科技资源，建立围绕农业生产的科研、生产、休闲度假和文化提升为一体的高品质旅游区。旺山村通过实施这一策略，利用其江南地区的传统农业资源优势发展集约农业，大大增加了村集体的经济实力，再围绕集约农业打造区域性生态品牌，如庙山茶博园和

"钱家巧"茶叶，使得农户的经济收入得到大大提升，农业生产与休闲旅游的良性互动使得乡村活力得到充分激发。

（2）挖掘文化特色，升级乡村旅游

对于大多数城市边缘区乡村而言，实现振兴的一条有效途径就是发展乡村旅游，这已在各界形成一定共识，所以各类型乡村都在尝试挖掘自身优势资源为城市消费者提供休闲度假服务，从而在这一区域形成较为激烈的竞争。所以，在提升资源品质、优化服务配套软硬件、充分利用区位优势的一般途径下，尝试寻找差异化竞争的优势点成为大多数边缘区乡村的基本策略。如何把握城市发展的变化趋势，紧抓城市消费者的心理，将城市的高水平发展与消费者精神需求和自身乡村特色与优势相结合，积极探索现代乡村休闲旅游的主题与方向，成为边缘区乡村旅游实现真正差异化竞争的重要经验。

三圣乡和旺山村都在几年的发展过程中逐步形成了多层次乡村旅游体系，如环秀度假村一类的精品度假村，耕岛、家和等主题特色客栈都是都市文明与乡村文化充分融合的成果。同时这些项目也催生了更趋向于品质的高尔夫俱乐部、温泉会所等文化＋休闲的现代乡村度假风尚，这些新型文化融合的主题度假项目也为这些乡村带来了更高的附加值收入。除此之外，婚庆主题、丝绸主题、航空主题等现代文明更多地与乡村文化融合生长，成为乡村旅游中的新闪光点。这些新理念的现代乡村休闲项目使得一些乡村逐步摆脱了传统低端模式，成为品质旅游的典型代表。

（3）就业为本，致富为民

由于外部或者本土资本与边缘区乡村资源的融合，这类乡村逐渐发展出各具特色的旅游产品，但调查表明，即便发展较好的三圣乡和旺山村在发展的中、早期都遇到过村民就业数量并未实现实质性增加的现象。其原因在于农业的集约化生产释放了大量劳动力，而较为高端的主题型服务业又以接纳外来技能型人才为主，使得未加入旅游开发行列的相当部分村民陷入失业状态。为了应对这一最大的民生问题，这些乡村应适当发展一定数量的、与品质休闲旅游相适应的农副产品制造业，这部分产业既延伸了旅游产业链，也容纳了一部分剩余劳动力。除此之外，应为村民充分参与旅游项目的开发提供机遇，给予一定的经营管理培训支持，在解决一部分农民就业的同时也激发农户多种形式建设家乡的热情。如旺山村鼓励部分农户学习物业管理技能为景区提供物业管理服务。

第二节　景区依托型乡村旅游

进入 21 世纪以来，随着我国乡村振兴战略的不断深入，很多地区在其拥有的大量乡村空间上，以其自然风貌、民俗风情和乡村文化为特色，大力推动乡村旅游产业成为经济发展的重要新增长点。在这一发展过程中，整个地区的产业结构得到升级、经济质量得到改善、城乡形象大大改观，随着乡村景区数量与规模的不断增加，也出现了大量被景区包围的乡村，从而形成景区依托型乡村旅游案例。与此相同，依托著名景区在旅游、交通和客源等方面具备的综合资源条件，景区周边一些乡村结合自身拥有的区位优势与某种特色，与景区运营之间协同开发、优势互补、资源共享，拉长旅游产品服务链，从而发展形成一类与景区一样具备经济功能、旅游功能、文化功能的景区依托型乡村休闲旅游。

无论对景区的依托是来源于与景区的空间内部融合，还是空间外部协同，这一类型的乡村旅游都为消费者提供了有别于景区的新型服务产品，这种资源与服务产品的结合，使得游客除了能开阔视野外，更能获得其周边服务带来的立体体验，在精神和物质上的感受更为充实和丰富。这一类乡村通过共享景区的游客资源、提供互补的服务产品，在完善景区功能的同时大大提升和优化了自身的产业与经济结构。

一、景区依托型乡村旅游的基本内涵

景区依托型乡村旅游的内涵是指利用景区周边乡村地区的自然和文化资源，开发与景区不同的观光休闲产品作为景区产品的补充，以拓宽旅游者的游玩范围，增加旅游趣味性，从而带来经济收入的一种休闲产业。一

方面，它是可以实现景区附近农村剩余劳动力的转移，为当地农民提供就业，增加经济收入，使景区及其周边农村富裕的一种观光休闲产业；另一方面，大部分景区旅游都是观光性质的，而休闲农业则是属于生态旅游范畴的活动形式，它以独特的乡村民俗资源、田园风光和农耕文化产品等形式，使游客感受到与城市生活非常不同的体验和经历，能充分享受绿色的游憩体验活动。景区依托型休闲农业利用风景名胜本身的吸引力，让旅游者在观光感受了著名景区的魅力之后，到其周边的绿野乡间体验农家生活，更能获得充实舒坦、休闲惬意的感受，所以受到大多旅游者的青睐。目前，很多景区依托型乡村成了游客旅游的目的地。

任何旅游区都有它自己的特点，表现出它的个性魅力和活力，休闲农业可谓乡村旅游活动的核心，它是农村地域文化、风土人情和特色乡村风光的集中表现。

因此，休闲农业的发展必须善于挖掘当地的文化内涵，它不仅能保持自然的原生魅力，也展示了当地独特的传统文化，使人类与自然、人类与社会、自然与文化协调发展，为游客提供正宗、独一无二的休闲农业，这是休闲农业发展的精髓。

二、两种依托类型的理论及其特征分析

根据对现有研究的梳理和分析，可以将景区依托型乡村旅游划分为景区核心与边缘乡村协同型和乡村景区与村落整合型。这两种类型所属的理论分析角度也有一定的差异，一个是核心边缘理论，一个是系统协同理论。

1. 核心与边缘协同理论分析

周边乡村依托核心景区发展旅游的适用理论以"核心—边缘"理论为主，这一理论由弗里德曼（1966）首次提出，在引起理论界广泛关注后，为了进一步阐释和证明这一理论视角在区域经济发展中的普遍性和正确性，他又在《极化发展理论》中进一步深化，提出"核心—边缘"理论是空间极化发展思想的一种归纳形式，认为这一范式可以用于解释区域间或者城市与乡村间的非均衡发展过程中的相互作用。他认为，从空间角度出发可以

将相邻经济区域划分为不同属性：核心区和边缘区，运用这一理论可以将看似相互无关联、独立发展的区域经济体之间的关系解释为彼此联系且动态不平衡的一个整体，同时又如何在这个体系中由区域极化逐步发展深化为相互作用的均衡区域经济体。

在这个理论体系中，核心区通常被认为是一个相对发达的城市或者区域，这个区域相比其周边区域有较强的产业集聚力，或者技术发展水平很高，或者资本密集程度高，或者劳动力要素丰富，或者经济增长速度快。边缘区一般处于核心区的外围，相比之下经济发展落后，产业发展迟缓，但是在核心区的辐射作用下与其保持不同水平的经济联系，接受来自核心区的各种影响。这两类区域的边界也由它们之间从属关系的强度所确定，根据理论，核心区的经济属性和动能决定整个区域发展方向和趋势，是边缘区经济社会前进的主要推动力量，这一推动力越强，其对边缘区的控制力也越强。从其理论特征可以发现，对于解释区域间发展的关联性以及由非均衡发展状态演化为紧密联系的均衡状态的过程，可以给予十分自洽的理论解析和依据。

将"核心—边缘"模型应用于核心景区对周边乡村发展休闲旅游业的促进作用，同样可以得到相当程度的理论启发。实际上，通过分析我们可以发现，景区周边乡村旅游的发展资源在资金、劳动力、信息、运营能力等上十分依赖于核心景区，且这种依存关系普遍存在于整个乡村旅游产业链条中，实际上相当于将核心景区的各个产业链条拓展和延伸至周边乡村。周边乡村利用自身资源条件与核心区形成优势互补，从而在空间和产业链方向形成合作互赢的基本态势，同时在核心景区头部作用的带动、影响和促进下，周边乡村的休闲旅游随之发展起来，甚至可以形成与核心景区相对等的影响力。所以，核心景区的产业扩散作用的强化可以在空间上形成较强的推动力。

综上，无论从空间耦合角度还是产业延伸角度，核心景区与其边缘区乡村休闲旅游的协同发展都充分体现出了"核心—边缘"理论的基本特征，甚至在应用中发展出了更为丰富的内涵。所以，"核心—边缘"理论可以为景区与周边乡村旅游协同发展提供有力的理论与实践指导。

2. 景区与村落耦合的系统论分析

第二种类型场景中，景区与村落通常融为一体，出现你中有我、我中有你的情形，传统的如杭州龙井村，新近知名的如鲁家村等，这一类型可以从系统论角度进行分析。系统论的基本观点是："系统是由若干相互联系相互作用的部分组成，在一定环境中具有特定功能的有机整体。"从这一观点衍生开来，当前自然界和人类社会的所有事物都可以认为是系统，系统内部各个组成部分相互作用，最终形成系统具备的特定功能。景区与村落的融合产生了新类型的乡村旅游系统，这一系统中村落的基本经济社会功能与景区的服务功能相互作用，相互影响并重合，两部分相互依赖促进，游客的体验也融合了两方面因素。这些正体现了系统理论所具备的几个核心内容：

①整体性。景区与村落融合的新乡村休闲旅游系统的景区与村落经济社会功能及物理要素之间的关系均围绕提升旅游品质和经济效益的整体系统目的进行协调。景区和村落的局部功能都要服务于这个整体，并使得融合体的整体效率、效益达到最优。所以，这一类型在发展过程中，都要从整体着眼，具体工作是从局部着手，统筹考虑和多方协调，使得最终的整体效益达到最优。

②动态性。景区在与村落的融合中为游客提供多方面的精神与物质服务，体现为一个动态变化的有机体，其在时间截面上看处于稳定状态，但是在整个时间维度和空间维度上则处于绝对的运动状态中。它不仅是为游客提供游览服务的功能实体，也是一个运动体。这种运动表现在景区与村落的相互作用中。

③环境适应性。景区与村落这两个子系统融合形成新的乡村旅游系统。这两个子系统相互成为对方的外部环境，也与周围环境之间发生复杂的经济社会联系。作为子系统，景区或者村落与周围环境进行物质、能量与信息的交换，这种交换以各自能够接受的程度进行。各个子系统在与周围环境进行交换的过程中处于良好运行的状态，使得整个景区村落大系统充满了生命力，从而保持较高运行效益。

综上，系统论的核心思想为景区村落融合型乡村休闲旅游的规划和运营提供了认识论，从系统的、整体的角度看待景区与村落的融合问题，同时为其大系统的良好运行提供实践指导。

3. 景区依托型乡村旅游特征分析

景区依托型乡村旅游无论属于哪一种类型，其本质都是依托景区发展，所以其特征也主要表现在乡村与景区的空间关系、旅游产品辅助关系、客源共享以及发展阶段契合等几个方面。

（1）**空间关系多样**。在空间分布上，乡村旅游通常与所依托的景区表现为多点开花、点—轴式、网状散布等几种形式。多点开花式分布通常出现于景区周边区域开发初期，由于缺乏规划与管理，旅游活动区和接待区不能适应游客快速增长而产生。点—轴式空间分布主要是乡村在景区资源的影响下开始进入集聚期，点状旅游地逐渐聚集于景区周围的主要交通动脉两侧而形成。网状散布形式主要发生在成熟度较高的旅游区域，相关部门对以景区为核心的乡村旅游区域的各类要素进行统一规划和管理，形成完善的网状形式。

（2）**旅游产品互补**。由于乡村与景区"核心—边缘"关系，乡村所提供的旅游产品通常从属于景区的主要属性，与景区产品形成辅助与补充。且通常由于景区村落或者周边乡村具备与景区相近或者相似的条件，这些乡村依托景区的资源发展相同类型的旅游产品。但这一互补也会由于发展阶段的差异而在知名度、资源充足度等方面形成差异化竞争关系。

（3）**客源共享**。乡村依托景区发展休闲旅游时最依赖的因素是核心景区带来的海量客源。在缺乏核心景区带动的情况下，乡村将完全依赖自身的自然资源、人文资源或者农业资源拓展经济效益，在缺乏知名度和地域影响力的一般性背景下，发展道路将十分崎岖。在投入大量资源后，是否能够达到理想的状态，很难判断。而核心景区所携带的自然流量将为这些乡村发展休闲旅游提供天然的温床，直到其与核心景区形成共生共享关系。

（4）**发展阶段同步**。核心景区的开发会带来相当大的信息溢出与模仿效应，导致乡村根据景区的发展阶段进行同步开发，以求尽早享受景区开发带来的红利。这在我国的上海迪士尼乐园、广州长隆欢乐世界、湖州龙之梦游乐园与周边乡村的旅游开发上体现得十分突出。

三、景区依托型案例——袁家村

1. 基本概况

袁家村地处陕西礼泉县烟霞镇北面的九嵕山下，利用周围丰富的旅游资源，成为近年来景区依托型乡村旅游案例中较为成功的典型之一。早在20世纪80年代，按照当时的标准来看，它已经成为全国小康村。当时的村委书记号召广大村民一起创办企业，并且在1993年创建了袁家村农工商联合总公司，是20世纪乡镇企业大发展时期的一个典型案例。进入21世纪以来，随着旅游成为人民生活的新风尚，袁家村又依托附近的大量历史文化景点城市游客流量发展乡村旅游。现如今的袁家村已经成为我国乡村旅游发展的排头兵，相比早期的农家乐形式，已经进化至较为高级的以民俗文化为核心的乡村休闲度假旅游阶段，其经营收益的层次和来源也更为丰富。

袁家村相比其他乡村拥有得天独厚的地理条件，它位于大量历史文化古迹景区附近，包括唐太宗昭陵等大量著名古迹，如昭陵距离袁家村只有1公里的距离，顺其自然地，袁家村便成了游客们旅游参观之后休憩的地方，这些良好的外部条件也是袁家村能够成功发展旅游业的关键原因之一。与上述情况相对应的是，虽然袁家村本身的条件并不足以成为旅游胜地，但是得天独厚的地理条件以及依托周边景点进行一些服务型产业的开发使其也能够得到不错的发展。在较早的时候，袁家村就已经发展了为游客提供基础饮食以及住宿的产业，这在满足周边景点游客的需求时，也为后期旅游业的良好发展奠定了很好的基础。

除开得天独厚的大量景区辐射带来的丰富资源之外，袁家村本身相对其他村落而言也拥有独特的经济资源禀赋。早在20世纪七八十年代，作为我国最先以乡村工业发展起来的村庄，袁家村发展良好，具有典范作用，其村办企业发展速度非常快，开展过很多经济领域的产业，其中包括房地产业、医药业等，这一时期的产业基础和创业意识为后来袁家村发展成为乡村旅游的翘楚奠定了良好的条件。这一时期带来的不仅仅有经济基础，整个村庄还形成并传承了极为独特的集体主义经济意识形态风貌，学大寨时期建设的整齐的新农村住宅区，村口的耸立的高大伟岸的毛主席雕像，这些历史文化痕迹向每一位游客，尤其是向城市游客传达了极为不同的感受。

2. 发展阶段

在 2007 年的时候，具有乡村旅游特色的袁家村开始引起各地游客的关注，此后，袁家村每年游客数量增长速度迅猛，除却个别年份受大环境影响收益一般，从整体的走势来看，呈快速发展趋势。在 2007 年至 2010 年期间，来袁家村旅游观光人次的增长率竟高达 150%，从一开始的 15 万人次增长到 40 万。这些数据的变化充分体现出袁家村在乡村旅游的发展得到了初步的胜利。之后，袁家村开始统一建立各种旅游项目的基础设施，完善各类环境，准备更进一步高质量发展。从这时期袁家村的建设项目和空间形态上来看，主要由于部分村民较早地觉察到乡村旅游的发展趋势，于是开始利用自住房为观光客提供较为初级和简单的食宿服务，从而形成了袁家村乡村旅游发展的第一阶段。

（1）农家乐阶段

21 世纪的第一个十年也是我国乡镇集体企业在宏观政策影响下整体下滑的一个时期，劳动力资源流失使得袁家村也逐渐向"空白村"转变。但是，幸运的是少数乡贤在这一时期也注意到了城市化人群的乡村情怀与袁家村特有资源相结合的机会，于是与村集体协商全村转型发展的创新性思路。在分析和判断国家农村发展政策方向的基础上，对全村的资源进行整体规划和整合，试图通过依托周边大量文物古迹带来的游客流量，以农家乐为主要内容发展乡村旅游，让流失的劳动力回乡发展。在初期，对于城市消费趋势的变化，并不是所有村民都有所感知并采取行动，而是少数具有一定视野和见识的年轻人首先发现并付诸实施，为前来周边景区游玩的城市消费者提供餐馆、住宿等乡村特色服务。为了能让全村资源得以盘活，村委会主要负责人认为首先应该让村民对外界发展情况形成比较充分的认识，于是组织村里党员和村干部到成都、平遥、安吉等城市的知名旅游景区进行参观，对其发展状况进行学习和思考，谋划自身的发展思路。对发展较好乡村旅游的考察和探索使骨干力量都达成了统一步调，形成了共同发展农家乐的共识。

但是，如果希望全村村民都采取统一的步调开发农家乐，光靠这些工作还不够，村委会经过认真讨论，形成了全村思想动员计划，发动所有村干部和党员对村民进行上门推介，让村民熟悉和认同村里制定的乡村旅游发展战略。由于村民情况较为复杂，为了让一些农户不过于顾虑一些风险问题，村委会设立基金对这些农户进行补贴，对按照村规划和预设标准开设农家乐的村民进行一定的奖金补贴，在有些情况下农户甚至只需投资一半资金，这大大激发了村民热情。由于与城市消费趋势一致，早期开设农家乐的三家农户获得高收益，这带来了十分理想的示范效应，起初犹豫的农户也彻底放下了顾虑，不到一年的时间，全村的农家乐扩张到了 40 家，袁家村的乡村旅游初见规模。

（2）民俗文化为核心的蜕变阶段

袁家村的乡村旅游在 2010 年后开始驶入快车道，游客数量快速攀升，40 多家农家乐形成的规模式效应形成了一股不可阻挡的发展势头。2011 年的旅客数量增长大大超过了预期，比前两年总额都要多，历史性地突破 100 万人次，并且这一发展速度一直持续了将近 5 年才进入新的平台期。游客数量的快速增加带来了村集体经济实力的积累，村委会适时地开始考虑着手对袁家村及其周边环境进行提升，将袁家村由初期的低端农家乐向品质型乡村旅游项目推进，大量高质量的人造和游乐设施开始出现，袁家村旅游知名度和形象打造的支出也大幅增加。这一时间段，袁家村的形象实现蜕变，旅游业态不断丰富，设施品质不断提升，在村委会带领下开始形成以民俗文化为核心的发展方略。同时，外来投资者的参与为袁家村带来大量创新项目的同时，使袁家村的知名度得到迅速提升。

这一发展时期，除了自身的乡村旅游品质得到提升外，袁家村也与周边村庄形成乡村旅游发展联盟，共同规划，统一发展，形成大规模高品质的袁家村乡村旅游社区品牌。发展空间的拓展为民俗文化的打造创造了充裕的发展空间，回民街、祠堂街、村史博物馆、关中戏楼等文化底蕴浓厚的项目被开发出来。为了因应经济发展形势的变化，村委会这个主体已经不能适应乡村旅游的发展要求，于是陕西五谷丰裕农产品有限公司这一法人主体开始形成，在商品销售上开始打造袁家村农业品牌，将商品向全国市场渠道推广，通过自产直供模式扩展全国市场空间。其利用自身知名度带来的优势，使得产品的全国销售增长很快，农副产品销售收入在总收入中的占比越来越大。股份制的合作方式，也使得村民可以以多种形式参与其中，真正实现了有钱出钱，有力出力，享受到集体发展的红利，这更加提升了村民的积极性。旅游发展规模的扩大，品质的不断提升，使村委会更为关注新经济管理模式，吸引外部资本参与建设，主要包括两个方面：一是建立村级融资平台，为外部资本提供机会，使其参与到旅游公司中来，推动整体产业化发展；二是村委会对于基本条件较差的农户进行扶持，帮助其提升风险抵御能力。

3. 乡村度假转型阶段

袁家村的乡村旅游发展呈现出明显的阶段性，各个阶段的升级都与城市消费趋势的脉搏相对应。自 2016 年以来，我国城市消费的能力进入了新的阶段，这一时期袁家村旅游的游客数再一次呈现出快速增长。在游客消费的持续性方面表现出新的特点，往常的一日游为主的游客比例下降，两日及以上较为持续的度假型消费比例快速提升，服务于游客持续性消费的项目也越来越多，民宿、酒吧这些新项目的加入使得袁家村的乡村旅游内涵日益丰富，产业发展的可持续性更为突出。

四、景区依托型案例二——鲁家村

1. 基本概况

浙江安吉县鲁家村通过发展田园型乡村旅游而成为景区与村落融合发展的典型案例。鲁家村位于湖州市安吉县递铺街道安吉经济开发区东北部，占地面积 16.7 平方千米左右，主要地形以山地、丘陵为主，其中山冲田 9.3 平方千米，包含 13 个村庄、610 户农户共 2200 余人。鲁家村距安吉县县城中心只要 20 分钟左右的车程，交通非常便利。安吉县鲁家村于 2011 年开启美丽乡村的建设。除了村民自筹资金和政府提供的财政支持外，还通过各种渠道吸引北京等大城市的资金，共同开发设计了 15 个田园综合体。前后历经超过 6 年的时间，鲁家村成功创建了美丽乡村优质示范村，成为全国第一个家庭农场集聚区，成为首批 15 个被纳入国家田园综合体的项目之一。通过试点资金的有效使用和吸引城市资金参与投资，鲁家村总资产从 2011

年的不足 30 万元增加到近 1 亿元，村集体经济年收入增加近 160 倍，农民人均纯收入翻倍，实现了村集体经济的快速增长以及农民收入的大幅增加。

从 2014 年开始，位于 6.67 平方公里低丘缓坡上的安吉县鲁家村，以"三规合一"为指导，按照国家 4A 级景区标准，进行整合村庄、产业以及旅游的规划。专门设计了 18 个家庭农场的主题，如花卉、蔬菜、水果、中草药、木艺等，并全力打造全国家庭农场集聚区和示范区。鲁家村将 18 个各有特色的家庭农场通过一条 4.5 公里长的铁路轨道串联起来，环城路已经成为一条科普专列，火车周围的绿化以春夏秋冬四季为主题来布置。沿线还有 24 个节气牌，代表中国特有的二十四节气，让游客了解传统文化，接受科普教育。同时，沿线建立 6 个火车站分站，让游客自由上下火车。现如今火车观光已成为游客最喜爱的项目之一，也是鲁家村一二三产业融合发展的绚烂一笔。

2. 开发模式

（1）发展农场集聚区的总体思路

安吉县鲁家村建设初期，如何寻找和建立未来发展的支柱产业成为一个难题：作为一个经济落后的村庄，只有最原始的小农农业，没有名人故居、古村落以及风景名胜。没有一个主要的支撑产业的状态，让安吉县鲁家村的未来发展成为一张白纸，充满挑战和机遇——不仅仅是农村项目的设计方面，更是区域产业模式的创造方面。因而，经过不停摸索，鲁家村的人们有了重要的发现：鲁家村有一些分散的小农场，还有几千亩的丘陵和缓坡可供开发，可以建成主题鲜明、特色鲜明的家庭农场，这对追求自然农业的城市人有很大的吸引力。广阔的土地作为许多主题农场的聚集地，最终把鲁家村变成"主题农场聚集区"。

（2）主题农场聚集区

所谓主题农场集聚区指的是以农场为主要产业载体，以一定规模和特定主题为核心吸引力的新型产业模式，由多个家庭农场围绕核心吸引物集聚而成，主要以发展农业生产和休闲度假旅游为主。以鲁家村为例，其对现有分散农场的功能进行了改进，同时在一定区域内，通过道路交通或主题设计，将其他不同的农场建成一个整体。主题农场是未来农业、休闲、旅游、生活与智慧相结合的创新型经济模式。同时，也是增加农业收益，促进农业发展，实现一二三产业有效整合的高效途径。它是探索新的消费热点，实现旅游创新的有力手段。这也是通过乡村旅游和实现新型城市化来减缓贫穷的一个重要起点。

（3）安吉县鲁家村农场公园

安吉县鲁家村于 2012 年 5 月 1 日正式开放，变成了"农场公园"。在三家旅游公司的共同努力下，旅游区发展良好。农民将土地转到村，再由村转给农场主。土地流转给农民带来的年收入约为每户每年 8000 元，租金随全国大米收购价格波动。这个旅游区每年接待大约 30 万游客，按照人均消费150 元，每年将带来 4500 万元的收益。除去成本和其他开支，村集体每年可以产生大约 660 万元的收益，此外还直接、间接地提供了大量工作岗位。除了工资收入外，村民还利用自家房屋开民宿、农家乐等，预计年产值达到1000 万元。

五、景区依托型乡村旅游案例的经验与启示

袁家村这一经典案例与鲁家村这一乡村旅游发展新秀对于乡村旅游发展的经验和启示中，最为引人注目的是其利益分配机制和创新的投融资机制，而这两者是诸多乡村发展休闲旅游中最容易出现且最容易导致转型失败的拦路虎。

1. 农民利益分配为核心的协作机制

袁家村如今的辉煌离不开其在探索景区依托型乡村旅游发展过程中逐渐形成的利益分配与共享机制，这些机制既使得农户分享了成功的果实，又保障了袁家村乡村旅游得以进入可持续发展的良性轨道。多年的探索使袁家村在利益结构、利益分配、权益表达和保障等方面都形成了完备的体系。

（1）利益相关者

在利益结构上，袁家村充分考虑到了各类利益主体在整个旅游发展中的相应角色和地位，包括村集体、原居民、新居民、外来投资企业和外来务工人员五种类型。其中村委会显然是袁家村主要权益代表，其在袁家村旅游发展过程中是领导者和规划者，是所有利益行为主导者。袁家村村委

会集多种角色于一身，决定了袁家村乡村旅游发展的中长期和空间布局以及产业结构，决定了整体利益的分配格局和分配体系以及利益角色的监督和协调，决定了袁家村主要经济业态的发展模式和对外联系。原居民除了作为股东享受村委会主导的十四家股份公司带来的集体利益之外，由于积极参与袁家村乡村旅游发展进程，各个业态形式中均有利益体现，典型的如大量农家乐。外来人员分为新居民和务工人员，新居民主要来源于袁家村乡村旅游的扩张，大量外界人员来袁家村谋取生计而长期定居于此，有周边乡村村民也有非本乡本土的外地人员，这些人员目前占袁家村常住人口的九成以上。新居民或者在这里经营酒吧、商铺，或者加入合作社成为股东。外来务工人员则受雇于各类业态中。外来投资公司相比之下是一个较为特殊的群体，是由村委会招商引资而来，主要投资于大型项目，从而成为袁家村利益分配的一部分。

（2）利益分配机制

平衡利益结构中包含五类主要角色，核心要素在于合理的利益分配机制，同时辅以合理的沟通机制和权益保护机制，形成了可持续发展基础，刺激了绝大多数利益相关者的积极性，促进良好发展氛围的形成。整个利益分配机制涵盖了村集体、原居民、新居民、外来人员、外来投资实体等五大群体的核心诉求。与其他角色相比，村委会是村集体行政事务经济利益的代理人，也是一个非经济实体对象，其主要使命是行使利益协调、整体发展规划和战略等职能，同时应对和处理日常行政事务。对于经营主体的营业收入、各股份制公司利润分红等经济主体具备的能力，村委会不具有相关权益。而对于村集体利益的代理职能，村委会通过关中印象管理公司予以实现，包括向外部的经济扩展和对内的管理，如与商业业态以及投资公司的利润分成等。原居民作为袁家村的土著群体，享有袁家村所拥有的绝大多数资源的所有权，所以原居民作为经济主体，其收益来源也最为可靠和丰富，一是可以自主经营商业业态，如经营酒吧、商铺等；二是全部享有参与集体经济股份分红的机会，如以资金或者其他形式入股股份合作社；三是出租资源获得租金收入。

新居民、外来投资公司、外来务工人员在性质上与村集体和原居民存在差异，他们需要用自己的某类技能或者资源来换取在袁家村的收益，但他们在数量上占到常住人口的90%，为袁家村的乡村旅游做出了巨大的贡献。新居民一方面有一定的机会以资金形式入股合作社，从而获得分红机会；一方面通过经营某类型的商业业态取得经营性收入。近年来，袁家村新建的小吃街、艺术长廊以及酒吧街均由新居民直接或者间接经营。在村委会的规划下，根据不同项目属性成立相应的股份合作社进行统一管理，由于业态间没有重复性，保证了新居民获取收益机会的平等性。外来企业带来的巨额投资是袁家村乡村休闲旅游品质得以大幅提升的重要来源，这些企业除了带来大量资金以外也充实和更新了发展理念和服务项目。目前的主要项目是将新开发的祠堂街、回民街和书院街三块区域的经营权分别转移给三家外来投资企业，承包区域内的商业业态类型和管理机制，在与村委会一致的前提下由外来投资企业进行招商和出租，从而获取经营性收益和投资报酬。而外来务工人员则通过雇佣关系从酒吧、饭店等各类商业业态中获取劳动报酬。

（3）利益保障机制

袁家村在长期的探索中也针对自身复杂的利益角色情况形成了独特的利益保障机制，绝大多数参与利益分配的经济主体的合法利益得到保障，其利益表达诉求能够得到充分的考虑和实现，继而使得在各方利益分配得以平衡的情况下相关分配机制能够顺利实现。利益保障机制主要包括平衡机制和监督机制两个方面。

在乡村旅游发展涉及的利益主体和利益非常多样化，不同的利益主体其利益诉求内容和形式都有差异，这些差异在各类主体间生成多种类型的矛盾。袁家村根据利益主体诉求的差异制定不同平衡措施，包括：一是在根据经营业绩确定分红比例的原则下，对低盈利但必要业态实行业绩补贴，提升整体经营活力；二是针对商铺业态类型和经营质量两块内容实行末位淘汰；三是对管理层股东实施绩效分配制度以激励管理者尽心尽责；四是充分保障外来商户和投资企业的利益，如采取在项目培育期免租金，投资公司收回成本前不分配其利润等措施；五是保障外来务工人员收入，如采取规定最低工资等措施。袁家村多数经营主体都加入了不同的股份合作社，从而将自己的利益与整体利益进行了捆绑，使得经营者之间实现自觉的监督，继而也维护了整体利益分配的平衡格局。

2. 服务于农民利益联结的创新投资机制

在复杂的乡村利益格局下，景区依托型乡村旅游发展项目的顺利起步和品质升级都离不开创新的投资机制。鲁家村能够在短短几年之内实现蜕变，正是因为其借助处于城市边缘区的优势条件创新性地引入城市资本。在当前乡村旅游竞争日渐激烈的背景下，项目的规模日益扩大，对资金的需求也水涨船高。尤其是规模性主题休闲文化的流行，使得这一项目的整体性投资规模都比较高。在这个趋势的影响下，鲁家村就提出了田园综合体的发展目标，要将周边 3 个村覆盖在内规划 55 平方公里的"田园鲁家"项目。虽然这一规划也被列入首批国家田园综合体试点，但是财政资金的数额不可能支撑其"一核、二溪、三区、四村"的宏大体量。

从鲁家村的原始条件来看，2011 年之前，鲁家村是一个传统的农业村，并不像其他发展乡村旅游的乡村那样具备丰富的自然资源和独特的人文积淀，也没有雄厚的集体经济作支撑，而且是一直处于负债经营状态。在意识到这一不足之后，鲁家村以政府的美丽乡村建设补助资金作为引子，成立乡村旅游公司，邀请知名咨询公司进行项目设计和包装，然后以项目合作方式吸引城市资本参与。为了避免与其他乡村旅游项目同质化竞争，在咨询公司的帮助下，鲁家村创新性地提出了农场经济方案，18 家不同特色农场联动经营的项目创意很快引起了城市资本的注意，在不到两年时间里就吸引了上海、深圳 10 亿元资本的加盟。城市资本的强大推动下，2017 年 12 月就有 6 个农场项目基本完成并投入试运营，吸引 10 万游客前来游览。这一模式的初步成功迅速在城市资本圈引起轰动，投资前景明朗使得大量资金持续流入，并获得银行认可，同时各类投资机构也前来参观考察，发展资金更为充裕。其中包括：深圳园林投资 4.5 亿元的花海项目，上海资本投资 2 亿元的中药农场等大型项目。围绕 18 家农场项目，鲁家村继续开发了多个与联动经营有关的经营性项目，如小火车等。截至 2019 年底，鲁家村已成功吸引 20 多亿元城市资本参与到"田园鲁家"项目的 18 家农场的开发运营中来，成为近年来最成功的乡村休闲旅游发展典范。

鲁家村能获得成功，一方面是因为及时把握国家政策导向，获得支持；另一方面是因为创新地将全村资源设计为 18 家主题农场项目，在实现与农民利益深度联结的同时，获得城市资本认可。

第三节　连片贫困区乡村旅游案例分析

一、连片贫困区与旅游资源重叠性

我国地域辽阔，长期以来贫困地区面积都很大，虽然党的十八大以来我国在消除贫困方面取得了举世瞩目的成就，但这些地区本身自然条件相比东部发达地区还要差不少，经济和社会的发展水平仍然不够高。但是在硬币的另一面，这些看起来恶劣的自然条件对于发达地区的消费者而言，却有着巨大的吸引力，成为他们向往的旅游胜地。这一现象自从 20 世纪以来，也得到了联合国开发计划署和政府的重视。经过长时间的实践和研究，他们发现，我国的大多数贫困县都分布于秦巴山脉、武陵山区、乌蒙山区、滇桂黔、大兴安岭、吕梁山等区域，与我国《中国农村扶贫开发纲要（2011—2020 年）》中的 14 个连片区的分布十分接近。这些区域农业生产环境恶劣，传统产业所依赖的各类资源的供应水平非常低，摆脱贫困的难度非常大，更难以想象如何致富。从传统角度看，这些地区缺乏区位优势，常规交通的通达性差，长期的相对封闭环境导致社会经济都徘徊在较低水平。但正由于此，其自然资源和人文历史资源得以传承，成为旅游价值挖掘潜力最大的地区。曾经处于国家贫困县目录中的地区，往往恰是旅游资源最丰富的地区。

对《中国农村扶贫开发纲要（2011—2020 年）》公布的 14 个连片区进行分析发现，这些区大致可以分为几类：一是边境县，有大约 37 个；二是民族地区，即便不计算藏区和新疆两个大区，仍然有 162 个民族县；三是拥有国家森林公园的地区或者自然保护区；四是历史文化古迹或者革命老区。这几种类型各具高品位、高价值的旅游开发特色，如边境文化差异贸易、民族风情观光体验、历史文化与红色根据地等，都对全国各地以及全世界的游客形成巨大吸引力。所以，对于我国广大的贫困区而言，地处其中的大量农村都与我国的最优秀的旅游资源在空间分布上是高度吻合的，将乡村旅游作为总体发展战略的一个重要组成部分，充分利用这些丰富而独特的自然文化资源，在消费逐渐成为我国经济增长新动能的背景和未来预期下，是高质量消除贫困并使人民致富的最佳选择。对这些地区的资源进行深入分析，会发现这些区域的自然、人文资源不仅丰富，而且具有独一无二的不可替代性，如江西井冈山、云南香格里拉等。袁家村和鲁家村目前已经成为落后地区发展的典范，但实际上，由于通常地处十分偏僻，通达性差，绝大多数位于连片贫困区的人间仙境都处于未开发状态，一旦将其展示于世人面前，其发展潜力将会得到充分体现。

二、连片贫困区的比较优势

比较优势理论尤其在通过乡村旅游进行扶贫开发领域有重要意义。这一理论主要比较区域差异带来的利益差异，具体表现在不同贫困地区的要素禀赋差异和机会成本差异。其中要素禀赋差异主要来源于旅游资源、人力资源、区位以及政策等，而机会成本差异主要是指与其他扶贫相比带来的机会成本比较。根据前述分析，连片贫困区乡村通常拥有独特或者垄断性旅游资源，而是否能通过发展旅游实现脱贫，更主要应探讨旅游产业相对其他产业脱贫手段的比较优势。

1. 发展旅游产业在连片贫困区的比较优势

从旅游业本身特性方面分析，其优势主要来源于其第三产业的基本属性，主要表现为：

（1）服务业的强关联性。旅游作为服务于游客的活动性产品，其生产与消费同步进行，游客一旦踏上旅程，其吃、住、行等所有必要基础活动均被覆盖在产品服务范围之内，同时，游、购、娱等精神提升活动则进一步提供游客消费的机会。可见，其每一项内容均与消费紧密联结在一起，构成一条很长的服务产品链和价值链，链条上的每一个环节都可以形成有较强关联性的交易机会，从而使整个链条上的参与者都从中受益。

（2）是人力资源密集型产业。旅游产品具有较长的产品链条，以及对人力资源质量总体不高的要求，使其相比其他产业具有较强的就业容纳量。

这对于连片贫困区提高就业水平和经济发展质量而言，具有重要意义。连片贫困区往往教育资源匮乏，导致代际贫困问题突出，剩余劳动力技能水平和综合素质难以达到城市劳动力水平，而旅游产品单环节的技能要求通常不高，可以大量吸收。这使得人口发展的机会成本得以降低，贫困人口也能够较直接地感受经济利益的刺激，这为下一步推进人口技能和素质提升奠定良好的氛围和经济基础。同时，旅游产品消费较高的弹性空间使相关地区的市场在不同的投资水平上都可以产生相应的回报，旅游景区的辐射效应、溢出效应和示范效应等又能使更多人群参与产业链条并从中获益。

（3）旅游产品的垄断性和独特性使贫困区资源成为村民新资产。我国连片贫困区乡村往往具有其他区域所没有的独特自然或者人文景观，这些景观与当地的地理、气候、民族紧密联系在一起，对于当地村民而言其就像空气一般平常无奇，而对于其他地区尤其是都市人群而言则具有唯一性和不可复制性。而且，较强的参与性和外来游客带来的信息与文化交流大大增强了乡村村民的商品意识和积极性，这使得参与到乡村旅游项目开发中的村民能以较低的投入获得较高的回报，从而产生较强的脱贫致富效应。

2. 连片贫困区旅游产业扶贫与其他扶贫的比较优势

连片贫困区由于较差的自然条件，一直以来都是扶贫工作的重点区域。为了使这些区域实现脱贫，中央及地方政府尝试了多种类型的扶贫渠道和形式，如救济式扶贫和开发式扶贫两种基本类型，有民政、金融、科技、教育等扶贫渠道。在具体表现形式上，还一度采用过工程项目扶贫和对口支援扶贫等。这些多种多样的扶贫方式在不同历史时期扮演过不同程度的角色。在 20 世纪 90 年代之前，针对特定贫困人群的救济式扶贫，在当时的历史条件下发挥了相当重要的作用，但其长期效果不尽如人意。后来，为了使扶贫工作能惠及更大范围，政府在 20 世纪 90 年代后又尝试交通工程项目、教育救济的方式，这从可发展的角度对缓解区域性问题起到了一定的作用，但这一类项目在短期可以带来一定的效果，长期效果依然有限，仍然需要较长的时间才能看到结果。这些多种类型的扶贫工作虽然也收到一些成效，但总体来看，区域内乡村主体和村民个体的主动性和参与未能得到充分体现，不能从根本上解决问题，所以早期、中期的扶贫工作的返贫率也较高，难以根本性解决问题。

与民政扶贫和项目扶贫不同，旅游扶贫把传统观念上认为是连片贫困区脱贫障碍的自然资源转变为当地村民的脱贫和致富资产，使得贫困区村民拥有了具备生产价值的资源。在这些生产性资源的基础上，政府、社会资本以及村民可以开展集约型开发，从而在为贫困地区输血的同时帮助其形成较强的造血能力，这使得贫困区乡村在经济、社会以及文化方面都可以得到发展机会。而且基于连片贫困区特定的优势自然与文化资源，这类旅游开发项目通常目标十分明确、项目思路清晰。在项目开发期，当地村民可以从项目开发过程中获得劳动收入，项目完成后可以在参与项目运营过程中获取长期收益。可以看到，旅游扶贫对于连片贫困区乡村的脱贫工作而言，在总体上兼具了短期、长期与覆盖面广的综合性优势。而且从具体的方面来看，区域内的村民的内在主动性和参与性由于旅游产业的经济利益性、产业链紧密性、项目开放度等特性得到较为充分的激发。外部环境条件的改善和村民的内在动力的提升一方面更好地保障了扶贫效果，一方面降低了返贫的可能性。

可以看出，与其他类型的扶贫方式相比，利用连片贫困区的特有资源合理健康地开发和发展乡村旅游产业，其综合带动性最强，具备独特优势和不可替代的作用。

三、连片贫困区案例一——巴拉河文化生态村

1. 农民价值为基础的多维旅游生态模式

对于位于连片贫困区的少数民族而言，村寨是其最基本最重要的社会形式，相对于其他区域乡村在经济社会功能上更为自给自足的社会单位，这个单位里通常包含了这个民族的所有文化要素。在这个十分有限的空间区域内，这个民族的各类民族习俗在时间维度上也按照特定的规律进行展现。所以，这类民族村寨全面完整地承载了其所属民族的习俗特征，而且这些村寨也依赖于其特有的自然环境，这种人文与自然充分整合的社区对于游客而言则是独特而深刻的体验。

作为世界银行和新西兰政府的国际援助项目，位于滇桂黔石漠化连片

贫困区黔东南苗族侗族自治州的巴拉河旅游区完整地保留了连接在一起的7个苗族村寨，这7个村寨依据其民族文化组成进行了不同的分工和特色定位，系统地将旅游扶贫、文化传承和环境保护融合在一起，形成极具特色的苗族文化生态村。其形成了民族文化与独特自然环境和谐发展的原生民族旅游模式，成为"人类苗族文化遗产保留地"之一。这一模式成功展现了苗族文化最为纯粹的面貌，原汁原味地保留了其"土气"和"大气"。

巴拉河文化生态村的开发设计在一开始就坚持了以使农民受益为主的多维价值路线，形成了价值组合型的旅游景观系统。从旅游消费者的维度来看，其价值主要体现在消费体验方面。巴拉河原汁原味的苗族族群文化的原生态化展示，大大赋予了旅游者对于苗族村寨文化中与自然合而为一精神内核的充分体验与价值感受。从居住或者经营于其中的村民维度来看，巴拉河生态文化概念的开发与实施使得村民们终于找寻到了价值转化的最佳路径，开设农家乐接待旅游者，并向其展示工艺品、土特产以及文化表演等少数民族文化元素，为旅游区村民增加收入、提升生活水平提供了肥沃土壤和充裕的发展空间。从旅游区内的各个村寨的发展维度来看，作为村寨基本单元的村民通过与外部旅游者的交流，能够更为清晰地认识到正是其所坚守的民族文化和自然环境为其个人和村寨提供了价值土壤，从而从经济利益角度增强了对保护传承民族文化和自然环境重要性的认识，并形成了可持续发展的内在动力和支撑点。目前，巴拉河旅游区的所有村寨都已经形成基本共识，对区域千年以来形成的传统节日、习俗、传统歌舞艺术、传统建筑风格、传统建筑形式和建筑工艺、传统民族服饰、纺织、印染、银饰加工、雕刻、编织、制陶等传统文化元素和农特产品进行了深入的研究，按照不同类别制定了相应的文化保护与传承政策。在农业文化保护方面，针对农业的旅游项目的开发，一方面提升了当地农业发展水平，改变当地各个村寨村民落后的生活方式；另一方面也大幅度改善了整个巴拉河流域的生态环境，两者协调发展有力支撑了当地社会、经济的可持续发展态势，形成了绿水青山与金山银山的最佳结合。比如，郎德寨早期的农业生产一直停留在刀耕火种的原始农业生产阶段，通过砍树拓荒发展农业。自从旅游区统一规划开发后，当地政府严格推行封山育林政策，村里制定了《村规民约》，禁止破坏区内的旅游资源，政府积极引导绿化荒山，发展沼气，推广节能柴灶，解决农民燃料问题。近些年，巴拉河流域当地政府安排专项资金，在各村寨发展沼气，使生态环境得到了很好的保护，为旅游业的可持续发展提供了保障。

2. 以村寨利益为核心管理模式

由于以村民利益为主的价值模式进行了多维度组合，整个旅游区的管理模式势必形成多组合结构。为了有效推动开发计划的实施，巴拉河区域形成了以村民利益为导向，政府主导、企业市场化运作，结合村民不同程度参与的复合层次管理模式。由政府组织代表"巴拉河乡村旅游示范项目办公室"为宏观协调牵头方，各类利益组成方为合作管理者，实施分层管理模式，在各级政府各职能部门功能协调下对巴拉河区域进行统一规划与开发。

区域内旅游产品的开发围绕各村寨民族特色和风格展开，以村民生活、社会结构为核心打造了巴拉河区域原始、神秘、深邃、雄奇的自然景观形象和原生态、神奇、粗犷、淳朴的少数民族文化，并以此建立与其他民族截然不同的旅游产品形象。为了进一步将村民利益与区域形象充分融合，州政府与知名高校合作，邀请专家学者进行了高起点、高立意、高水平的规划设计，并以国内外旅游产品供给与需求的发展趋势为依据，打造了全新的旅游品牌，创造性地形成了一条以优势村寨文化开发优势文化旅游产品，以优势旅游产品塑造优势产业，以优势旅游产业全面推动全州发展的三优模式。后续发展趋势对以提升村民利益为核心的发展路径给予了持续肯定，全流域农业经济发展水平的提升大幅推动了巴拉河旅游品牌的知名度。社会搜索热度的不断高涨吸引了大量城市资本下乡，资金的充裕进一步提升了区域旅游产品的品质和品牌含金量，如南花村就引来多位城市企业家前来投资村寨旅游项目和乡村民宿，所投资的高品质的"巴拉河游乐园""南花度假村""梦里水乡""月亮湾"休闲山庄等项目对于进一步加深南花村旅游体验，提升复购率奠定了良好基础。游客流量的提升继续深化了周边村寨如平寨、排乐等村的种养殖业，为促进农村就业和农业发展拓展了更大空间。

乡村旅游中较为复杂的主体组合模式意味着利益分配模式的多维度属性。巴拉河旅游区管理办公室在利益分配过程中充分考虑到不同层面的诉求，以全产业链中村民、村寨在各环节所具备的特定优势条件为基础，设定合理的利益机制，一方面实现了村民、村寨收益的不断增长，另一方面也引导村民意识到过度商业化的危害。最终，既保护了本土文化持久的生命力，也大大增强村民对自己独特文化的自豪感。在具体分工方面，以巴拉河旅游示范项目办公室为代表的政府主要负责整体规划与基础设施建设，以及宏观文化环境优化；农民旅游协会负责对具体的文化表演、导游、工艺品制作、农家乐等活动进行组织和协调，负责统一风格的传统民居维护以及代表村民、村寨与公司企业进行利益分配的协调工作；其中旅游公司则负责旅游品牌的经营管理、商业运作和市场发展，并从线上和线下大力发掘和组织各类客源前来旅游。巴拉河旅游区管理模式中以发展农民利益为核心的另一个成功着手点是充分地将区域扶贫工作融合进旅游项目开发中来，明确以民族文化和农业生态为重点，避免了贫困村民由于缺乏商业头脑而难以融入旅游产业的问题。这种社区式参与方式与单纯的农业或者旅游项目相比，明显起到了一加一大于二的效果，使得整个区域在根本上走的就是可持续发展道路。

在投资管理方面，自治州政府为了使村民利益发展得到更大的发挥空间，形成了以政府引导资金为主，企业资金为辅的投资管理模式。各级政府部门在每年的财政预算中设置相应的旅游项目发展基金，以保障区域开发、建设与生态保护的引导资金需求，以及较高的使用效益。交通、农业、水利、扶贫、旅游等各级职能部门每年的预算资金汇合 4000 多万元，对区域内的公路、桥梁、水电、环境等基础设施进行统一建设和维护。交通、林业、环保、生态、水利、小城镇建设、环境保护、扶贫开发等方面的资金和项目，与巴拉河旅游其他项目的建设资金与财政资金的集聚为整体项目开发规模效应的形成打下良好的模式基础，为农民利益发展拓展了巨大的空间效应。虽然政府财政资金主要应用于公益性项目，但是贴息和补助等方式为企业与组织资金的融入创造了宽松的环境，更多地鼓励了民间资本对当地旅游项目的投资热情。比如，改善旅游发展环境公路建设、风雨桥建设、三线地理工程、制作旅游区生态引导标识牌、开展"苗家乐"挂牌服务信息监控。为了做好村寨信息的收集、反馈工作，各村寨都设立了专职信息员，及时准确地收集监控信息，按时向省、自治州旅游部门和国内外专家上报，使

101

省、自治州项目办和国内外专家及时了解和掌握各村旅游发展动态及工作效果，为下一步工作开展提供帮助和决策依据。

四、连片贫困区案例二——白面瑶寨的红色旅游

1. 基本概况

白面瑶寨位于广西桂林龙胜县东北部 30 公里处，与巴拉河景区同属于滇桂黔石漠化区，距离龙胜县城 30 公里，风景优美气候宜人，全寨世代居住有 42 户 191 人瑶族群众，是典型的偏远少数民族原始村寨。瑶族是我国最古老的民族之一，在我国西南区域分布着多达 30 个不同称呼的支系，白面瑶寨的村民都属于其中被称为"红瑶"的支系，其村民的特点是妇女的服饰有各种颜色的花纹，并且以大红色为主，所以也被称为是"桃花林中的民族"。这些红瑶村民在如今的生活中，还保留着以前的习俗，将灿烂的民族文化传承了下来，比如服饰文化、饮食文化、节日文化等。红瑶文化是我国少数民族文化发展演化中的一个重要案例，尤其是多年来村民对这一文化主体的完整传承，大大丰富了我国少数民族文化的多样性，为后续进行更好的保护与发扬奠定了坚实的基础。与大多数少数民族相似，白面瑶寨坐落于半山腰，四周郁郁葱葱，原始古树参天，令人流连忘返。在寨子门口有一块高大的石碑，以遒劲有力的字体镌刻着数百年以来传承的寨规，不远处竖立着象征红瑶族的图腾"红瑶柱"。步入寨内，一块巨大惊人的石头从山体中部突兀而出，伸出山体数米，形如巨龙吐舌，自古被当地寨民称"龙舌岩"。为了纪念 1934 年 12 月红军长征路过此地，将其改称为"红军岩"。白面瑶寨是龙胜县最早开发少数民族文化、开展旅游地建设的村寨，目前已经成为广西著名的乡村旅游地。它是我国红瑶文化的发源地，是我国民族融合发展的成功代表之一。

2. 发展进程

在文化规划的指引下，确定了以维持原貌为方针的改造策略，在保留历史久远房屋的基础上进行加固性完善与修葺；拓宽并硬化寨子内、外的主干道路，保留古风浓郁的小巷；在充分传承原有文化特色的基础上，拓

出一块广场专门开展民族文化展示活动。一系列针对性措施逐步完成，使得白面瑶寨一举揭开头上覆盖千年的神秘面纱，开始向世界张开怀抱，其景色宜人、民风淳朴，加上根植的红色文化，一下子让大众耳目一新。明显区别于其他村寨的独特红色文化优势使得白面瑶寨迎来了发展的黄金时期，吸引了大量游客前来浏览，在旅游界逐渐产生影响。

虽然初期白面瑶寨的红瑶文化产生了一定的影响力，但从开发周期角度看，其仍处于探索阶段，以观光为主的运营模式相对简单，发展的持久性和活力不足。近年来，红色文化逐渐成为社会关注与追逐的热点，并成为乡村旅游开发的重要方向。白面瑶寨也准确、及时捕捉到这一热点，与上级政府一起研究，开始深入挖掘自身红色文化资源。随着政府扶持力度的提升和发展理念的变化，白面瑶寨的红色文化在表现形式和传播方式都产生了巨大的影响力，白面瑶寨乡村旅游进入崭新的发展阶段。

但是综合来看，由于白面瑶寨地理位置偏僻，同时寨区也坐落于山腰位置，包括最后一公里在内的交通条件都较为恶劣，长年与世隔离使得其经济、社会都比较落后。所以，红色旅游项目开发早期十分依赖于政府财政资金支撑，为这偏远地区有限的财政收入造成了巨大的压力，对于村寨自身而言也不具备发展的可持续性。因此，在开发前期以政府财政资金为主，充分利用自身优势积极培育产业提升造血能力成为主要发展策略。围绕这一策略，白面瑶寨采取与市场合作的方式来实现目标，2014 年在政府的协助下与当地一家生态科技企业对村寨旅游项目进行深度开发，设置花海项目。根据季节不同，分别以春天油菜花、夏秋金菊花与格桑花等，使原本就郁郁葱葱、大树参天的村寨一年四季都沐浴在五颜六色花的海洋中，尤其是空闲区域的 30 亩黄金菊为白面瑶寨项目向田园方向的转型提供了极佳的支撑。在企业市场化指引下，以红色文化旅游为主题，深化叠加田园风光，大大启发了白面瑶寨旅游产品多元化发展的理念，丰富了产品与服务多样性，使得其经济收益的来源也得到全方位拓展。同时，企业的参与在推动村寨建设面貌一新的同时，提供了大量的就业机会，为村民提供了更加多样化的经济收益来源，推动区域经济形势的改善。

五、连片贫困区发展乡村旅游的经验与启示

连片贫困区的乡村旅游通常对当地资源进行了较大幅度的调整，同时引入的外部机构和资金与乡村主体间在管理与运营理念、利益分配机制等方面容易产生差距，合理的管理制度和分配机制创新在其发展过程中起到重要的协调作用，促进项目的可持续发展。

1. 以农民为主体的发展特色

认真分析连片贫困区，我们会发现这里的乡村除了拥有丰富的自然资源之外，通常还拥有较为丰富的历史文化资源，尤其与我党发展历史有关的特色红色旅游资源非常丰富，而这一优势是非贫困地区难以相比的。充分利用比较优势发展红色旅游成为一个可行性较高的选择。

白面瑶寨的发展就充分利用了这一优势资源，而且为了更多突出其旅游特色，在项目设计开发中将瑶族文化特色与红色元素进行融合，深刻体现了我党与少数民族群众血浓于水的感情。与泗水乡区域的其他村寨相比，白面瑶寨特色显著，来自全国各地的游客在这里可以迅速发现其与其他村寨的不同之处，民族文化与党的红色历史相得益彰，形成了独特的红瑶文化，甚至形成了一种新颖的旅游文化品牌。红瑶品牌的形成大大提升了其旅游产品的独特品质感，大大增加了村集体和村民的经济收入，同时展示并传播了其民族文化，使旅游客获得了更加良好的体验感，增强了白面瑶寨在旅游市场的品牌活力和吸引力。村寨里充满历史厚重感的红色标语，生动而感人的红军故事，以及革命军队在这里留下的标志性岩石，为游客营造了当年我党英雄的红军在这里留下的草木真情。革命情景，辅以瑶族文化特色的建筑物、亮丽多彩的民族服装和节日，为游客献上丰富的精神盛宴，与众不同的瑶族美食让游客精神得到满足的同时，肠胃也得到极大的满足。

白面瑶寨发展红色旅游的成果也不是一蹴而就的，而是在不断的探索中逐步形成的。红色文化是一种绝好的资源，但是如何使其与自身的民族文化资源和自然资源进行更优化的组合，实现文化品牌上的升级，形成独特的品牌效应，当地政府进行了不懈的尝试。为了达到这一目标，白面瑶

寨借助了市场的力量，通过与文化企业合作，形成了具有创新精神和市场活力的发展模式。通过公司与村寨资源的共通共享，形成一加一大于二的效果。当前红瑶文化在旅游界的发展来看，这一选择十分正确，通过打造文化而形成的竞争优势更为持久，也更有活力。

白面瑶寨充分利用自己所拥有的特色优势资源进行创新性开发，通过与文化产业进行市场化融合，打造了独特的红瑶革命文化品牌，这也为其他拥有红色资源的乡村提供了学习的样板。

首先要深入挖掘红色文化精神内涵。红色文化是红色旅游的核心竞争力，对红色文化的精神内涵必须进行深入挖掘和分析才能打造出有影响力的旅游品牌。随着我国居民生活水平的提高，追随和瞻仰党的发展历史的群众越来越多，政府和企业的资源支持也越来越丰富。但是，如何使群众真正感受和体验其深刻的精神内涵，发掘其教育意义并使红色精神得以传承，这才是红色旅游的真正目的和价值所在。所以，使红色精神与时代脉搏相契合，才能更有利于可持续发展。

其次，走文化与产业融合的发展路子。红色旅游的精神内涵十分深刻，但是如何在广度上进行延伸，使其具备更为立体的体验感，与当前的经济社会发展进行充分的整合，将其产业化必不可少。所以与其他产业进行合作、协调发展，将会带来更有生命力的发展。如白面瑶寨通过与当地文化企业合作，将红色文化与民族文化合而为一，形成了更为独特的红瑶文化品牌。

最后，红色旅游也需要营销。当今时代互联网已经是无处不在，人们的生产生活与网络密不可分，网络成为人们获取旅游信息的主要渠道。红色旅游由于通常地处偏远，所以更应该充分利用网络的信息速达优势进行营销传播，利用互联网的精准营销，针对相应群体进行多角度宣传。可以利用信息技术进行营销模式创新，采取文字、声音、图像、视频以及与线上消费者进行互动等创新形式，在营销品牌的同时也传播了红色文化。

2. 以农民利益为核心的分配机制创新

（1）管理制度创新

巴拉河乡村旅游援建项目作为国际支援项目的合作典范，其项目开发的管理制度创新为其顺利实施并取得成功奠定良好基础。主要包括以下三个层面。

政府层面，在三级政府组建的示范项目工作小组的指导下，建立了相应的管理机构，制定了完善的管理制度，并明确了专门的项目的责任人进行管理和实施。

民间管理层面，为了保障项目开发过程能够真正贴近当地资源特点和发展需求，项目所在的区域创新性地成立联合旅游协会，对巴拉河乡村旅游覆盖的多个乡村的项目开发进行统一的协调和保护，在运营招商、产品销售、利益分配和对外扩展以及其他的内外协调方面进行一致管理，保障区域在重大问题上保持一致。区域联合旅游协会的组成单位为各个村旅游协会，负责村一级项目的规划、实施、协调、旅游信息整合及具体旅游的安排等事项，同时帮助所在村的村民或参与旅游产品服务培训，或开办农家乐等乡村旅游服务项目。村旅游协会还配合村委会对村内的公共环境进行监督和改善，如污水处理、厕所改建等环境优化项目，实现各村的自我服务、自我发展和自我管理。

经济运行层面，成立代表村集体经济利益的法人企业，在旅游协会协助管理的基础上，将原居民、合作社以及外来投资公司吸收入股份公司，将各类项目的经营权与所有权进行优化组合。以经济利益的良性可持续发展为目标，设计并形成了适合当地情况的完整的合作与运营规范和标准制度，包括对行业服务质量标准的规范，对环境卫生标准的规范等十多项标准制度。连片贫困区村寨与其他类型的乡村相比，虽然自然资源优势突出，但在旅游管理、经营等方面的人才资源较为薄弱。人才的缺失成为其发展缓慢的重要原因，为了提高村寨的经营与管理水平，提高村民参与旅游开发的积极性，政府定期组织村委会、旅游协会以及商铺经营户的管理培训活动。邀请高校或者知名企业讲师定期走访村寨，进行调研和理论培训，帮助村民形成区域品牌共识，打造品牌形象。

（2）分配机制创新

不同区域文化背景下的分配机制也有较大不同，巴拉河区域地处西南，是少数民族聚居区，民众参与旅游开发与经营的能力也非常多样。虽然，村寨中每个成年居民已经在合作组织中享有股份，在分配周期可以按照标准分得相应红利，但更多情况下，人们都以较为零散的日常活动参与为主要形式，这就需要创新机制给予支持。除一般性的分配机制之外，区域旅游协会与各个村旅游协会还共同制定了"工分制""补偿制"等分配形式。

"工分制"主要适用于群体性表演等旅游产品的分配。少数民族群体性大型集体表演是其民族特色的重要体现，往往需要大量人员参与，而且经常出现人员组成变化，所以采用工分制能够充分地体现按劳分配的原则，在保障公平的同时也对村民形成一种无形的约束力。如南花村和郎德上寨两个村寨素以集体接待表演活动闻名，其表演也是游客参观的必赏节目之一，由于成为常规活动，其人员变动性也较高，采用"工分制"较好地维持了人员的稳定性。同时，"工分制"也普遍应用于旅游运营中那些十分必要但是却"看不见"的项目，如整体环境维护、传统技术传承、卫生管理等，这些类型的工作对于维护旅游区整体形象和内涵传承有重要意义，但是相关人员却无法从旅游发展中直接获益，所以"工分制"将这些项目换算为工分对其进行补贴。

村集体除正常运营之外还维持一项旅游基金用于特殊情形补偿，覆盖范围主要包括两块。一是由于残疾或者确实无能力参与到旅游大开发活动中，或者相对多数村民其区位条件较差使其难以获得经营性收益的人群。村集体针对部分村民参与能力实在有限，经济较困难，或因区位条件较差无法正常获益的村民，则使用旅游基金对其按照相应标准进行补偿。二是一些为村寨发展做出突出贡献的人，可能无法从正常分配中获得利益，或者村寨发展旅游而永久性地牺牲了其个体利益，"补偿制"对这部分村民的覆盖从财务角度为区域的可持续性发展提供了人文保障。

3. 多元主体协同是可持续发展的保障

与景区周边和城市边缘区的乡村相比，偏远贫困地区乡村的参与主体对于乡村旅游规划、开发、经营和管理的能力在整体水平上相对要低一些，外部主体的参与以及其与当地主体、地方相关政府部门之间的有效协同就成为影响乡村旅游项目开发的重要因素。对于当地乡村和政府相关部门而言，乡村旅游项目的开发也往往是新兴事物，只有遏制各方的短期冲动，并协调多元主体长期利益以及开发过程中的方方面面，才能最终形成脱贫发展的真正动力，形成可持续发展的良性机制。

（1）政府主导下的多主体能力协同

多元主体协同中，政府通常为各方创造平等沟通和协调的外部条件，是主导方。而且从对多个典型成功案例的分析来看，政府在各个阶段都是多方协同的主导力量，而且也是成功的重要因素之一。然而，这一协同过程中，政府也面临一些自身角色定位的问题，比如职能界定和村委会治理能力等问题。引入第三方社会组织如行业协会等作为新的治理主体，来担负起政府责任之外的事务，会营造更完善的多主体协同氛围。这一工作主要包括三个主要方面。一是政府主体要不断提升适合乡村旅游发展的服务质量，为其他非政府主体参与开发而完善相关运行机制保障，以应对传统治理模式无法满足新发展要求的趋势；二是推动村委会等基层机构转变发展观念，作为乡村旅游发展具体工作的实施者，村委会必须发挥好多元主体间协商的中间桥梁作用，也要做好村集体利益的代言工作；三是第三方社会组织参与能力的提升与完善，旅游协会是乡村在开发旅游过程中的重要支撑主体，尤其是在初期和中期为整体氛围的营造和提升起到关键性引领作用，政府应该积极引导和发展类似专业技术组织。

（2）乡村旅游协同发展机制

而在乡村旅游协同发展的过程中，多元的发展主体是所有发展目标的基础，而完善的机制则是得以运作的核心。所以，在乡村旅游协同发展过程中，信息公开机制是否健全，决策过程是否透明，监督机制是否有效，这些条件都缺一不可。尤其对于偏远贫困地区乡村而言，多元主体间的有效协同机制的基本要素是公平，各参与主体在协同的过程当中是否处于平等地位，是否在决策中享有应有的表达权，对于旅游项目的开发和运营效果有直接的冲击作用。巴拉河区域和白面瑶寨在这些方面的做法非常值得借鉴，各个参与主体的诉求和利益都能得到平等的对待。非政府主体的参与也使得协同机制中的决策参与机制成为重要部分，自组织合作社、村民、行业协会、外来企业以及社会组织都能够有充分的权利参与相关决策，其利益诉求得以通畅表达。这也意味着政府需要将乡村发展旅游过程中的一些具体管理事务交给行业协会或者社会组织，以满足不同群体利益表达，为乡村旅游的可持续发展奠定良好社会基础。

第四节　乡村旅游中的利益解构与策略分析

　　农民和农村基层治理机构虽然是各类乡村资源的所有者，也是发展乡村旅游的基本要素，但由于这些要素只有与其他主体协作融合后才产生了更大的成功可能性，多数研究常常忽略农民利益提升在其中的基础性前提。一些基于农民利益视角的讨论也往往屈从于商业成功的光环，使得对于问题的讨论偏离实质。而要对大量乡村旅游成功案例进行深入分析，需要对农民参与其中的其他主体间的利益关系进行解构，对各主体的策略进行阐释，以真正发现和理解其发展脉络与成功原因。

一、乡村旅游开发中的利益角色解构

　　乡村旅游项目开发、经营的参与者多种多样，每个参与者都由于经济利益而成为利益相关者。而利益相关者之间往往利益诉求互相牵制，都具备某种能力对个体、某个群体或者整体的乡村旅游产业的发展目标的实现产生大大小小的影响力。所以，如何使得每位参与者都能在乡村旅游的经营与发展中获取应得的收益，主体间和群体内部的利益协调机制至关重要。基于前述章节的分析，为了确立利益的表达、联结、分配和保障机制，通常可以从核心利益诉求角度，将乡村旅游按管理、供给和需求分为行政管理、服务提供和消费者三类群体角色。可从管理、供给和需求三者形成的维度空间对这三类群体的利益关系进行清晰呈现，并从农民利益视角进行分析。

1. 行政管理方

　　经过多年的发展，乡村旅游对于地方产业繁荣和经济增长的作用日益明显，其中各级政府相关部门作为行政管理角色，起到了产业规划引导、资源汇聚协调的重要作用，成为乡村旅游三类参与者中最重要的一极。乡村旅游作为乡村振兴的一个重要选项，是各级政府部门多年探索的结果，在区域发展政策制定、业态规划、产业激励和旅游品牌打造等多个方面具有较多的可参考经验。在开展这些工作活动的过程中，其整体发展方向的主导作用，对服务提供者和消费者等其他核心利益参与者的各类决策方向都产生深远的决定性影响，显示了其在整个乡村旅游运营发展过程中独特的政治资本优势。行政管理方与地方居民在某种程度上形成的隐性或者显性的联盟，对于维护、保持地方人文或者自然资源特色，抵制外来参与者和消费者带来的品牌或者文化异化现象，起到了协调或者调控的作用，突出体现了政府部门的管理特质。在考虑行政管理方的过程中，作为村民代表的村委会也是不可忽视的角色。虽然，严格来讲，村委会是村民自治组织，但其实际上在我国农村基层治理过程中通常也起着政府管理角色。所以在相当意义上，村委会是村民与政府之间必然存在的联结纽带，是政令下达与民意反馈的关键机构。尤其是在政府政策执行、经济状况反馈、发展规划制定等方面，具有很强的管理特点，所以我国学者在研究中一般将其归为政府角色。而中央一号文件将村委书记列为乡村振兴战略领导责任制中的五级第一责任人之一，也意味着村委会应属于乡村旅游发展的各级政府管理机构之一。

（1）各级行政管理部门角色解构

一般而言，各个乡村旅游地从项目筹划到最终的落地，包括发展目标设定、项目规划、利益分配框架以及政策制定等几乎所有重大、关键事项，全程都由行政管理部门主导和把控。消费者、村民和经营者等主要群体间的利益关系格局也往往由行政管理部门决定。所以，各级行政管理机构决定着乡村旅游资源的分配与整合，也负责着总体利益的平衡与协调，在政策规范制定、事项审批以及日常监督的过程中获取收益。虽然行政管理部门不直接参与利益的分配，但由于其集规划者、管理者和监督者角色于一身，更注重于宏观层面的总体效益，如生态、社会和产业结构等与发展可持续性相关的方面。

从正向角度看，各级行政管理部门决定着乡村旅游的发展方向和总体格局，但同时乡村旅游开发与发展过程也对行政管理部门的责任范围、权利执行与利益格局产生反馈性影响。这种交互性影响可以从纵向和横向两个维度展开，从横向维度来看这些影响涵盖了行政管理部门中的旅游、农业、国土、建设、林业、市场监督管理等众多部门；在纵向维度上看，中央对于乡村振兴战略涉及的发展内容，明确为从省到村五级责任制。两个维度展开后会形成一个五行十多列的行政部门矩阵，不同层级、不同职能的部门在多个方向上与乡村旅游的开发与发展进程产生交互作用。近年的中央一号文件其实也着重强调了行政管理部门的主导责任，要求对乡村进行全面覆盖式的规划管理，并且要求以规划引领所有工作，对乡村发展过程中土地的利用、产业规划、建筑规划、环境整治以及生态与文化保护等各个方面都给予了指导性意见。显而易见，这些发展的最终实现都要求各级行政管理部门进行高度协调的管理工作，避免"五龙治水"的局面出现，共同推动乡村旅游快速进入良性发展的轨道。

（2）各级行政管理部门的利益分析

从上述论述可以看到，行政管理部门实际上代表着区域的整体利益，乡村旅游发展过程中的品牌建设、产品推广、财政税收和生态可持续等问题是其工作的显性目标。但是行政管理部门由于级别的不同和职能的差异，其诉求的实现度也存在区别。不同层级的行政管理部门相关负责人可能会借工作便利和职务影响力获得经济或者政治上的收益，表现为与部分经营者进行权力交换，从而对村民权益造成不同程度的损害，或者形成对立性利益结构，或者影响生态可持续性等。不同部门由于职能侧重不同，其角色也会有差异，比如市场监管部门主要负责对经营资质进行监管，旅游管理部门的职能则在于促进旅游发展，打造旅游品牌，等等。可见，不同层级和不同职能的行政管理部门会在乡村旅游的开发与发展过程中形成不同的利益诉求，一般而言，这些利益诉求可以概括为七个方面。

一是从行政绩效方面看，各级政府行政管理部门希望所辖地乡村旅游有较高的知名度，有较强的乡村旅游品牌力；

二是从地方财政收入方面看，由于其工资等收入往往与地方税收能力直接相关，推动经济增长有利于其经济收益增加；

三是从地方社会安定方面看，乡村旅游的发展可以有效解决当地农村村民的就业问题，增加村民经济收入，从而提升其生活水平，加强社会安定程度；

四是从企业经营秩序方面看，区域内旅游企业的经营水平和经营能力直接影响旅游服务和产品的质量，要求企业在实现经济收益的同时也要考虑社会责任的承担；

五是从群体利益均衡角度看，各级行政管理部门需要维护各个群体公平获得利益分配的制度环境，确保不同群体均能获得应有的收益；

六是从区域发展的可持续性角度看，各级政府管理部门对于旅游地的自然环境和人文历史资源的保护具有天然的诉求，因为这是可持续发展的基础条件；

七是从乡村旅游地整体形象角度看，区域在经济、社会、生态环境、人文等方面的全面、整体、同步的改善与提升以及乡村振兴的实现对于提升各级政府行政管理部门的政治形象具有重要意义。

2. 服务供给方

乡村旅游中的各类业态经营者在行政管理方的规范和监督下，向消费者提供旅游相关产品服务。出于丰富旅游产品、提升体验的目的，各级行政管理方在发展乡村旅游的过程中会引入大量的外部资源，从而使得整个旅游服务的供给方既涵盖了地方乡村居民，也包括了纯粹的外来旅游经营者。其中，外来旅游经营者直接从事旅游相关产品经营和服务供给，相比村民具有资本与经营优势；本地农村社区居民依托自有土地、房屋或者劳动力资源提供旅游服务，相对外来经营者具备天然本土优势。两者提供的服务虽然形式上有所区别，但实际都是通过满足旅游消费者需求获得所需利益。

（1）旅游地村民的角色解构

从根本意义上分析，农村社区居民是发展乡村旅游的基本原动力，发展乡村旅游是为本地居民提供更优质的社会福利。在具体的经营运行中，其作为乡村旅游服务供给方，也是整体环境的核心要素，无论其是直接还是间接地参与服务提供，乡村旅游环境中的人文部分都要求其必须在一定程度上展示生活状态、民俗、语言、饮食等原真性元素。村民正向积极地直接或者间接参与乡村旅游发展，可以有效改善由于文化水平限制以及资金不足带来的生计质量差的问题。如果村民直接提供旅游相关服务，其服务质量、态度等都是消费者在旅游过程中对于旅游质量的重要感知来源。除此之外，村民参与旅游服务经营活动的过程同时也具有被动性和临时性角色，这类角色对于乡村旅游服务品牌形象有重要影响，所以必须从农民利益视角以恰当措施平衡各个利益相关者。因为即便那些没有直接参加旅游经营活动的村民，其语言、穿着、行为举止等均是旅游环境的重要组成，有间接为消费者提供服务的属性。所以，本地村民是乡村旅游开发与经营过程中的核心利益相关者，全方位影响着旅游服务中的人文与自然资源的传播与运营。

所以，乡村旅游地的村民是乡村旅游发展的根本出发点，是行政管理部门和旅游经营者开展利益活动的基础，其参与对于所有乡村旅游的发展可行性和可持续性具有强制约束作用。村民在不同发展阶段均起到重要作用，是其他利益相关者活动的最终受益者，所以旅游地村民与政府管理部门以政治诉求为主、经营者以经济诉求为主不同，其诉求是综合、全面的，涵盖政治、经济和社会等多方面，需要应对和考虑的因素也最为复杂。

（2）旅游地村民的利益分析

乡村旅游地村民在受益于旅游发展的同时也在承受着发展过程中可能出现的或者发展失败可能带来的各类风险和负面问题，比如经营过程中难以避免的废水、废气排放以及各类难以处理的固体废物带来的自然环境风险等。外来旅游者或者经营者虽然给旅游开发地的经济腾飞带来机遇，但同时也带来了不同的社会文化和行为模式，从而对旅游地文化、风俗等产生冲击，尤其是出现较大差异时，这种影响更为深远。这包括对交通、物价等社会、经济方面的冲击，会最终对当地自然资源和人文环境产生难以预料的影响。而在这个过程中，所在地村民往往无法进行自主规避，不得不服从于大环境而被动地接受一系列负面后果。当这种负面情绪积累到一定程度的时候，村民会认为其人文生态受到"侵略"，从而产生对抗或者不合作行为。在旅游活动中明显受益的村民，比如获得就业机会或者有经营性收入等，会对这种"入侵"有较大的容忍度，会在各种情形下对旅游品牌、服务和产品等尽力开展宣传和协调活动，以支持乡村旅游发展。而未明显受益的村民，则会产生较强的不合作或者对抗行为，形成乡村旅游开发和发展的对抗性力量，他们对消费者的恶意行为以及对正常旅游活动的干扰活动等致使整体乡村旅游发展受到影响。

虽然乡村旅游地村民中也包括村民集体经营者、村民家庭式旅游小企

113

业，但由于其本地属性，我们仍可以将旅游地村民对于乡村旅游开发的利益诉求总结为六个方面：一是解决村民的就业问题；二是对于旅游项目的开发和旅游产品的经营具有优先参与和优先获益的权利；三是完善乡村交通和公共服务体系等基础设施；四是对于旅游项目开发过程中产生的土地等资产的破坏进行补偿；五是对整体福利提升的要求；六是决策权、管理权和监督等权利获得保障。

（3）外来经营者的角色解构

外来的旅游服务和产品的经营者是乡村旅游中的供给方，利用其资金和乡村资源，从各个方面直接参与乡村旅游经营活动，为乡村旅游的开发与运营提供资金、物资，是乡村旅游中的重要组成部分。但与本地村民不同，外来经营者携资金而来，意味着其必然是以经济收益的最大化为主要目的，尤其对短期利益的追逐远高于村民，往往对于乡村旅游长期发展所倚重的生态资源、人文特色资源等长期利益的尊重程度和保护意识不足，需要来自行政管理部门的强力规范和激励。

虽然外来经营者相对更注重短期收益，但是其具备的资金优势和商业经营意识恰恰又是乡村旅游开发地本地村民所缺乏的。将其与乡村自然、文化资本进行优势互补式的结合，才能形成真正具有消费潜力的旅游新产品。外来经营者一方面可以在旅游规划、设计和经营等价值实现方面提供先进理念和经验，另一方面会带来大量外来资本投资建设各类旅游基础设施。两相促进，保障了乡村旅游开发和发展的高成功率。

外来经营虽然相比本地村民更注重短期利益，但实际上其对于长期利益的考量也并非可以忽视。为了保障和提升经营收益，外来经营者也势必要承担一定的社会责任，这对于乡村旅游地长期建设而言是非常有价值的。行政管理部门可以通过定期、不定期的培训和相关的政策规范来提升和加强其社会责任感，建立其与旅游地共荣共损的合作机制，使外来经营者时刻保持诚信、创新的基本理念。另外一方面，外来经营者与本地村民存在着地位与身份的差异，同时在其群体内部也存在大量经济收益的竞争博弈，这导致了其对于旅游感知的巨大不同。而行政管理部门由于通常从整体对旅游形象和品牌进行把控，往往对经营者施加大量具体管理措施，与经营者之间也形成了复杂的利益博弈关系。可见外来经营者是三类角色中情形最复杂的一类群体，在处理好他们的经济利益的同时也必须处理好其内、外部竞争关系，营造竞争中合作的良好态势。

（4）外来经营者的利益分析

对乡村旅游项目或者产品拥有经营权和管理权是外来经营者在旅游赖以生存和发展的基础，往往是乡村旅游得以产生经济效益的关键部分，是行政管理部门获得财政税收的重要保障。外来投资经营者与村民集体企业或者村民小企业不同，利润是其存在的最主要因素，也是其核心利益。所以其对于乡村旅游项目顺利运作并获得成功有着极高期待，对于消费者、物资以及资金流量所产生吃、住、行、购、娱等需求的渴望更高，这涉及其投资的回收与回报的产生。为了使得这种回报更具有可持续性，更多的外来经营者在考虑经济利益的同时也开始关注对当地自然资源和人文环境的保护，以期收益期不断延长，获得更为可观的回报。与此同时，外来经营者与旅游地村民的关系也十分重要，村民的认知水平和态度直接影响其经营活动的质量，所以外来经营者、投资者必须与村民建立和谐的利益关系，得到村民们对其投资回报的理解与支持。一旦两个群体间产生矛盾，将带来经营失败的严重后果。

所以，外来经营者的利益诉求可以归纳为六个方面：一是尽可能快地收回投资本金，提升项目的利润率；二是向各级行政管理部门争取良好的政策支持和贷款条件；三是在尽量争取更大程度的经营自主权的同时，能够公平参与收益分配；四是通过向旅游地村民提供就业岗位，与村民建立和谐的协作关系；五是努力提升经营质量，帮助旅游地提升品牌形象；六是支持旅游地自然生态资源与人文环境的可持续性发展。

3. 旅游消费者

乡村旅游消费是乡村旅游价值实现的最终途径，所以注重乡村休闲体验质量的消费者也是乡村旅游发展的核心利益相关者，是行政管理部门与服务提供者共同面对和服务的对象。乡村旅游服务和产品的体验质量决定着消费者对其品牌和形象的认可程度，直接影响着旅游地经营的可持续性。同时，旅游消费者的到访也会给当地带来外来价值观与文化，从而对旅游地村民的见识与理念产生冲击。虽然外来的文化与价值冲击可能会对当地造成负面影响，但是这种文化交融是不可避免的。为了使得其产生良性交互，行政管理方与服务提供方应该对消费者的穿着与行为方式开展充分的教育活动，以减轻文化碰撞产生的负面问题，并做好消费者与对管理部门、服务提供者和村民的信息反馈工作，以调整规范教育活动。

行政管理部门、服务供给者和旅游者三方形成了一个较为复杂的互动维度空间，在这个空间中，三方互相影响、相互作用，行政管理部门对服务供给和需求进行制度、政策和设施保障，服务供给通过消费者方的体验而实现价值，继而向行政管理方输送税收，构建一个相互依存的乡村旅游核心利益相关者生态系统。

（1）乡村旅游消费者角色解构

因为乡村旅游项目的开发和运营始终围绕着游客这个核心展开，所以虽然我们在前面大篇幅讨论了行政管理部门、村民以及外来经营者，但实际上消费者才是整个活动的核心。所以利益相关者的决策都以更好地满足消费者需求，提升消费者体验而制定。而消费者往往更关注乡村旅游地所提供的服务和产品的体验，而行政管理部门以及其他利益相关者均在各个时间与空间的结合点上对消费者的体验产生直接或者间接影响。与对其他具体商品的价值感知不同，旅游服务的消费者的价格支付是全方位的，其中时间和精力往往比支出的货币价格还要重要，所以其更注重于对满足好奇心和新奇感的追求。而乡村旅游中的人文风俗、饮食以及艺术元素恰好以丰富的表现形式、更可接受的价格以及丰富的体验性，满足旅游者的好奇心。这种满足带来的高质量的旅游体验通常使得消费者更乐于与他人分享，无形中起到口碑传播的作用，从而帮助旅游地塑造和传播良好的品牌形象。当然，如果乡村旅游地在服务项目和产品质量方面没有给消费者带来良好体验，甚至产生较坏的印象，也同样会产生相反的作用。而更为糟糕的是，互联网时代对负面问题的放大效应是瞬间产生的，可以在短短几小时之内摧毁旅游地长期努力建设的品牌形象。

（2）乡村旅游消费者利益分析

显然，厘清消费者的利益诉求是整个系统得以良好运行的关键。而这个问题既简单也复杂。乡村旅游的消费者的活动是全方位的，这意味着其活动的环节较多，包括食、住、行、游、购、娱等一系列行为，每个行为都存在不同的消费诉求，每个消费行为都受复杂的因素影响。而服务生产与消费同时进行的特性使得消费者即时对旅游项目的质量产生感知与评价行为，这一行为往往也是服务提供者难以及时感知的。所以除了传统旅游理论提出的六个影响要素之外，乡村旅游业中交通、环境、卫生等也成为影响消费者体验的重要因素。所以综合而言，消费者认同和市场需求才是乡村旅游可持续发展的根本动力，对消费者诉求进行跟踪和精准把握，抓住游客体验的每一个环节，是对旅客利益的保护，也是对乡村旅游高质量发展的最根本保障。

二、农民视角的乡村旅游利益相关者均衡策略分析

根据上文分析的角色解构和利益分析，可知行政管理部门、服务供给方、消费者等核心利益相关者都是有限理性的，都会根据其他两方的策略选择来调整自身策略，以实现利益最大化。从角色上推导，行政管理部门在整个合作中从监管角度制定策略，鼓励对乡村旅游开发和运营起促进作用的旅游者，激励向旅游者提供良好体验服务和新产品的经营者，对损害自然环境、人文风俗、合作秩序等行为进行惩戒，以实现各个核心相关利益者的利益保障，从而体现行政管理部门的合作价值。服务提供者从长、短期利益最大化角度出发制定自身经营与合作策略，比如针对旅游地资源与文化特征设计能够满足消费者需求的服务和产品，同时以坦诚的态度对待消费者，从而实现自身对经济收益的诉求。消费者则往往从获得更好体验的角度制定策略，与诚信的经营者开展良好互动的同时提升自己的价值获得感和选择权。

1. 行政管理部门策略分析

在三类核心利益相关者中，行政管理部门具有制定政策的权力，相比其他相关者，其策略选项在广度和深度上更为复杂，但却缺乏足够的资源对政策的执行情况进行保障，监管体系的设计和建立成为其与数量众多的经营者和消费者保持良好信任与沟通的主要策略手段。比如，在一些乡村旅游项目开发早期阶段，行政管理监督的缺位或者漏洞往往会激发经营者较强的逐利冲动，导致市场运行混乱，短期使旅游者利益受损，旅游资源遭到透支，长期破坏管理部门的行政绩效与旅游品牌。此时，监管策略

的实施在对过度逐利经营者进行惩罚的过程中，既保护了消费者也鼓励了诚信经营者，从而促使整体乡村旅游环境向良性状态转变。可见，行政管理部门对于约束经营者和消费者而采取的维护三方利益均衡的策略有重要作用，一般包括四个方面：一是针对旅游经营者的策略；二是针对消费者策略；三是利益分配与协调策略；四是过程实施管理策略。

首先，对于旅游服务经营者，主要策略出发点在于遏制其对短期超额利润的冲动，促使其开展诚信经营，避免短线投资对于自然资源与生态环境的破坏，以及对当地文化带来的负面影响。基于前述对旅游经营者角色与利益分析，旅游服务经营者一般更为倾向于经营的稳定性与长期性，对与所在地村民协作的重要性有一定的认识。但是仍然有一定比例的经营者在初期拉拢地方村民谋取好感，当获得一定竞争优势和地位之后便反目为仇的情况存在，为获得短期利润不惜牺牲当地自然资源或文化环境。为了应对这种情况，行政管理部门必须制定相应的管理条例和措施，督促负面行为规范经营、协调关系或者进行处罚。同时还必须要保证广大经营者经济发展动力，通过奖励或者税费减免等措施鼓励激励经营者采取诚信经营策略。

其次，行政管理部门对于消费者主要采取教育引导策略，促使消费者文明旅游。与一般旅游地一样，乡村旅游地对于无秩序游览行为的破坏性也十分厌恶，随意刻画、废物丢弃等行为对于旅游地形象都造成了较大的破坏。所以对于游客不文明行为制定不同程度的惩戒措施成为策略的主要组成部分，包括罚款、义工、黑名单等多种形式，既能阻止类似行为蔓延也能维护良好旅游秩序。另外，合理有效利用媒体宣传功能，对文明浏览行为进行鼓励与宣传，从而保护乡村旅游发展的可持续性。与消费者建立良好的互动与协作关系，也是监督旅游经营者诚信行为的重要途径。

再次，利益分配与协调中较为常见的策略是引入专门的第三方企业进行开发与运营组织，从而在多个核心利益相关者间制造缓冲空间，为冲突的解决提供更多转圜余地。对第三方企业的监管使得整个利益监管相对简化，有利于从整体上维持资源开发的均衡，以及经济、社会、生态效益的均衡。第三方策略在保障多方收益的同时，对乡村旅游地公共基础设施等的改善，也提高了所在地村民以及旅游者的生活与体验水平。在协调过程中，尊重市场规律也十分重要，在市场规则下制定多方共赢的合作模式，规范整体与个体的运营行为，从维护可持续性角度保持中立角色和公信力，防止利益冲突的产生，促进多方合作顺利开展。

2. 旅游经营者策略分析

旅游经营者，尤其是外来经营者，作为旅游服务和产品的供给方，其对于短期利益的追求，使其可能有意或者无意地忽略公共利益，从而选择非合作经营手段透支乡村旅游地的长远发展利益。这时，对于旅游经营者而言，如何形成更为长期有效的收益模式，并且使这种模式能够超越短期利益的诱惑更为重要，促使其与消费者和行政管理部门实现共赢。另外，保障旅游经营者的利益应当避免重复建设导致的竞争发生，通过对旅游者需求的多层次和多环节开发多类型的服务和产品，使经营者形成层次丰富、内容立体的收益矩阵，为其坚持诚信经营、与消费者形成价值共同体创造有利条件。

3. 旅游消费者策略分析

旅游者是乡村旅游价值实现的最终载体。行政管理部门提供良好的整体旅游环境，旅游经营者提供具体服务与产品，旅游者在体验有效监督管理和诚信经营的过程中进行消费，获得其愉悦的精神与物质收益，从而最终实现乡村旅游的整体价值。在消费过程中形成的消费者、行政管理部门和经营者的良性互动，对于乡村旅游价值的提升具有重要作用。另外，旅游者对乡村旅游地造成的自然资源与文化生态的冲击也不能忽视，应通过一定的消费者教育等措施鼓励其尊重当地文化、采取文明方式进行游览消费。同时经营者，尤其是村民经营者，更应注重旅游服务和产品的多样性和包容性，缓解当地文化与游客自身习俗差异带来的冲突风险，并对游客对旅游地的非合作经营现象的反馈给予鼓励，实现多方相互尊重、相互支持的互动模式，最终推动乡村旅游地兴村富民。

第四章

基于农户可持续生计的乡村旅游高质量发展

乡村旅游的发展使得多方利益主体从中受益，其中，当地农户作为利益主体中最重要的一环，是乡村旅游最重要的组成部分之一。当地农户可能是乡村旅游的直接参与者与供给者，即便未能直接参与乡村旅游，社区居民的身份使得其同样关注乡村旅游高质量发展。这一群体的特殊性与重要性使得他们可能比任一其他利益相关者群体更期待乡村旅游在经济、社会、生态等多方面的高质量发展，唯有乡村旅游的高质量发展方能实现其生计的可持续。

第一节　农户视角下乡村旅游高质量发展的首要基础——可持续生计

自从 1984 年弗里曼出版《利益相关者管理的分析方法》(*Strategic Management：A Stakeholder Approach*) 一书，提出利益相关者理论 (Stakeholder Theory) 后，传统的股东至上主义受到挑战，弗里曼将利益相关者定义为"能够影响或为实现组织目标而受影响的任何团体或个人"，从此，"利益相关者"一词频频影响公司治理模式与企业管理方式。伴随着研究的不断深入，基于异质性目标、权利、责任等，利益相关者理论的涉猎范围不断扩大，其中就包括旅游业。根据世界旅游组织的界定，在旅游业背景下，利益相关者理论的主要原则是，所有对旅游业发展感兴趣或受其影响的各方主体都应有机会参与并影响其管理。这就意味着在旅游业发展质量研究中，所有各方利益主体均应当被纳入研究框架体系内。其中既包括那些旅游业直接参与者，旅游业无法脱离该群体而生存，比如旅游企业、旅游从业人员、游客、旅游产品供给者等，也包括那些虽非直接决定旅游业生存，但可能可以显著影响其发展或被其发展所显著影响的群体，比如社区居民、当地政府等。更重要的是，由于旅游业往往需要依赖于自然生态资源、人文历史资源，而具有明显的时空异质性。因此，旅游业背景下的利益相关者理论具有鲜明的复杂动态特征。

进一步来说，在乡村旅游的利益相关者研究中，农户这一群体受到了较为广泛的关注，因为农户这一主要参与者往往同时扮演着乡村旅游产品组成部分、乡村旅游投资者或经营者、乡村旅游从业人员、社区居民等多重角色，具有更为复杂的动态特征。首先，农户作为乡村旅游产品整体中的重要一环，是乡村旅游产业发展不可或缺的组成部分，农户身处乡村旅游区域内且与旅游活动不可避免地存在大量日常接触，对旅游环境的影响与日俱增。其次，在当前乡村旅游发展态势下，农户还在某种程度上直接参与乡村旅游产业，他们可能同时是旅游企业投资者或经营者，也可能是乡村旅游从业人员，农户可能可以从旅游产品咨询到旅游产品生产，再到旅游产品服务等，多方面参与乡村旅游发展。最后，需要注意的是，与那些未直接参与乡村旅游产业的农户一起，农户还始终保持着社区居民这一角色，这使得他们对乡村旅游的发展要求又倾向于乡村旅游对生活质量的全面提升，而非仅局限于经济利益。正是由于这一群体的特殊性与重要性，他们可能比任一其他利益相关者群体更期待乡村旅游在经济、社会、生态等多方面的高质量发展，唯有乡村旅游的高质量发展方能实现其生计的可持续。

此外，社会学家霍曼斯于20世纪60年代初，以心理学为基础，提出了社会交换理论（Social Exchange Theory），认为任何人际关系，其本质就是交换关系，只有这种人与人之间的精神、物质达到平衡、和谐，互惠互利，人际关系才能得以维系。具体来说，霍曼斯认为，理性个体在做出某种行为决策时，不仅会考虑该行为带来的价值，而且会考量该行为的成功概率，即某种行为发生的可能性等于价值与成功概率的乘积。社会交换理论在旅游业中的主要作用在于对社区以及社区内居民这两大重要利益相关者群体行为决策的研究。学界旨在研究社区及社区内居民对旅游业发展的参与度与支持度，唯有当地社区或社区居民对旅游发展的有效参与和支持才能有助于旅游业高质量发展。基于社会交换理论，社区、居民的支持行为可能来源于经济因素，尤其是可感知的经济利益，也可能来源于非经济因素，包括心理、社会、政治，游客与居民间互动，环境质量，生态质量等。在社会交换理论下，乡村旅游的研究重心又转移到了农户这一利益相关者群体中。

总体而言，高质量乡村旅游需要特别关注农民这一乡村旅游中最重要的利益相关者群体。该群体对乡村旅游高质量发展的基本诉求即是其生计可持续。事实上，学术界提出的"可持续生计方法"就是一种基于农户视角下乡村旅游高质量发展的研究方法，是利益相关者理论和社会交换理论在方法论领域的延伸。

第二节　农户可持续生计的研究方法——可持续生计方法

可持续生计方法（Sustainable Livelihood Approach）最早可追溯到 20 世纪 80、90 年代 Sen、Chambers 以及 Conway 的研究，是一种对贫困农户的可持续生计进行规范化和系统化研究的方法。这一理论认为，贫困治理的关键在于借助外部力量实现农户生计的可持续发展，进而最大限度地实现脱贫，防止返贫。因此，可持续生计方法的早期研究多专注于微观农户视角，强调"以人为中心"，突出贫困农户在贫困治理中的主体地位，通过对该群体客观特征的精确分析与把控，给出脱贫、减贫的适应性指导，从而帮助农户改变贫困现状，并最终实现可持续生计。此后，可持续生计方法的研究开始向村镇等宏观层面拓展。

一、可持续生计理论的提出

"可持续生计"概念的提出

"生计"（livelihoods）是一个用于理解生存状态发展，特别是贫困人口生存状态的概念，最早源自 Chambers 等人的思考，随后英国国际发展署（Department for International Development，DFID）在讨论如何实现英国政府《1997 国际发展白皮书》（*1997 White Paper on International Development*）中的相关目标时，提出了"可持续生计"系统性理论并进入实践与政策研究阶段。

白皮书承诺，英国国际发展署将旨在促进可持续生计的政策和行动；改善穷人的教育、健康和机会；加强自然环境保护，进而为消除贫困扫清物质和制度障碍。在这一目标阐述中，明确提出了"可持续生计"，并肯定了教育、健康、自然环境等外部因素对贫困人群可持续生计的重要性。

什么是"可持续"？

"可持续"概念具有多个维度，对可持续生计方法来说，其各个维度都至关重要。生计的可持续意味着人群在受到外部冲击或压力时可以自我调整，或者不易受到外部经济制度变化的影响，同时可以保持当前自然资源的长期生产力，并且保证其他人群的生计不受影响。为了进一步明晰这一概念，当前研究中习惯于用环境可持续、经济可持续、社会可持续、制度可持续等多个维度梳理其内涵。环境可持续可定义为自然资源的生产力得以保存甚至加强，以供后代使用；经济可持续则指在较长时间内，生活日常支出可以维持在某一基准线之上，比如对于贫困人群而言，可以以世界银行定义的"1 天 1.9 美元"等作为基准；社会可持续表现为社会歧视的不断削弱与社会公平的不断提升；制度可持续被认为是现行制度、组织结构等有能力长期履行相关职责。

这一"可持续"的概念，使得可持续生计方法指导的减贫工作关注长期效果，而非短期表现。同时，这一多维度"可持续"概念的提出使得可持续生计方法不可避免地存在内部矛盾。比较常见的是，为实现生计需要而对环境可持续带来负面影响，为实现短期生计需要而忽视长期抗风险能力，为实现某一人群生计需要而对其他人群的生计形成冲击。"可持续生计方法"的提出正是为了给上述内部矛盾提供一个系统化讨论框架，将相关减贫工作的成果与后果纳入更广泛体系下开展评估与讨论，从而做出更合理、科学的评价。

"可持续生计方法"与其他方法的联系

当前研究减贫问题、农村发展问题的其他方法日渐丰富，"可持续生计方法"作为其中重要组成部分之一与其他方法相互联系。

其中，与可持续生计方法联系最为紧密的是参与式发展（participatory development）研究。参与式发展认为，除非贫困人群能参与消除贫困的相关工作，否则难以实现生计的可持续。与可持续生计分析一样，参与式发展研究强调贫困人群需要有获取各种资产的渠道，并借助各种资产参与扶贫工作，比如"谈判"即是最初级的参与方式。当然，参与的方式远不止于此，唯有参与，才能使得贫困人群可以分享其中成果。

从更宏观的层面来说，可持续生计方法与行业分析方法（sector-wide approaches）同样具有相关性，但两者侧重点不同。可持续生计方法强调人群获得资产的途径及其对生计策略的影响，行业分析主要研究这一行业的发展对生计的影响，特别是扶贫中较为常见的政府主导行业或项目。

另外，可持续生计方法与农村综合发展（integrated rural development）研究也存在相似之处，只是前者更专注于单一人群的可持续，后者则更着重于某一区域的可持续。

二、可持续生计方法的基本框架

可持续生计方法的基本框架阐述了影响人群生计的主要因素以及这些因素间的相互关系，可以对各类项目或活动对可持续生计的贡献做出分析与评估。这一基本框架罗列了可持续生计方法的相关因素，强调因素间相互联系，并在"以人为本"的基础上，构建各利益相关者间的结构体系，从而分析扶贫工作是否切实实现了其减贫目标。

生计环境脆弱性（vulnerability context）

"以人为本"的可持续生计框架以生计环境脆弱性作为研究起点。贫困人群的资产可得性与生计情况极易受到外部环境影响与冲击，而他们对此很难或根本无法控制。表 4-1 列出了冲击贫困人群生计环境的常见示例。这些不可避免的趋势效应、突发性事件或季节性事件对贫困人群的资产造成直接或间接负面影响，且贫困程度愈重，影响愈恶劣，其生计环境的脆弱性越明显。

表4-1　冲击贫困人群生计环境的常见示例

趋势效应	突发性事件	季节性事件
人口趋势	家庭成员健康冲击	价格波动
国内外经济发展趋势	经济波动冲击	产量波动
技术趋势	牲畜健康冲击	就业市场波动

面对脆弱的生计环境，减少资产可能受到的负面影响是最核心的目标，这也是可持续生计分析框架的核心思想。因此，框架首先需要厘清的即是影响当地生计的自然与社会环境因素，即当地人群可否选择某一生计方式，如果可以，哪些因素影响其发展水平。由于贫困人群多发于农村地区，因此，可持续生计分析的生计环境衡量往往可以从以下问题开始：

（1）自然条件是否适宜农作物生产？主要适宜哪些作物？

（2）农作物市场化程度如何？不同作物的市场价格波动情况如何？是否可以预测？

（3）有哪些渠道可以获取现金收入？农外就业市场是否稳定？现金收入是否稳定？农外就业工资水平如何？

1. 生计资本（livelihood assets）

可持续生计方法始终聚焦于"人"。因此，需要知晓关注人群的优势，即资本或者说禀赋，以及他们如何将这种资本转化为积极的、可持续的生计结果。这一方法认为，人总可以通过各种方式获取某种可引致正向生计结果的资本，但是这些资本往往与人们所追求的生计结果不相匹配，其中贫困人群生计资本不足问题尤为突出。因此，人们必须以各种方式强化，或者以某种创新型方式整合其现有生计资本。

可持续生计基本框架中将生计资本形象表现为"资本五边形"（图4-1），从而形象化呈现出人群拥有的资本情况及其相互关系。五边形的形状表示人们获取资产方式的变化，这里的中心点，即所有线的交汇点表示资产水平为0，外边界表示可获资本的最大值。需要注意的是，有时一种资本可能可以产生多种效益。比如，土地作为农业最重要的生产资料，是自然资本的组成部分，但是土地同时可以作为抵押品获得贷款，故同时兼为金融资本。正是生计资本的多样性使其"转化"为生计成果的过程更加复杂。

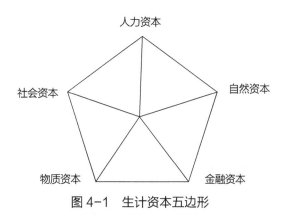

图 4-1 生计资本五边形

生计资本并非一成不变。比如一个由农村迁往城市的劳动力，自然资本不足，生计环境变迁下社会资本和金融资本同时下降（图 4-2 左侧）。但是，得益于某些政策或项目支持，比如小额信贷计划、职业技能培训等，该劳动力的人力资本、社会资本、实物资本和金融资本均有可能获得明显提升（图 4-2 右侧）。

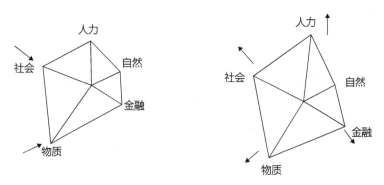

图 4-2 生计资本五边形的变动

进一步分析生计资本五边形中的五类生计资本。

（1）人力资本（human capital）

人力资本指与生计策略相匹配的技能、知识、劳动能力和良好的身心健康状态。在农村，由于家庭是农村最基本的生产单位，因此，家庭规模、家庭领导人能力、家庭成员整体健康状况等成为决定人力资本的基础。以扶贫研究来看，以健康状况不佳和受教育程度不足为代表的人力资本缺失影响其余四种资本的使用水平，是限制贫困人群生计策略选择并最终引致贫困的核心因素。

（2）社会资本（social capital）

对于社会资本的确切含义，学术界争论点颇多。可持续生计方法基本框架中的社会资本是指人们为追求生计目标而赖以生存的社会资源。具体来说，是指人群通过连通个人社会网络体系以扩大联系，增强信任，促进合作。举例来说，加入合作组织，拥有广泛而有影响力的亲属关系网都属于社会资本范畴。现有研究表明，社会资本与新型生计策略的推广、现有生计策略的转型等关系最为密切。

（3）自然资本（natural capital）

自然资本是指可用于生计的自然资源存量，包括从如大气等不可分割的公共物品到如树木、土地等可进行所有权分割的生产资料。在可持续生计基本框架中，自然资本与前述生计环境脆弱性关系最为密切。对贫困人群而言，生计环境的脆弱性常常与自然资本遭受破坏或者自然资本价值的季节性变动有关。显然，自然资本对那些完全或部分依赖于此的生计策略影响最为深远，如农业，但是，自然资本的影响远不仅于此。自然资本的损耗，如火灾、污染等会对健康资本产生负面影响。

（4）物质资本（physical capital）

物质资本包括维持生计所必需的基本基础设施和生产资料，比如道路运输设施、房屋住所、水源保障、卫生设施、信息设备等。值得引起注意的是，除房屋住所外，较多物质资本通常具有公共物品或准公共物品特征。现有贫困评估研究发现，某种特定类型的物质资本缺失是引致贫困的又一核心因素。比如卫生设施缺乏严重影响人群人力资本水平，道路运输设施不足严重制约人群市场参与程度，从而直接或间接导致贫困。

（5）金融资本（financial capital）

金融资本是指人们为实现生计目标而使用的金融资源，包括了流量和存量两大类。金融资本的数量与类型均可影响生计选择。目前研究发现，贫困人群的金融资本主要有以下几大来源：其一是以现金存款为代表的自身金融资本累积，其二是以救助金为代表的政府转移支付，其三是以小额信贷为代表的金融机构贷款，其四是以亲属朋友间借款为代表的非正规金融机构资金来源。金融资本是五种生计资本中用途最广泛的，它可以提升其他资本水平（如购买教育提升人力资本，将金融资本优势转化为社会资本），也可以直接实现生计结果（如购买粮食）。但是，对贫困人群而言，这也是最不易获取的生计资本。

2. 结构与制度变化（transforming structures and processes）

可持续生计方法的基本框架中还纳入了结构与制度变化，特指可能影响生计的政府部门、私人部门、法律、政策与组织等。其影响毋庸置疑，可以涵盖从微观个人到家庭到村集体，直至宏观国家到国际舞台。这些结构与制度变化可以决定人群能否获得生计资本，获得的数量多少，可以确定不同类型资本间相互交换的条件，可以影响各类生计策略的经济与非经济回报，从而最终决定人们的获得感与幸福感。

结构与制度变化的影响贯穿框架始终。对生计环境脆弱性而言，制度、政策可以直接作用于外部冲击，比如最常见的即是国家财政政策与货币政策对经济波动的相机抉择。对生计资本来说，结构与制度的影响同样广泛而深远，如上文所述的合作组织对社会资本的积极影响。制度同样影响人们对生计策略的选择，举例来说，僵化的市场制度压缩了市场化生计策略的选择空间。结构和制度变化最终影响生计结果，比如我国行之有效的扶贫政策极大提升了贫困人群的生活质量与幸福指数。

3. 生计策略（livelihood strategies）

可持续生计方法旨在帮助人群获取更丰富且更多样化的机会选择，而这些机会选择正是通过生计策略来实现的。生计策略是指人们为实现生计目标而进行的各种选择的组合，包括生产活动的选择、投资活动的选择，甚至包含婚育等日常活动的选择。

现有研究专注于从各个层面——地区、行业、家庭、个人——跨时间探讨多样化生计策略的可行性。对农村贫困人口而言，生计策略的多样化是从种植业、渔业等单一活动向多种生产活动的动态转变过程。在这一过程中，不同家庭成员的工作地点可能具有流动性，工作时间可能具有不确定性，这使得生计策略的分析更为复杂。

4. 生计结果（livelihood outcomes）

生计结果是生计策略的产出或成果。对于可持续生计方法的研究来说，生计结果在分析框架中扮演着"最终输出"的角色，以供研究者评估相关政策、项目实施效果。需要注意的是，在扶贫研究中，学者有时将生计结果过多集中于收入最大化，这可能与贫困人群更为丰富的生计目标相矛盾。事实上，生计结果远非仅局限于增收领域。

（1）收入增加

虽然对于贫困是否应该用收入来衡量依然存在争议，但是目前为止，收入依然是学术界用于评估扶贫效果的最重要指标之一。显然，收入增加这一生计结果使得生计经济可持续。

（2）幸福感提升

除收入增加这一物质结果外，人们还重视非物质结果，其中幸福感提升是其中最为典型与常用的指标之一。幸福感的提升受多种因素影响，主要有：自尊、家庭成员状况、健康状况、政治参与、文化传承、各类服务水平等。

（3）脆弱性减少

贫困人口常被迫生活在极其脆弱的环境中，对外界突发性事件与季节性事件冲击缓冲不足，影响生计可持续。因此，生计环境脆弱性减少也是提高其生计可持续的重要生计结果之一。其中，粮食安全问题是贫困人口生计环境脆弱性的最核心表现。

（4）自然环境可持续

随着越来越多的人群注意到自然环境可持续对贫困人口生计可持续的长远影响，自然环境可持续被列入生计结果之中。

对于可持续生计方法基本框架来说，生计结果的分析主要存在两大难点。第一，某些生计结果难以衡量。比如，如何考量收入增加对幸福感提升的作用。第二，某些生计结果间存在冲突。比如，某些群体通过非自然环境友好型生产行为获取经济收益。分析框架并不能解决这些问题，只能强调分析过程中必须考虑生计结果的"平衡与取舍"。

5. 整体框架

综合上述几个部分，可持续生计方法的基本框架如图4-3所示。

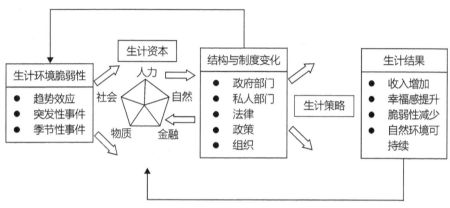

图4-3　可持续生计方法的基本框架

图4-3所示的基本框架并不意味着所有可持续生计方法的分析都是以生计环境脆弱性为起点，以生计结果为终点。实际上影响生计的外部力量与内部因素始终处于动态变化中。而现有许多遵循"以人为本"的可持续生计方法多从分析人群的生计资产，期望获得的生计结果以及在现有资产水平条件下为实现这一结果而采取的生计策略入手。

基本框架中存在两组比较重要的影响路径：结构与制度变化对生计环境脆弱性的影响，以及生计结果与生计资本的影响。但是，为避免基本框架过于杂乱，其他影响路径未能在其中——展示。比如，生计结果同样可能影响生计环境脆弱性。

由于可持续生计方法的提出旨在消除贫困，故学术界长期以来将其分析框架应用于扶贫研究。但在此后的研究中，学者们开始将这一基本框架不断向其他"以人为本"的研究领域拓展，比如，乡村旅游领域。

第三节　农户可持续生计与乡村旅游高质量发展

乡村旅游虽具有极强的扶贫效应，但又因其不仅仅具有扶贫效应，使得学术界需要对农户可持续生计方法加以改进，以契合乡村旅游高质量发展要求。

一、乡村旅游高质量发展理念下的可持续生计方法改进

早期可持续生计方法在乡村旅游领域的应用停留在直接套用框架阶段[①]，但对其中各个要素指标根据乡村旅游的特征做出适应性调整，如在自然资本指标中，引入文化资本。随着研究的不断深入，学术界开始尝试重修绘制可持续生计方法的基本框架，比如在乡村旅游地农户的生计资本中加入制度资本和认知资本，得到乡村旅游研究中的可持续生计分析框架[②]。本书认为，乡村旅游高质量发展理念下，以政策与制度因素为代表的制度资本以及以农户对政策知晓和利用程度为衡量标准的认知资本在其中发挥的作用不容小觑，但是制度资本显然受制于外部结构与制度变化，认知资本则与人力资本不无关系。因此，本书尝试结合我国乡村旅游发展现状，从各个环节改进可持续生计方法，进而使得分析框架能进一步契合我国乡村旅游高质量发展的现实需求（图 4-4）。

---

① 史玉丁，李建军.乡村旅游多功能发展与农村可持续生计协同研究［J］.旅游学刊，2018，33（2）：15-26.
② 刘玲，舒伯阳，马应心.可持续生计分析框架在乡村旅游研究中的改进与应用［J］.东岳论丛，2019，40（12）：127-137.

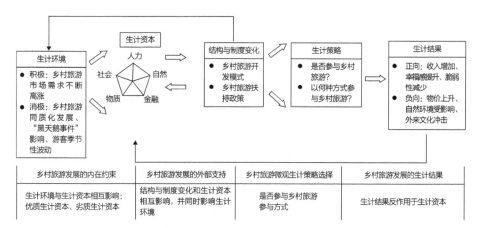

图 4-4 基于可持续生计方法基本框架的乡村旅游高质量发展

二、发展高质量乡村旅游的生计环境

旨在针对扶贫工作的可持续生计方法最初较多提及生计环境的脆弱性问题，这与贫困最易出现在生计环境带来负面影响时有关。当研究对象从贫困人口转向乡村旅游地农户，特别是聚焦乡村旅游高质量发展时，对生计环境的关注需要从积极、消极两个层面同时考虑。

1. 市场需求不断高涨

显然，随着我国经济发展水平的不断提升，旅游市场发展持续向好，乡村旅游因其鲜明的生态特色与文化特色，为大量城市旅游者带来了全新的旅游体验与旅游方式，勾起了人们对农村生态环境的向往与感受农村生活气息的热情。蓬勃发展的乡村旅游市场已成为国民旅游休闲的重要组成部分。途牛网发布的《2018 年乡村旅游分析报告》显示，"乡村""农家乐""乡村度假"等关键词搜索量相比 2017 年增长了 30%，乡村旅游产品咨询量与预订量持续上升。从 2012 年至 2018 年，我国休闲农业与乡村旅游人数不断上升，自 2015 年后，在国内游人数中占比约为 50%（图 4-5）。得益于乡村旅游市场需求的不断高涨，休闲农业与乡村旅游收入也呈现出递增态势，至 2018 年我国乡村旅游总计实现 8000 亿元旅游收入，占国内旅游总收入的 13.4%（图 4-6）。

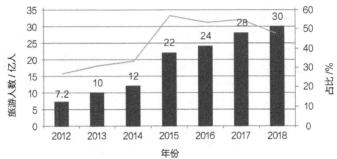

图 4-5 2012—2018 年休闲农业与乡村旅游人数统计

数据来源：2018 年《全国乡村旅游发展监测报告》

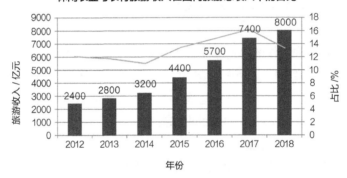

图 4-6 2012—2018 年休闲农业与乡村旅游收入统计

数据来源：2018 年《全国乡村旅游发展监测报告》

2. 同质化发展

正由于乡村旅游市场需求的不断高涨，各地着手加大乡村旅游发展力度。但是许多农村地区由于缺乏独特的自然风貌和历史文化底蕴，多以"复制＋粘贴"的方式发展乡村旅游，虽可移植性强，但却使得同质化发展问题非常严重。比如陕西白鹿原上 5 个以"白鹿原"为主题的乡村旅游项目，因彼此雷同的古建筑文化元素与陕西特色小吃经营方式造成巨大的商业浪费。这种盲目无序的同质化发展使得原本极富特色的乡村旅游项目"千村一面"，不仅妨碍乡村旅游发展，甚至对极为宝贵的乡村旅游文化资源带来极大伤害，与乡村旅游高质量发展的初衷背道而驰，俨然已成为影响农户生计可持续的最严重负面环境因素之一。

为应对同质化发展趋势，有关可持续生计方法下的乡村旅游高质量发展的生计环境，必须回答的就是该地区"是否适宜乡村旅游发展"的问题。2019年7月28日，由文化和旅游部、国家发改委确定了第一批全国乡村旅游重点村名单，包括北京古北口村、浙江余村、贵州云舍村、四川点战旗村、湖南十八洞村等在内的320个乡村入选。这些得以入选重点村名单的乡村旅游村代表了目前乡村旅游发展的最高水平，对乡村旅游高质量发展起着引领与示范作用。不难发现，从生计环境第一要素来看，这些地区在自然、文化条件上的稀缺性和独特性使其拥有得天独厚的适宜乡村发展的先天优势。

黑龙江省大兴安岭地区漠河市北极镇北红村独一无二的地理位置、安徽省滁州市凤阳县小溪河镇小岗村家喻户晓的历史事件、河南省焦作市温县赵堡镇陈家沟村的太极拳文化等，这些地区乡村旅游发展的生计环境可能对于其他地区的借鉴性与参照性有限，但是，重点村中同样存在乡村旅游生计环境先天不足、后天培养的良好典范，其中最为典型的即是陕西省咸阳市礼泉县烟霞镇袁家村。有着"中国乡村旅游第一网红"美称的袁家村是一个地地道道的关中自然村，在乡村旅游自然、文化条件相对缺失的情况下，围绕关中民俗文化，以关中民俗和美食文化为切入点，发展乡村旅游。关中民俗这一乡村旅游切入点，与传统印象中的陕西特色，如红色延安、大唐风韵并不相同。但是，关中民俗、最地道的关中农村生活就是袁家村最大的地方特色，这一因地制宜的生计环境利用方式最大限度地将当地居民与旅游企业相挂钩，当地居民甚至直接成为旅游企业的经营者。

纵观以乡村景观步行道、骑行道为特色的四川省南充市阆中市天林乡五龙村，以渔村、渔业、渔民生活为特色的上海市金山区山阳镇渔业村，以畲族农村生活为特色的江西省抚州市资溪县乌石镇新月村，不难发现，乡村旅游高质量发展需要围绕极具地方特色的生计环境展开。特别是在当前全国各地乡村旅游蓬勃发展却同质化倾向严重的态势下，如何充分挖掘当地乡村旅游生计环境中的自然与文化特色是乡村旅游可持续的首要前提。中国几千年的古代生活与古代文明就是以乡村生活与乡村文明为主导的，中国各个乡村或多或少地承载着中华民族不同历史时期的生活形态和文明历史，因此，对于绝大多数没有大山大河，没有名胜古迹的乡村来说，乡村旅游高质量发展的生计环境考察可能首先需要落实到对当地文化资源的挖掘与整合方面。

3. "黑天鹅事件"

"黑天鹅事件"因其具有意外性而难以预测，通常会引起市场连锁负面反应。乡村旅游同样可能遭受"黑天鹅事件"影响。某些"黑天鹅事件"的影响可能是局部的，比如2017年春节期间云南旅游的负面新闻接连发生，并经由媒体报道后不断发酵，加之发生地都在"XX村"，这使得云南乡村旅游甚至整体云南旅游都受到了极大负面影响。与之相比，有些"黑天鹅事件"可以产生更为广泛深远的负面影响，比如新冠疫情的全球大流行。景区限流、室内场所关闭等严重影响了游客数量，但就乡村旅游而言，这一"黑天鹅事件"的影响"有危也有机"。疫情的暴发致使境外长途旅游需求不得不向短途周边旅游转移，加之人们比以往任何时候都更为深刻地意识到健康的重要性，这又使得乡村旅游的生计环境可能短期恢复并长期向好。

4. 游客季节性波动

多数乡村旅游项目需要依托自然风光，很大程度上受制于气候影响，尤其在我国北方地区，因季节变化而导致的游客季节性波动更为明显，淡季、旺季差异显著。比如，以荷花、油菜花等为主打的乡村旅游在旺季游客爆发式聚集，而淡季则几乎处于停业状态。那些依托于民俗风情的人文类乡村旅游同样面临着这一问题。比如，每年7、8月举办的蒙古族草原那达慕大会使得当地乡村旅游具有极强的时间特色。旅游资源的丰富可以在某种程度上减缓游客季节性波动对乡村旅游的负面影响，但是乡村旅游的特殊性使得这一生计环境的负面影响不可避免。

正如针对贫困人口的生计环境研究可以从问题入手，乡村旅游高质量发展的生计环境同样可以提出一系列问题。

（1）自然、文化条件是否适宜乡村旅游发展？周边是否存在同类型乡村旅游？与之相比，竞争力如何？

（2）乡村旅游市场发展水平如何？是否存在明显季节性波动？是否可

以预测？

（3）粮食自给率水平如何？除乡村旅游外，有哪些渠道可以获取现金收入？一年中何时对现金收入需求最高？

（4）是否有机会获取适当的金融服务？

三、农户生计资本与乡村旅游高质量发展

基于前述生计资本的概念界定，学术界根据研究目的与研究对象特点，对可持续生计方法中的生计资本指标选取与量化问题做出适应性调整。针对乡村旅游的高质量发展要求，同样需要对五大类生计资本做进一步细化。

1. 人力资本

可持续生计方法下的扶贫研究中，人力资本被认为是农户贫困与否的最关键生计资本，决定着其他几类生计资本的获取与利用水平。现有研究认为，劳动力数量、年龄、学历和健康程度始终是最为重要的人力资本指标[①]，此外，职业技能也是农户人力资本必不可少的考量因素[②]。

就乡村旅游而言，除上述常规指标外，有必要引入"乡村旅游从业技能"指标，这一指标可能是决定乡村旅游发展水平的最重要人力资本因素。乡村旅游从业技能包括文明道德素质、经营管理水平与旅游服务基本技能。尤其是在乡村旅游从粗放式扩张向集约化经营过渡的发展进程中，从业技能直接决定其是否可实现高质量发展。加之近年来，各级政府大力倡导农村旅游从业人员素质技能提升，相关技能培训层出不穷，因此，是否接受过系统从业技能培训需纳入人力资本评价范畴中。

2. 社会资本

社会资本因社会属性复杂性而使其指标选取与量化困难，比较常见的是农户对正式与非正式组织的参与度，这些组织包括村委会、村集体经济、

---

① Cawley M, Gillmor DA. Integrated rural tourism : concepts and practice [J]. Annals of Tourism Research, 2008, 35 : 316-337.

② 何仁伟，李光勤，刘邵权，等. 可持续生计视角下中国农村贫困治理研究综述 [J]. 中国人口·资源与环境, 2017, 27 (11) : 69-85.

村合作组织等^①。针对中国农村社会经济特色，学者甚至以拜年户数、婚丧嫁娶资金来往户数、是否有亲朋是村干部、是否有亲朋是公务员、是否有亲朋是企业老板或高管等将中国式社会资本指标进一步具体化^{②③}。

2018 年，发改委、财政部等 13 个部门联合发布《促进乡村旅游发展提质升级行动方案（2018 年—2020 年）》，提出要创新社会资本参与方式，鼓励和引导民间投资通过 PPP、公建民营等方式参与有一定收益的乡村基础设施建设和运营，扩展乡村旅游经营主体融资渠道。这种非单纯指资金，而是包括人才、理念和社会关系在内的社会资本对乡村旅游发展的整体带动效果明显，比如浙江杭州淳安下姜村引进社会资本共建乡村旅游以突破发展瓶颈。

总结现有研究成果，可以根据乡村旅游特征，将其社会资本界定为以下几类指标：合作互惠、信任与关系网，针对这几类指标的具体衡量标准则可以根据各地实际情况做出调整，并大多采用李克特 1—5 级量表法或以虚拟变量赋值进行测量。

（1）合作互惠：当地乡村旅游发展中农户间合作关系越强，互惠程度越高，高质量发展的可能性则越大。比如，经营业务是否需要其他村民帮助？是否雇佣或受雇于其他村民？

（2）信任：农户对政府机构、正式与非正式组织以及同村村民的信任程度越高，沟通联系越频繁便捷，依靠道德与舆论约束互相约定合作的可能性也越大，乡村旅游高质量发展得到保障。比如，是否相信政府部门或其他组织会对村民提供帮助？是否认为同村村民邻里关系较好？农户决策过程中是否会咨询他人意见？是否信任并采纳他人意见？

（3）关系网：关系网体现农户的社会联结度，联结度越高，农户在资讯获取、贷款获得、经营支持等方面越享有先天优势。比如，是否有亲

---

① 杨云彦,赵锋.可持续生计分析框架下农户生计资本的调查与分析——以南水北调（中线）工程库区为例［J］.农业经济问题，2009,（3）:58-65.

② 丁士军，张银银，马志雄.被征地农户生计能力变化研究——基于可持续生计框架的改进［J］.农业经济问题，2016, 37（6）:25-34.

③ 乌云花，苏日娜，许黎莉，等.牧民生计资本与生计策略关系研究——以内蒙古锡林浩特市和西乌珠穆沁旗为例［J］.农业技术经济，2017,（7）:71-77.

属在政府机关工作？是否有亲属在与旅游相关的企事业单位工作？

3. 自然资本

上文在针对乡村旅游发展生计环境的分析中强调了需要充分考虑该地区"是否适宜乡村旅游发展"。即便是在适宜乡村旅游发展的区域内，农户间自然资本同样存在差异。农户耕地和／或水域面积、耕地和／或水域质量是最常见的自然资本衡量指标。

在乡村旅游中，需要进一步考虑实际可以用于旅游发展的土地面积，特别是在农村不断推动土地流转的制度背景下，土地流转后可用于旅游发展的土地面积与质量可能比耕地面积更适宜评价农户自然资本差异。

4. 物质资本

可持续生计方法常用农户房屋面积、日常耐用消费品数量、农业生产工具状况反映其物质资本水平。因此，可以将上述指标稍做调整后用于乡村旅游发展研究。

由于农村住宅的特殊性，单纯考虑农户房屋面积可能不足以反映内在差距，故可以同时考虑引入房屋质量指标，如住房结构是混凝土结构、砖瓦结构、砖木结构、土木结构还是土瓦草房结构？在某些乡村旅游发展较为成熟与先进的区域，农业专业化生产可能萎缩，农业生产工具状况指标可酌情降低权重甚至剔除，或者直接将农业机械等一并归入耐用消费品数量，记为耐用消费品／生产用品数量。

5. 金融资本

农户金融资本是指农户凭借自身能力，可以筹措到的资金，其筹措渠道包括但不仅限于银行借贷，通常情况下，农户家庭固定资产、家庭年收入、获得现金援助的机会和数额与获得信贷的机会和数额是反映其金融资本的基本指标。需要特别注意的是，农户金融资本中有效借贷的机会与数额与社会资本、物质资本高度相关，这些资本质量越高，获得有效借贷的机会越大，数额越高，反之亦然[1][2]。

---

① 王凯，李志苗，易静. 生态移民户与非移民户的生计对比——以遗产旅游地武陵源为例［J］. 资源科学，2016（8）: 1621-1633.

② 陈熹，陈帅. 社会资本质量与农户借贷可得性——基于职业声望的分析［J］. 江西社会科学，2018，38（5）: 232-240.

值得一提的是，这些指标的衡量方式需要特别引起注意。一些针对乡村旅游的研究中，将"农户是否存在现金借贷"作为金融资本衡量标准，可能并不准确。农村田野调查发现，经济状况更好的农户往往有更为强烈的乡村旅游投资需求，故获得的信贷机会更多、数额更高；相反，经济状况欠佳的农户多无投资意愿，故无需借贷。因此，对乡村旅游发展中农户金融资本的衡量可以综合考虑自有金融资本数额、银行金融资本数额、乡村高利贷金融资本数额、乡村村民间无息借款数额与村民或组织无偿援助数额几个部分的总和。

对指标进行归一化处理，可获得农户五类生计资本值与生计资本总值，同时也可获得区域内农户生计资本平均水平。可通过对乡村旅游发展区域内不同农户生计资本的纵向与横向比较，研究具有不同类型生计资本的农户生计决策的差异，特别关注哪些农户更倾向于参与乡村旅游发展，以及以何种形式参与。此外，可进一步逆向研究不同形式的乡村旅游参与模式对区域内农户平均生计资本与各农户生计资本分别带来了哪些积极或消极影响。

四、乡村旅游高质量发展的结构与制度变化

近年来，各种各样的乡村旅游发展模式层出不穷，为帮助这些模式实现最优效果，包括土地流转、税收减免、政府培训、优惠贷款、市场环境改善、基本设施配套等一系列乡村旅游扶持政策应运而生。

1. 乡村旅游发展模式

中国乡村旅游诞生了多种适应不同地区实际情况的发展模式，其中，"政府＋社区＋农户""社区＋农户＋旅游公司""政府＋农户"三种最具代表性（图4-7A、图4-7B、图4-7C）。"政府＋社区＋农户"以政府和社区为主体，政府加强基础设施与旅游服务设施建设，制定旅游发展相关政策开发利用乡村旅游资源，引导支持社区发展旅游业。社区作为农户利益代表，协调组织农户进行规范化自主经营。"社区＋农户＋旅游公司"通过引入旅游发展公司以市场化方式对乡村旅游资源进行专业化运营管理，旅游收益由外来投资者和社区共同分享，农户作为集体资产所有者分享利益或参与

乡村旅游经营活动。"政府＋农户"以政府统一规划为主，成立旅游管委会直接领导与监督，村级管理办公室进行日常管理，农户以自发参与的方式提供旅游服务。上述乡村旅游发展模式受制于区域宏观生计环境与农户平均生计资本。

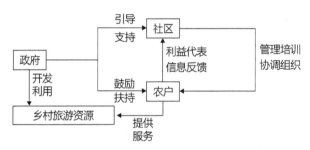

图 4-7A　"政府 + 社区 + 农户"发展模式

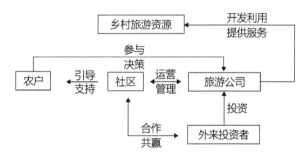

图 4-7B　"社区 + 农户 + 旅游公司"发展模式

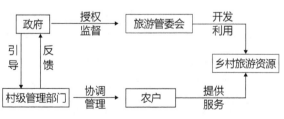

图 4-7C　"政府 + 农户"发展模式

2. 乡村旅游扶持政策

乡村旅游不同发展模式均离不开政策扶持，2016 年中央一号文件中就明确提出了大力发展休闲农业和乡村旅游，强调"规划引导，采取以奖代补、先建后补、财政贴息、设立产业投资基金等方式扶持休闲农业与乡村旅游业发展"，"大力发展休闲度假、旅游观光、养生养老、创意农业、农耕体验、乡村手工艺等，发展具有历史记忆、地域特点、民族风情的特色小镇，建设一村一品、一村一景、一村一韵的魅力村庄和宜游宜养的森林景区。依据各地具体条件，有规划地开发休闲农庄、乡村酒店、特色民宿、自驾露营、户外运动等乡村休闲度假产品。实施休闲农业和乡村旅游提升工程、振兴中国传统手工艺计划。开展农业文化遗产普查与保护。支持有条件的地方通过盘活农村闲置房屋、集体建设用地、'四荒地'、可用林场和水面等资产资源发展休闲农业和乡村旅游。将休闲农业和乡村旅游项目建设用地纳入土地利用总体规划和年度计划合理安排"。

2016 年，中共中央、国务院印发《关于加大脱贫攻坚力度支持革命老区开发建设的指导意见》，要求"各地区各部门结合实际认真贯彻执行""依托老区良好的自然环境，积极发展休闲农业、生态农业，打造一批具有较大影响力的养生养老基地和休闲度假目的地"。

2016 年，发改委等七部门联合印发《关于金融助推脱贫攻坚的实施意见》，提出金融助推脱贫攻坚的细化落实措施，包括各金融机构要立足贫困地区资源禀赋、产业特色，积极支持能吸收贫困人口就业、带动贫困人口增收的绿色生态种养业、经济林产业、林下经济、森林草原旅游、休闲农业、传统手工业、乡村旅游等特色产业发展。健全和完善区域信贷政策，在信贷资源配置、金融产品和服务方式创新、信贷管理权限设置等方面，对连片特困地区、革命老区、民族地区、边疆地区给予倾斜。

2016 年，国家旅游局出台《全国旅游标准化发展规划》，启动 120 亿元旅游基建基金申报，重点支持休闲度假旅游、乡村旅游、文化旅游、研学旅行、旅游小城镇和新产品、新业态项目。农业部、发改委、财政部等九部门联合印发《贫困地区发展特色产业促进精准脱贫指导意见》，提出大力发展休闲农业、乡村旅游和森林旅游休闲康养，有关财政资金在不改变用途的情况下，投入设施农业、养殖、光伏、水电、乡村旅游等项目形成的资产，具备条件的可折股量化给贫困村和贫困户。同年，国土资源部、住房和城乡建设部、国家旅游局发文《关于支持旅游业发展用地政策的意见》，积极保障旅游业发展用地供应，明确旅游新业态用地政策，加强旅游业用地服务监管。

在遭遇如新冠疫情这一"黑天鹅事件"后，各种乡村旅游扶持政策不断出台。比如，重点落实好中央应对新冠疫情、支持中小微企业的信贷、税收、社保等扶持政策。同时，鼓励地方出台财政补助、税费减免、用地保障等政策；以发放乡村休闲旅游消费券、试行 2.5 天休息制度等激励乡村旅游消费，提振信心；等等。

除上述国家层面的乡村旅游制度变化外，各地同样出台适合当地特色且更具针对性的政策制度，如营销支持、定向乡村旅游消费券发放等。显然，这些政策制度影响生计环境，在某种程度上可以放大生计环境的积极正向效应，最大限度削弱负向消极效应。同时，相关政策与农户生计资本相互影响，影响农户后续生计策略选择。

五、农户发展高质量乡村旅游的生计策略

前述乡村旅游发展的生计环境、农户自身生计资本与乡村旅游的结构与制度变化共同影响农户的生计策略，简而言之，可以概括为两个问题：其一，农户是否选择参与当地乡村旅游发展？其二，如是，参与方式如何？一般说来，一个地区的乡村旅游发展模式具有一致性，以前述"政府＋社区＋农户""社区＋农户＋旅游公司""政府＋农户"三种代表性模式为主，因此，农户可能或主动或被动选择参与当地乡村旅游发展，但其参与方式则比较复杂，可能是以兼业化方式参与，如传统农业生产、乡村旅游甚至外出务工等多种生计策略的组合；也可能是以全职化方式参与，但参与方式可能存在自主投资经营或雇佣劳动等差异。

因此，在研究中，第一个"是否参与乡村旅游发展"的生计策略问题可以用简单的"0、1"二元选择描述；第二个"以何种方式参与乡村

旅游发展"的生计策略问题既可以多重选择描述，也可以"生计多样化指数""收入多样化指数"等测算农户生计策略选择。生计多样化使得农户生计策略的抗风险能力更强，生计越稳定，可持续性也相对越高；收入多样化表明农户收入来源丰富，若各项收入来源均衡，则农户生计策略更佳。

六、乡村旅游高质量发展对农户生计结果的影响

乡村旅游高质量发展对农户生计结果产生正面与负面影响。乡村旅游高质量发展对农户、政府等多个利益相关者可能带来的正向生计结果已被大量学术研究证实，其中对农户而言，最具代表性的即是收入水平提高、就业机会增加。这些正向结果在全国乡村旅游重点村中体现得尤为明显。

1. 正向生计结果

对于欠发达地区，或者说贫困地区而言，旅游扶贫作为国家脱贫攻坚战略的重要组成部分，是产业脱贫的主要方式，基于各地异质性乡村旅游资源开展的独具特色的乡村旅游被认为是精准扶贫的重要方式之一。根据2015年国家旅游局和国务院扶贫办共同发布的数据，"十二五"期间（不含2015年），全国通过发展旅游带动了10%以上贫困人口脱贫，旅游脱贫人口达1000万人以上；"十三五"时期，全国通过发展旅游将带动17%的贫困人口实现脱贫。

在乡村旅游脱贫减贫方面，湖南省湘西土家族苗族自治州花垣县双龙镇十八洞村是其中典型代表。十八洞村地处湘西山谷，雄奇俊秀的苍翠青山与保存完好的苗寨文化为乡村旅游的可持续发展奠定了扎实基础。2013年十八洞村的人均纯收入仅为1668元，全村贫困人口于2017年2月全部脱贫，2018年时人均纯收入已增至12128元。再比如，贵州省毕节市大方县核桃乡木寨村。木寨村的旖旎风光与以白族为主，白、苗、彝、蒙古族聚居的民族风情文化是其发展乡村旅游的基石。经过多年发展，木寨村人均收入从2013年的4080元增加至2016年的7068元，贫困人口也从2014年的858人减少至2017年的407人。

　　乡村旅游高质量发展的收入效应在经济发达地区同样重要。对于经济较发达地区而言，农民贫困问题已经得到解决，加之区域内市场化条件较高，收入获取来源更为丰富，因此对于农户来说，乡村旅游高质量发展的正向收入生计结果需要更多体现在消除城乡收入差距方面。与前述贫困地区的乡村旅游不同，经济较发达地区的乡村旅游在依托田园风光与乡村文化的同时，大多具有优越的区位交通条件，基础设施相对完备，城镇化水平也比较高，往往可以辐射周边巨大的客源市场，以"农旅结合"的方式发展旅游，同时带动特色农业，在"吃、住、行、游、购、娱"六方面全方位提高居民收入水平。比如，浙江省湖州市长兴县水口乡顾渚村就是经济较发达地区乡村旅游高质量发展的典型代表。顾渚村立足长三角地区，从以上海为主逐步向江苏、安徽、浙江等全境拓展，紧扣特色茶文化，从民宿产业单一发展到带动紫笋茶、蓝莓、猕猴桃等特色农业产业多元融入，村民人均年纯收入从2004年的3888元增加到2017年的35590元，仅在2017年"五一"小长假期间，民宿营业收入可达10万元，村头的旅游商品市场里一家简单的土货店，仅出售特色农产品，年收入可达20万元。再比如，上海市金山区山阳镇渔业村以"渔村"为特色，突出海渔文化，在主打美味海鲜的基础上，整合盘活海鲜美食、海产品批发等特色产业，全村100多户村民因渔村业态转型而获得了四五万元财产性收入。

　　无论是欠发达地区还是发达地区，高质量乡村旅游都是大众创业就业的新渠道。乡村旅游的发展使农民既不离乡也不离土，就地从第一产业转移至第三产业，或者一产、三产两者融合兼顾，从而较快实现脱贫致富或收入增长。以地处发达地区，入选第一批全国乡村旅游重点村的上海市金山区山阳镇渔业村的一家名为"天桥饭店"的小餐馆为例，这家小餐馆可同时接待300多名游客用餐，当地村民陆奇龙利用金山独特的海鲜资源，以海鲜为主要特色，将海鲜捕捞与餐饮服务相结合，发展高质量乡村旅游。在渔业村，类似餐饮服务超过30多户，从业人员超过500多人，对当地"4050"人群的就业机会增加做出了重要贡献。旅游业作为劳动密集型产业，其在增加就业，特别是底层劳动力就业方面的作用不容小觑。可持续发展的乡村旅游在引导创业、吸引人才上同样具备极大潜力。四川省成都市蒲江县甘溪镇明月村成功入选第一批全国乡村旅游重点村，其中文创产业的引入与发展是其乡村旅游发展最大特色。陶文化是明月村极具特色的优质乡村旅游资源，明月村正是依托陶文化，将乡村旅游与文创产业紧密结合，通过引入 36 个文创项目，引进知名艺术家、传统手工艺翘楚、知名手工艺收藏家等创客 100 余名。得益于此，2018 年明月村文旅产业收入超 1 亿元，100 多名"新村民"正是乡村旅游引导创业与吸引人才的直接成果。同时，明月村 100 多名"新村民"引领当地居民融入乡村旅游与文创产业，在增加就业机会、拓展增收渠道方面发挥了重要作用。

除上述两大直接微观经济层面的生计结果外，乡村旅游高质量发展可能带来基础设施改善、农村生态人居环境改善、农村治理水平提高等中观或微观层面的生计结果。

2. 负向生计结果

近年来，由于对乡村旅游高质量发展的关注度不断提高，学者开始逐渐把目光从乡村旅游的负向生计结果一并纳入研究。研究小组在浙江省湖州市长兴县水口乡农户中，针对乡村旅游田野调查发现，当地农户对乡村旅游负向生计结果的感知主要包括村民关系恶化、乡村文化衰落、公共空间缺失几个方面。

村民关系的恶化大多源自不良竞争，可能是区域内选择乡村旅游作为其生计策略的农户与其他农户间的竞争，这种竞争主要体现在以土地为代表的资源竞争环节，也可能是同时选择以乡村旅游作为生计策略的农户间，特别是在那些旅游服务基本同质的农户间，彼此争客现象屡有发生。

"生意好时感觉不到，生意不好时，几间农家乐都在拉生意，还是会影响村里的关系。"（访谈对象：水口某农家乐餐馆老板）

乡村旅游的发展依托乡村文化，水口以茶叶为代表的原生态乡村文化在乡村旅游发展中得以保持发扬。但是，以朴实民风和传统为代表的乡村文化却受到了负面冲击。

"每年一到季节，就有游客偷挖竹笋。还有游客在水库边私自烧烤，把水库边上的墙都熏黑了，这给小孩子带来了很坏的影响。村里有些小孩也会学着自己烧烤。"（访谈对象：水口茶文化景区办公室主任）

乡村旅游的发展对配套公共设施提出了更高的要求，如旅游集散中心、咨询服务中心、停车场、公共厕所等，这些公共设施势必会严重挤压农户原有生活空间。

"这个水库边上很漂亮的，我们一直喜欢到水库边上来坐坐玩玩的，但是现在一到旅游旺季，这里全是人，我们就不敢来了。有时游客太多，路都堵了，我们出去进来也很不方便。"（访谈对象：水口顾渚村村民）

此外，其他学者的调研中也发现了类似农户间收入差距扩大、本地物价水平上升、生态环境恶化等负向生计结果[①]。

七、可持续生计方法下乡村旅游高质量发展的影响路径与指标选取

与一般意义上的可持续生计方法类似，乡村旅游高质量发展整体框架中同样存在若干比较重要的影响路径。

1. 生计环境与生计资本：乡村旅游高质量发展的内在约束

生计环境与生计资本相互影响。积极的生计环境更易于形成优质的生计资本，优质的生计资本可以利用积极生计环境发展高质量乡村旅游，同时可以最大限度消除消极生计环境的影响。同时，生计环境与生计资本共同组成乡村旅游高质量发展的内在约束，换言之，这一内在约束的限制将使得后续乡村旅游的发展困难重重。因此，任何乡村旅游的发展应首先评估宏观生计环境与微观生计资本。结合前文分析，可持续生计方法下的乡村旅游高质量发展的内在约束可以从宏观生计环境与微观生计资本两个角度分析，具体可从以下几个指标进行评估（表4-2和表4-3）。再对一系列指标量化后的数值进行归一化处理可以得到内在约束的分值评估，各个农户家庭的得分可用于区域内农户乡村旅游高质量发展内在约束的评估，区域平均值则可用于区域间相互比较。

---

① 陈佳，张丽琼，杨新军，等.乡村旅游开发对农户生计和社区旅游效应的影响——旅游开发模式视角的案例实证［J］.地理研究，2017，36（9）：1709-1724.

表 4-2　宏观生计环境评估指标

总项目	分项目	指　标	量化方法
趋势效应	乡村旅游需求	乡村旅游游客	乡村旅游游客年均人数（人次）
		乡村旅游收入	乡村旅游游客年均收入（元）
	同质化特征	自然环境特征	森林或绿地覆盖率（%）
			空气质量指数
		文化环境特征	是否有特色文化产品（有＝1，无＝0）
		市场竞争状况	100平方公里内同类型乡村旅游数量
突发性事件	"黑天鹅事件"	"黑天鹅事件"对当地乡村旅游的影响	非常严重＝5，严重＝4，一般＝3，不严重＝2，非常不严重＝1
季节性事件	游客波动	乡村旅游游客波动水平	每个月乡村旅游游客人数的方差（人次）
		乡村旅游收入波动水平	每个月乡村旅游收入的方差（元）
		总收入稳定性	乡村旅游占总收入的百分比（%）

表 4-3　微观生计资本评估指标

总项目	分项目	指　标	量化方法
人力资本	劳动力数量	家庭劳动力人口数	实际家庭劳动力人数（人）
		家庭劳动力年龄结构	家庭抚养比[（老人数＋儿童数）/家庭人口总数]（%）
	劳动力质量	家庭成年劳动力最高受教育程度	受教育年限（年）
		家庭劳动力健康程度	家庭长年患病或有残疾的人数（人）
		乡村旅游从业技能	是否接受过乡村旅游从业技能培训（有＝1，无＝0）

续表

总项目	分项目	指　标	量化方法
社会资本	合作互惠	村民间经营业务互帮程度	非常需要＝5，需要＝4，一般＝3，不需要＝2，非常不需要＝1
		村民间雇佣关系	是否雇佣或受雇于其他村民（有＝1，无＝0）
	信任	获得政府部门或其他组织帮助的机会	非常容易＝5，容易＝4，一般＝3，不容易＝2，非常不容易＝1
		与村民邻里关系情况	非常好＝5，好＝4，一般＝3，不好＝2，非常不好＝1
		决策过程中咨询他人意见的机会	非常多＝5，多＝4，一般＝3，不多＝2，非常不多＝1
		信任并采纳他人意见的机会	非常多＝5，多＝4，一般＝3，不多＝2，非常不多＝1
	关系网	是否有亲属在政府机关工作	有＝1，无＝0
		是否有亲属在与旅游相关的企事业单位工作	有＝1，无＝0
自然资本	土地	可用于旅游发展的土地面积	土地流转后，实际可用于旅游发展的土地面积（亩）
		可用于旅游发展的土地质量	非常好＝5，好＝4，一般＝3，不好＝2，非常不好＝1
物质资本	农户住房	农户房屋面积	农户实际住房面积（平方米）
	日常耐用消费品	农户房屋质量	混凝土结构＝5，砖瓦结构＝4，砖木结构＝3，土木结构＝2，土瓦草房结构＝1

续表

总项目	分项目	指　标	量化方法
金融资本	自有资本	农户自有金融资本数额	农户实际自有金融资本数额（元）
	借款资本	银行金融资本数额	农户实际从银行借贷获取的金融资本数额（元）
		乡村高利贷金融资本数额	农户实际从乡村高利贷获取的金融资本数额（元）
		乡村村民间无息借款数额	农户实际从乡村村民间获取的无息借款数额（元）
		村民或组织无偿援助数额	农户实际从村民或组织无偿援助获取的数额（元）

2. 结构与制度变化与生计资本、生计环境：乡村旅游高质量发展的外部支持

乡村旅游高质量发展受限于内在约束，结构与制度变化正是基于生计资本与生计环境的内在约束，选择最契合当地实际的乡村旅游发展模式，并为这一模式的顺利实施提供制度性安排，成为乡村旅游高质量发展的最重要外部支持。同时，这种外部支持也在某种程度上影响生计资本与生计环境。简而言之，乡村旅游高质量发展的外部支持依赖于内在约束，同时又可以改造约束。基于前文分析，可持续生计方法下的乡村旅游发展结构与制度变化可从以下几个指标进行评估（表4-4）。这些指标同样可以量化方式进行归一化处理，获得外部支持的分值评估。

表4-4　乡村旅游结构与制度变化评估指标

总项目	分项目	指　标	量化方法
发展模式	发展主导力量	乡村旅游发展过程占主导的利益相关者主体	社区主导＝1，政府主导＝2，外来资本主导＝3，多利益相关者主导＝4，其他＝5
制度变化	土地制度支持	是否有与乡村旅游有关的土地流转制度支持	有＝1，无＝0

续表

总项目	分项目	指　标	量化方法
制度变化	金融制度支持	是否有与乡村旅游有关的金融扶持制度支持	有＝1，无＝0
	人才制度支持	是否有与乡村旅游有关的人才培养制度支持	有＝1，无＝0
	经营制度支持	是否有与乡村旅游有关的经营营销制度支持	有＝1，无＝0

3. 生计策略：乡村旅游高质量发展内在约束与外部支持的理性选择

乡村旅游高质量发展内在约束与外部支持的共同作用下，农户的生计策略实质上是基于效用最大化理论而得的理性选择。农户家庭模型是研究生计策略的有效方法之一。农户家庭模型（Agricultural Household Model，AHM）是研究农业微观决策的最重要手段，特别符合农业生产中农户既是生产者，又是消费者的固有特征，也符合乡村旅游发展态势下农户在农业、兼业与非农业生产中进行微观决策的复杂现状。农户在包括预算、时间等内在约束下，考虑外部支持条件，追求基于商品和闲暇的联合效用最大化。根据 AHM，定义基于消费 c 和闲暇 l 的农户效用函数：$U(c,l;a)$，并假设其二阶可导且严格拟凹。这里的 a 表示家庭特征，即前述各类生计资本评估指标。考虑乡村旅游特征，建立家庭乡村旅游生产函数 $Q = F(K_T,L_T,L_{TH};A)$ 与农业生产函数 $q = f(K_F,L_F,L_{FH};B)$，这里的 A 表示区域内乡村旅游发展的外部支持，B 表示农业生产技术水平，两者在短期内视为外生给定，因此农户仅需决定其效用最大化时乡村旅游和农业生产的策略选择。为便于表述，这里用 K_T 表示乡村旅游投资数额，L_T 表示农户乡村旅游劳动力投入量，L_{TH} 表示农户乡村旅游劳动力雇佣量；K_F 表示农业生产投资数额，L_F 表示农户农业生产劳动力投入量，L_{FH} 表示农户乡村旅游劳动力雇佣量；L_O 表示农户非农就业劳动力投入量。这些策略选择实际上概括了农户是否参与乡村旅游，以何种方式参与乡村旅游（是否以雇佣劳动力方式参与乡村旅游 L_T，是否投资 K，是否雇佣劳动 L_H），同时也可以反映农户乡村旅游参与程度（是否存在农业生产 K_F、L_F 和 L_{FH}，是否参与非农劳动 L_O）。这里假设存在三个竞争性劳动力市场：其一为乡村旅游劳动力雇佣市场，工资水平为 W_{TH}，其二为农业劳动力雇佣市场，

工资水平为 W_{FH}，其三为非农就业市场，工资水平为 W_O。农户拥有时间禀赋 $T(a)$，可以自由选择乡村旅游相关劳动 L_T、农业劳动 L_F、农外就业 L_O 或闲暇 l，同时还拥有非劳动性收入 y。因此，农户在完善劳动力市场条件下，受限于预算约束与时间约束的效用最大化问题可以概括为：

$$\max_{c,\, l,\, K_T,\, L_T,\, L_{TH},\, K_F,\, L_F,\, L_{FH}} U = U(c, l; a)$$

s.t.

$$rc = [P_T F(K_T, L_T, L_{TH}; A) - W_{TH} L_{TH} - RK_T] + [P_F f(K_F, L_F, L_{FH}; B) - W_{FH} L_{FH} - RK_F] + W_O L_O + y$$

$$T(a) = L_T + L_F + L_O + l$$

其中，r 为商品价格，P_T 为乡村旅游产品平均价格，P_F 为农产品平均价格，农户收入来源包括：第一部分，乡村旅游收入，即乡村旅游收益减去乡村旅游雇佣劳动力工资与乡村旅游投资的资本价值；第二部分，农业生产收入，即农业生产收益减去农业生产的雇佣工资与农业投资的资本价值；第三部分，农外就业工资性收入；第四部分，非劳动性收入。对上式求解 Kuhn-Tucker 条件，也就是分别对 $\{c, l, K_T, L_T, L_{TH}, K_F, L_F, L_{FH}\}$ 求拉格朗日函数的一阶条件后，即可得农户微观决策的最优解。

AHM 模型说明在乡村旅游高质量发展的内在约束与外部支持下，农户可以做出最优生计策略，其生计策略的量化在不同研究目的下具有多样性，或者说不同层次的生计策略研究可以有差异化量化指标。当生计策略为是否投资乡村旅游，是否在乡村旅游中投入劳动力，可以"0、1"二元选择问题进行量化（有＝1，无＝0）。当生计策略为参与何种发展模式的乡村旅游，可以多重选择方式量化生计策略（社区主导＝1，政府主导＝2，外来资本主导＝3，多利益相关者主导＝4，其他＝5）；生计多样化指数和收入多样化指数也可以用来衡量多样化生计策略。生计多样化指数测算方法也存在多种类型，有的选择直接用农户家庭生计活动的种类数作为生计多样化指数，有的则选择用农户家庭生计活动的种类数与样本地农户所有生计活动种类数的比值进行测算。收入多样化指数一般用熵值法测算，通过对比区域收入结构与指定的参照对象来测算多样性。若生计策略进一步深入到乡村旅游投资数额、乡村旅游劳动力投入量与雇佣劳动力数量时，则可以将具体数字作为其量化标准。

4. 生计策略、生计结果与生计资本：乡村旅游高质量发展是否可持续的决定因素

乡村旅游高质量发展的可持续需要在不同生计策略下产生尽可能丰富的正向生计结果与尽可能匮乏的负向生计结果。鉴于乡村旅游多方利益相关者间相互关系的复杂性，可持续生计方法将专门立足于农户视角，对生计结果做出最直观判断。显然，农户生计资本将在生计结果的作用下不断加强或削弱，若能形成生计结果对生计资本源源不断的正向刺激作用，则可以形成乡村旅游发展的良好循环。因此，生计策略、生计结果及其反作用下的生计资本是乡村旅游发展是否可持续的决定因素。结合前文分析，可持续生计方法下的乡村旅游高质量发展的生计结果主要以农户主观评估为主，具体如表 4-5 所示。

表 4-5　乡村旅游生计结果评估指标

总项目	分项目	指　标	量化方法
正向效应	环境效应	你是否认为乡村旅游发展改善社区生态卫生环境	非常同意＝5，同意＝4，一般＝3，不同意＝2，非常不同意＝1
		你是否认为乡村旅游发展提高农户环境意识	非常同意＝5，同意＝4，一般＝3，不同意＝2，非常不同意＝1
	社会文化效应	你是否认为乡村旅游发展提高社区知名度	非常同意＝5，同意＝4，一般＝3，不同意＝2，非常不同意＝1
		你是否认为乡村旅游发展促进民俗文化保护	非常同意＝5，同意＝4，一般＝3，不同意＝2，非常不同意＝1
		你是否认为乡村旅游发展提高了农户素质	非常同意＝5，同意＝4，一般＝3，不同意＝2，非常不同意＝1

续表

总项目	分项目	指　标	量化方法
负向效应	经济效应	你是否认为乡村旅游发展导致贫富差距扩大	非常同意＝5，同意＝4，一般＝3，不同意＝2，非常不同意＝1
		你是否认为乡村旅游发展导致本地物价水平上升	非常同意＝5，同意＝4，一般＝3，不同意＝2，非常不同意＝1
	环境效应	你是否认为乡村旅游发展导致生态环境恶化	非常同意＝5，同意＝4，一般＝3，不同意＝2，非常不同意＝1
	社会文化效应	你是否认为乡村旅游发展导致村民关系恶化	非常同意＝5，同意＝4，一般＝3，不同意＝2，非常不同意＝1
		你是否认为乡村旅游发展导致农村传统文化受到冲击	非常同意＝5，同意＝4，一般＝3，不同意＝2，非常不同意＝1

八、可持续生计方法的未来研究方向与局限性

"可持续生计方法下的乡村旅游高质量发展"可以回答"乡村旅游高质量发展是否可以帮助农户生计可持续"这一微观层面的问题，当前这一类型的研究逐渐受到学者重视，一些针对不同旅游区域基于可持续生计的乡村旅游发展研究应运而生。"可持续生计方法下农户与其他利益相关者的相互关系"可以回答"某一地区的乡村旅游发展是否可持续"这一宏观层面的问题，当前这种立足于可持续生计方法，并同时兼顾多个利益相关者群体，并将这些利益群体有机纳入分析框架的宏观研究尚不多见，这可能是可持续生计方法在乡村旅游发展研究领域的未来可尝试的研究方向之一。

不可否认，可持续生计方法无论是用于贫困分析或是乡村旅游发展分析均具有良好的效果，无论是针对微观农户生计的可持续研究还是宏观地区发展的可持续研究均可有效实现。但这并不意味着这是一种完美的研究方法。可持续生计方法存在若干局限性，其中一部分局限性正源自其特色本身。首

先，可持续生计方法根植于各有差异的外部环境与农户内在特质，这使得研究在调研阶段需要消耗巨大的时间、财政与人力资源，从而致使目前基于可持续生计方法的乡村旅游研究大多因田野调查受限而仅局限于一个较小范围的村庄或旅游区，且以截面数据采集为主，面板数据相对缺失。其次，由于可持续生计方法的整体性研究思路，不可避免地存在信息爆炸现象，在面对大量信息时的研究入手点与侧重点选择可能会给研究带来困难。最后，对农户生计资本分析过程中可能存在变量难以量化或量化困难的问题，比如最典型的即为社会资本的衡量与比较的问题；另外，农户生计资本间可能存在显著相关性，这使得相关实证研究方法所需的变量间相互独立等基本假设受到冲击，这对实证分析中的模型构建与估计方法选取等提出了更高的要求。

除上述源自研究方法本身的局限性外，可持续生计方法还存在一些极易可能被忽视的局限性，即可持续生计方法实质上存在一些隐含假设，而这些隐含假设在包括乡村旅游在内的多数农业农村研究中可能均不成立。隐含假设一，农户是完全独立与完全理性的。农户的独立性表示其是完全私有的，是在同一住房单元下、共担家庭责任并共同承认一名成员为户主的个人或一群人。农户的完全独立与完全理性认为农户可以自行完成其最优化生计策略选择，然而在多数农村，农户间的相互影响、农村"能人"的带头作用等非独立、非理性决策存在较多，范围甚广，因此，农户的生计策略选择可能非常复杂，研究中不能忽视可能存在的非独立与非理性行为，甚至可能需要特别关注个别群体对区域内农户生计决策可能产生的积极或消极作用。隐含假设二，可持续生计方法中外部因素是外生给定的。为研究方便，可持续生计方法常常假设外部冲击是外生给定的，在此基础上，讨论这些外部冲击对农户的生计资本影响与生计策略选择，并最终探讨生计结果的可持续性。然而，在现实中，外部冲击可能并非外生给定，比如，上文所述的某些景区负面新闻盛行的"黑天鹅事件"可能具有其不可避免的内生性，即与农户本身受教育水平较低不无关系。因此，研究中对外部因素需做进一步梳理，甚至对某些非内生的外部冲击可能需要回归到内部本因研究。

第四节　乡村旅游高质量发展与其他利益相关者的相互关系

可持续生计方法的许多思想要素已经成为其他发展方法的核心，可以与其他方法相互补充、相互协调，不断丰富乡村旅游发展的研究思路与研究方法。从前文分析可知，基于可持续生计的乡村旅游发展研究始终坚持以农户为第一视角。然而由于乡村旅游利益相关者群体的复杂性，因此有必要审视这种始终坚持以农户为第一视角的研究方法下其他利益相关者群体在乡村旅游高质量发展中的相互关系。比如，其他利益相关者关注的核心是什么？与他们的利益核心相比，可持续生计思想有哪些共同点，又有哪些概念上的差距？是否可能将不同利益相关者在乡村旅游高质量发展研究中协调统一起来？

一、其他利益相关者对乡村旅游高质量发展的理解

1. 其他利益相关者类别

从供给层面来说，乡村旅游大致可分为三大利益相关者，分别为乡村旅游从业者，环境保护者与当地社区。乡村旅游从业者通过提供一系列乡村旅游服务，如乡村旅游设施和服务，以创造商机、获取就业机会来实现收入增长。对乡村旅游从业者而言，乡村旅游的持续高速增长以及由此带来的经济收益是乡村旅游高质量发展的重要保证。环境保护者旨在保护自然生态、历史文化、人文建筑等环境资源，对该群体而言，乡村旅游的高质量发展意味着旅游业的发展需要保证环境资源的可持续，或者换言之，至少旅游业发展与环境资源间需要保持某种平衡。当地社区群体的主要代表即是可持续生计方法关注的农户群体，此外，政府也是当地社区群体的重要组成部分。无

论是当地农户，抑或是政府，乡村旅游的高质量发展需要对经济、社会和生态等多个领域的可持续做出贡献。上述宏观层面不同利益相关者类别如图4-8所示。显而易见，各利益相关者间存在重叠部分，也就是说，可持续生计方法下的乡村旅游高质量发展可以保证包括农户在内的各利益相关者群体的利益。

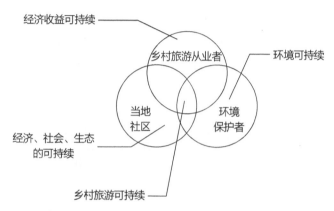

图4-8　乡村旅游供给层面的利益相关者群体

当然，需要说明的是，若从微观层面来说，乡村旅游不同利益相关者的划分可能更为细致，乡村旅游从业者、环境保护者与当地社区均包含了各种不同形式的组成部分。比如，单就作为旅游从业者之一的旅游企业来说，投资者、员工，甚至不同部门、岗位的员工均是其中各相关利益者。正如前述可持续生计方法下的乡村旅游发展研究，农户是否投资乡村旅游，是否雇佣乡村旅游劳动力，其利益诉求同样存在差异。

从需求层面而言，乡村旅游的利益相关者群体则相对简单，即为游客群体。若需进一步细化，游客可根据不同人口统计学特征对游客做分类研究。

2. 不同利益相关者界定及其对高质量的诉求

随着乡村旅游的发展，不同利益相关者对高质量的诉求也越来越趋向于多元化。乡村旅游作为一个强烈依赖生态环境的特定旅游区域，包含了包括生态追求在内的多种高质量诉求，这势必决定了不同利益主体之间的多样性和复杂性关系，甚至对于不同区域、不同认知水平的群体而言，其对高质量的诉求具有差异化表现形式。比如说，大多生态依赖型乡村旅游区中，各供给层面的利益相关者往往会兼顾个人利益与公共利益，努力在两者中寻求平衡，但有研究发现，喜马拉雅国家公园相关利益者中，当地农户对生态环境的重视程度明显不足，仅将经济利益作为其乡村旅游发展的唯一标准[①]。

乡村旅游利益相关者的多元化发展，使得当地农户、旅游公司、民宿、餐饮、当地政府、游客等均成为其中重要组成部分。此外，各利益相关者对乡村旅游的高质量发展要求也正在不断发生变化，比如，对区域内生态环境的要求正在从当地政府逐渐向管理部门、旅游企业直至当地农户延伸、扩展。不同利益相关者的身份界定及其对高质量乡村旅游的诉求可概括为如表4-6所示。

表4-6　不同利益相关者身份界定与对高质量的诉求

利益主体	身　份	对高质量的诉求
当地政府	乡村旅游资源所有者	利用当地生态、文化资源发展乡村旅游，且其利益可以在不同利益主体间合理分配，实现地区整体发展
管理部门	乡村旅游资源管理者	乡村旅游业获利能力提升，并不断保护、改善与之相关的生态环境与公共服务水平，提高乡村治理整体水平
旅游企业	乡村旅游资源开发者、经营者	乡村旅游的商业价值不断提升，当地社区与居民对乡村旅游的支持力度不断加大，实现旅游及其相关产业持续向好发展
当地居民	乡村旅游资源使用者、守护者	乡村旅游全面提升生活质量
游　客	乡村旅游资源享用者	对乡村旅游满意度的全面提高

不同利益相关者间相互关系

从表4-6中对各利益相关者身份的界定不难发现，这些利益相关者均

---

① Bansal S P, Jaswinder K. Ecotourism for community development: Astakeholder perspective in Great Himalayan National Park[J]. International Journal of Social Ecology and Sustainable Development, 2011, 2（2）: 31-40.

围绕乡村旅游资源进行行为决策，并进而影响乡村旅游高质量发展，且同时受其影响。图4-9显示了不同利益主体间相互关系。

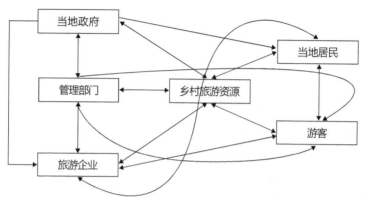

图4-9　不同利益相关者间相互关系

　　显然，所有利益相关者均在自身内在约束与外部环境影响下，围绕乡村旅游资源进行行为决策，并获得相关利益。比如前文所述的可持续生计视角下，农户进行的生计策略决策。

　　首先，从两个政府部分来看，同样作为政府部分的当地政府与乡村旅游管理部门间实质上存在权力博弈。当地政府作为乡村旅游资源的间接管理者，其着眼点更多立足于当地经济发展、社会稳定与人民生活福祉的全面提升。因此，当地政府对乡村旅游的高质量发展的追求可能更加趋向于宏观层面，可能会更专注于当地居民视角，而旅游企业的持续发展与游客满意度提升则是可持续发展的实现手段。

　　就管理部门而言，作为乡村旅游的直接管理机构，既要注重乡村旅游资源的保护，又要统一协调旅游企业、当地居民与游客等利益主体，既要保证各利益主体能充分享受到乡村旅游资源带来的收益，又需要在各利益主体间出现矛盾时做平衡、协调。因此，相对于当地政府，管理部门在不同利益主体交织而成的关系网中，扮演着更为微观、更为直接的角色，可能更需要兼顾其他利益相关者的共同利益。

　　其次，旅游企业作为乡村旅游的实际经营者，在得到相关管理部门或当地政府批准同意后，利用乡村旅游资源，投资开办如旅行社、民宿、餐饮等经营部门，并缴纳税款，这些税款经由当地政府或管理部门统筹规划后，为乡村旅游资源保护或改善提供直接或间接支持，以进一步保障、提升旅游企业的盈利水平。旅游企业对乡村旅游的高质量发展要求主要源自其对持续经济利益的追求，但不可避免地需要更关注游客群体，同时寻求当地农户对乡村旅游发展的正面支持。

再次，游客是乡村旅游的最终需求者，该利益主体对乡村旅游的发展要求，直接表现为旅游体验，换言之，游客视角的可持续乡村旅游包含享受乡村旅游资源的同时享受高效的旅游组织管理、优质的旅游服务、当地居民的热情。但是，与此同时，游客的乡村旅游行为也影响管理部门与旅游企业的行为决策，影响当地居民对乡村旅游发展的态度。

最后，当地农户作为旅游产品整体中的重要一环，是乡村旅游产业可持续发展不可或缺的组成部分，前文已对其做出详细分析，在此不再赘述。

总结而言，乡村旅游不同利益相关者间关系纷繁复杂，彼此间相互影响，相互制约。虽然不同利益相关者间对乡村旅游高质量发展的微观侧重点可能有所差异，但需要说明的是，唯有综合考虑各利益相关者的乡村旅游发展才是真正意义上的高质量发展。在这一可持续要求下，乡村旅游不仅可以保护生态资源，保护和传承自然与社会文化遗产，也可以满足不同利益相关者的需求，比如实现政府管理目标，为旅游企业、当地居民提供切实经济利益，为游客呈现良好的旅游企业，提高当地居民生活质量，等等。

二、乡村旅游高质量发展与地区发展战略

地区发展战略通常是政府这一利益相关者群体最为关注的内容，而乡村旅游的地区发展战略可能更多优先考虑减贫问题，主要通过政府参与协调相关进程，强调政府在乡村旅游发展中的主导地位，确保各利益相关者在人力、财力等各方面得到有效利用，最终借由乡村旅游发展解决宏观经济存在的其他问题与相关社会问题。地区发展战略是以农民减贫增收与生态环境改善为政策导向，将两者共同纳入一个连贯、整体的宏观经济研究

框架，而乡村旅游高质量发展是实现这一地区发展战略的手段之一。在地区发展战略层面的研究中，需要更多关注资源配置问题。多数地区层面的减贫战略、全面发展框架就属于这一范畴。

从目前乡村旅游发展现实来看，旨在减贫的乡村旅游发展与地区发展战略基本完全契合，因此本身源自减贫研究的可持续生计方法是地区发展战略研究的有益补充。乡村旅游发展的可持续说明其具有良好的减贫效果，可以有效解决区域内经济、社会问题，符合地区发展战略利益。可持续生计方法下的地区发展战略强调政府的强势作用，是政府主导下，农户全面参与的乡村旅游发展。同时，可持续生计方法下的乡村旅游可以有助于地区发展战略的实现。

可持续生计方法下对农户生计资本的分析，一方面可以保证农户最重要的生计资本免受侵害，另一方面可以深入了解贫困的根本原因，从而可以深入分析以乡村旅游发展减贫是否可行。可持续生计方法对生计环境，尤其是生计环境脆弱性的关注，加之对结构与制度变化的强调，可以确保乡村旅游发展过程中宏观层面上政府的有效干预，特别是在哪些环节干预以及如何干预。可持续生计方法下农户生计策略与生计结果的研究，是宏观政策对微观个体的影响研究，这使得对地区发展战略的政策评估更加具体。比如，乡村旅游发展是否可能存在贫困歧视，即真正贫困群体的受益机会与空间非常有限，若否，那么乡村旅游发展究竟多大程度上帮助缓解区域性贫困。

因此，可持续生计方法下的乡村旅游发展研究为地区发展战略制订提供了有效的诊断工具，用于识别帮助贫困人群的优先事项、干预乡村旅游发展的优先次序以及客观评估以乡村旅游作为生计策略的脱贫效果。

三、乡村旅游高质量发展与乡村整体治理

乡村治理是一个整体性概念，通常是政府，特别是当地管理部门这一利益相关者群体关注的内容。乡村治理需要对当地农户负责，保证相关信息的透明度，在更为公平、更为法治、更为民主的前提下，为农户提供各

项普遍性乡村服务，使乡村有序运行。乡村旅游的发展需要有更为有序的乡村治理形式，同时也可以促进乡村整体治理水平的提高。

从目前乡村旅游发展状况来说，乡村旅游的发展催生了以农户为主体的新型形态——社区，社区作为农户的利益代表，在多种乡村旅游发展模式中扮演了举足轻重的作用。社区一方面向其他利益相关者群体寻求乡村旅游高质量发展的要素支持，另一方面在内部合理配置资源，充分保证不同农户的利益诉求。这种强调农户参与，考虑农户福利公平与公正，从而引导乡村和谐共享发展的社区形态大大提高了乡村整体治理水平。可持续生计方法下的乡村旅游高质量发展同样有利于提升乡村整体治理水平。

可持续生计方法中对于生计资本的分析明确了农户在乡村旅游发展中存在异质性，这种异质性的存在有利于乡村治理过程中政策的执行与响应，从而确保乡村旅游高质量发展过程与社区乡村治理形成协同效应。可持续生计方法强调尽可能改善生计环境的脆弱性，而乡村整体过程中对农户个体利益的保障、相关制度的制订等都可以在提升农户幸福感与获得感的基础上，尽可能削弱生计环境脆弱性对农户发展乡村旅游的负面影响。

因此，乡村旅游的高质量发展，可以有效利用社区提升乡村治理水平。这与可持续生计方法的以人为本不谋而合。在这种可持续生计方法下乡村治理立足农户，保证多方参与和多部门的互动配合。

四、乡村旅游高质量发展与旅游产业发展

旅游及其相关产业的不断发展是旅游企业这一利益相关者对乡村旅游可持续的最主要要求，只有不断向好发展的旅游及其相关产业才能保证旅游企业在较长时间内获得比较稳定的收益。乡村旅游产业服务标准落后、交易成本过高、营销绩效不佳、缺少必要支持等都会影响旅游及其相关产业发展。

乡村旅游的高质量实际上是一个促成旅游业及其相关产业发展的整体工作机制，旅游企业需要一个稳定、有利的宏观环境，透明、高效的政府管理机构与和谐、共享的当地农户，可持续生计方法下的乡村旅游高质量

发展正是将这些保证其利润率的因素整合在一起，使得这一工作机制更为有序，也更易发现薄弱环节以进行整改。

可持续生计方法对生计环境和生计资本的研究可以使得旅游企业打造最适合当地乡村旅游资源特色与农户特色的旅游产品，找到旅游产品质量不佳的根源，比如服务标准落后是否源自农户人力资本不足，并就此提出针对性改善措施。可持续生计方法使得不同类型的农户参与生计策略选择，农户可能出现的多元化生计策略选择使得旅游企业为获取农户支持而需要提供配套策略，这种自下而上的决策过程使得区域内乡村旅游产业在发展最初期就可以获得农户的支持。可持续生计方法对生计结果的量化评估使得旅游企业易于从乡村旅游供给者视角发现限制其利润水平的原因，并适时做出修正，以获得农户对乡村旅游高质量发展的最大支持。

因此，唯有高质量发展的乡村旅游才能保证旅游企业拥有长期、稳定的利润水平。可持续生计方法下的乡村旅游发展帮助旅游企业在旅游产品设计之初就能适应当地环境特质，自下而上地获得农户长期支持，从而保证旅游及其相关产业的持续发展。

五、乡村旅游高质量发展与乡村旅游满意度

乡村旅游满意度是乡村旅游发展中游客这一利益相关者群体的最大关注点，与上述乡村旅游利益相关者群体相比，游客的高质量诉求最为简单，旅游满意度较高决定其是否愿意重游，是否愿意推荐给他人再游。乡村旅游满意度越高，发展质量越强。

乡村旅游满意度一般体现在服务设施、服务质量、生态环境、旅游产品、产品价格等多个方面，不同游客个体特征可能对满意度的关注点各有不同，差异化旅游满意度进一步决定其旅游行为。显然，高质量乡村旅游最终需要归结到提升游客满意度这一核心问题上来，换言之，上文所述其他利益相关者群体的诉求本质上均建立在游客旅游满意度提升这一根源上。可持续生计方法下的乡村旅游始终强调农户视角，从表面来看，似乎与旅游满意度存在偏差，但是实质上已经将其纳入整体研究框架。

可持续生计方法中生计环境趋势效应中的同质化特征分析与突发性"黑天鹅事件"的分析实质上都将视角转移到了乡村旅游需求层面,而趋势效应中的乡村旅游需求与季节性事件中的游客波动某种程度上体现了旅游满意度的最终结果。

因此,游客视角的乡村旅游满意度研究是可持续生计方法下生计环境的重要组成部分,是农户在考虑需求因素后实现乡村旅游高质量发展的外在要素之一。

综上所述,乡村旅游发展涉及的利益相关者群体较多,但是可持续生计方法下的乡村旅游高质量发展研究实际上将这些群体都纳入其中。虽然可持续生计方法下的乡村旅游研究强调农户生计可持续,但是必须承认,农户生计的可持续与政府地区发展战略、当地管理部门的乡村治理、旅游企业的产业发展以及游客的满意度提升本质上是密不可分的,因此,可持续生计方法是研究乡村旅游高质量发展的最有效工具之一。

第五章

乡村旅游高质量发展与农户受益机制

　　发展乡村旅游，就是依托广大农村地区天然优势来发展乡村旅游业，让山更绿、让水更清、让村民更富有。城乡一体化发展进程不断加速的背景下，农业发展为各行各业持续发展提供了多方面的支持，发展乡村生态休闲旅游也就是利用农村要素资源在乡村地区展开的各种各样的旅游形式。因此，在三次产业结构转型升级、农业农村生产消费结构调整的带动下，乡村旅游产业顺势得到长足兴旺发展，带动了农业、农村、农民等不同层面的发展效应。乡村旅游兴村富民效应的发挥，就是要加快农村经济结构调整，充分发挥农村优势资源效应，大力发展富有地方特色的乡村生态文化旅游项目，用乡村生态文化旅游发展形成的产业融合带动农业及其他产业发展，增加乡村旅游领域的就业岗位，解决广大农村的富余人口的潜在失业难题，开创乡村旅游的兴村富民的发展新道路。在乡村振兴战略背景下，不断激发农村的资源优势，盘活农村经济的路径就是大力发展乡村旅游，它为"三农"问题的解决开辟了光明道路。本章将继续深入探讨如何推动新兴农业产业功能、乡村功能与乡村旅游业的有效融合，以达到促进农村经济发展、农民增收持续增加的目的。

第一节　不同地域不同发展模式的乡村旅游发展的兴村富民效应的理论探讨

一、乡村旅游发展不同经营管理模式的兴村富民效应探讨

　　乡村生态休闲旅游的发展，需要因地制宜地开展模式多样的乡村旅游发展项目，必须坚持环境生态兴村、传统文化兴村、旅游发展兴村，通过整合各类资源，集聚乡村旅游发展所需的人、财、物，通过完善乡村旅游基础设施和旅游项目，打造各具特色的乡村旅游发展模式。乡村旅游的发展，通过改善禀赋各具特色的村庄的基础设施，聚集乡村旅游发展要素，

深度挖掘特色村庄的文化价值与生态价值，在优化发展乡村产业结构的框架下尽保乡村生态之美，挖掘地方传统文化之深，让乡村生态休闲旅游在提升村集体经济效益的同时也有助于农民非农收入增长，不断提高旅游地农户参与乡村旅游发展的收入水平，达到兴村富民的双赢效应。

综观现有乡村生态休闲旅游发展模式，从参与乡村旅游经营管理层面可以将乡村生态休闲旅游的发展模式概括为：政府主导的乡村旅游、乡村组织的乡村旅游、景区带动的乡村旅游、农旅结合的乡村旅游、公司+农户的乡村旅游、政府+公司+旅行社+乡村旅游协会的乡村旅游、社区+农户的乡村旅游、公司制的乡村旅游、股份制的乡村旅游等。现有经营管理层面划分的乡村旅游模式，各有优缺点，目前市场化运作的乡村旅游发展项目和政府主导的乡村旅游管理模式业已成为各地乡村旅游发展的两大样板。

就目前有政府参与的乡村旅游模式而言，大多数都采用农村集体以集体资产折算入股而形成农村集体参与发展。进而农村集体组织所拥有的土地等各类资源入股投资发展各类乡村旅游项目，整合利用各类扶贫专项资金和"三农"发展专项，在做好涉农基础设施建设的基础上大力发展乡村旅游。有农村集体资产参与的乡村旅游发展，不仅能够在一定程度上确保农村集体资产的增值保值，也能在一定程度上通过挖掘乡村旅游资源，带动农村经济发展，利用本村及周边村落资源，使农民实现脱贫致富奔小康。

二、乡村旅游发展的资源模式的兴村富民效应探讨

乡村振兴战略背景下，乡村产业结构出现了较大调整，农村地区三产结构出现了调整，乡村旅游如雨后春笋一般遍地开花。然而并不是所有的乡村地区都适宜发展乡村旅游，乡村旅游不能一味地跟风发展。

乡村旅游的健康可持续发展，需要天时地利人和等多方资源的集聚。这就需要发展乡村旅游的地区具备一定的发展区位优势和优质自然资源优势。现有的乡村旅游发展较好、兴村富民效应持续较长的样板村落，在发展乡村旅游的资源上独占优势。从现有各地区的乡村旅游发展的成功经验来看，

能够适宜发展乡村旅游需要具备以下几个条件：一是乡村旅游所属的区域要紧靠大中型城市，要做大中型城市的后花园，要辐射汽车车程在两至三个小时之内的周边大都市，形成都市型的乡村旅游，为大中型城市的居民提供周末、年假的休憩地。二是兴村旅游的发展要紧靠现有成熟景区，无形中受到成熟景区的辐射，在成熟景区发展的基础上提供互补互替的旅游项目，可以错位发展，提升整个地区的旅游体验度。三是发展乡村旅游的地区要具有良好的独具地域特色的古村落、优良的农村村容风貌、现代化的高科技设施农业、独具特色的地域民情风俗、各种地方特色的传统节日等旅游资源，同时发展兴村旅游的地区还要有基本合理的农业生产结构，自然生态环境要优美。基于此，结合现有研究，将按照不同乡村旅游的资源模式探讨兴村富民效应的传导机制。

（一）乡村旅游的村落民居旅游开发模式的兴村富民效应

村落民居旅游的开发模式，主要指依托独具特色的古村寨或地域民居群落的乡村古村落民居建筑，吸引大量外来游客观光体验的旅游发展模式。不同地域不同民族的传统习俗各异，各地区各民族的民居老宅风格造型多样，都极具观赏旅游价值。但一直以来，随着乡村空心化程度不断加深，留守乡村的居民越来越少，青壮年劳动力都已离开原来生活的村落，大量乡村房屋空置浪费。现有的古村落古民居大多历经岁月，多数是50年以上的老宅，部分古建筑可能已有上百年，部分破损很严重，对这些古建筑古民居修复利用可能需要大量资金投入。如何将古村落、古民居等闲置资源利用开发起来受到众多因素的制约，对于这些闲置资源如何发挥其应有的价值，发展乡村旅游是解决路径之一。散落在乡村中的各类古村落、古民居具有一定的历史文化价值，要实现其发展，使其延续历史文化，就必须走创新发展模式，必须走资源开发与保护并重的可持续发展之路。

基于古村落古民居开发模式的乡村旅游，就是要基于现有资源模式，整合各类要素投入，理顺产权关系，做到在开发与保护中提升其价值，达到兴村富民的双重效应。目前常见的此类旅游开发模式有：原社区居民参与型、古民居新用型、新旧民居置换型等。

原社区居民参与型，就是让原居民及所在社区一起发展乡村旅游，成为乡村旅游的直接参与者，成为乡村旅游直接的受益者。古村落古民居的活力在于历史文化的传承，只有让游客看到、了解到原生态的古村落古民居的生产生活状况，才能使古村落古民居散发出生机活力。

古民居新用型，就是在修复整理老宅老民居的基础上，改变修缮后民间老宅的用途，展现其新功能，可以将其改造成为古色古香的客栈，也可以结合当地其他资源将其作为主题餐馆、茶馆等。在发展此类乡村旅游时，原居民是直接的参与者，能够从参与中获得较多的较直接的收益，村集体通过组织、出租相关资源也能够获得一定收益，从而达到兴村富民效应。

新旧民居置换型，就是将原有居民全部迁徙出来，然后将古民居古宅整体出租给专有群体使用，实现其独特的文化传统价值。古村落古民居的形成，融合了当时特定的地域传统文化、独具魅力传统艺术和鲜明时代特征等，部分建筑还具有较高的美学价值和一定的民间传统艺术价值。因此发展此类乡村旅游开发，就是充分利用古村落古宅的传统文化优势，形成独具特色的文化创作空间和历史文化街区，吸引部分有创作需求的艺术家、摄影家、作家等特定人群到乡村中驻足、定居或暂住，在身临其境中激发他们的灵感，从而整体提升古村落、古民居的文化层次，进一步吸引外来游客前来参观体验，形成区域特色。此类乡村旅游发展模式中，兴村富民效应主要来自相关资源的出租租金收入，也可以来自为这些外来特定人群服务的收入。

（二）乡村旅游的民俗风情旅游开发模式的兴村富民效应

乡村旅游的民俗风情旅游模式，一般指以不同地域乡村的传统风土人情、民俗文化为旅游资源，吸引游客体验参与的乡村旅游发展模式。此类乡村旅游模式能够充分带动所在社区的广大农民参与，能够使其通过参与多式多样的民俗风情展示获得相应的劳务报酬，增加其收入水平。因此此类乡村旅游发展需要充分突显不同地域的乡村淳朴衣食住行、当地婚丧嫁娶习俗、时节时令风俗文化、地域独特信仰崇拜等原汁原味的乡土风情文化和独具特色的地域民俗文化。

此类乡村旅游发展模式需要相关村集体对乡村旅游设施做出宏观上的规划，充分利用现有资源，不断创新改造，展现乡村旅游独特形象，强化乡村旅游的乡土特色，提炼乡土元素进行公共设施的装饰改造，将独具特色的乡土韵味在乡村旅游中做到极致全面表达，进而构建具有地方特色的浓郁乡土风情的基础设施经营体系，为乡村旅游的发展提供硬性条件。

同时村集体还要在发展此类乡村旅游时，深入凝练当地的民俗风情。村集体可以挖掘整理规划一些具有浓厚乡土气息的游春、庙会、歌会等民俗节庆，也可以适度恢复乡村流传已久的传统的铁匠铺、棉花弹制铺、竹刻根雕铺等传统乡村手工制作作坊，为游客提供适度体验制作的场所，使游客通过亲自体验农业生产各类活动，与农民"同甘共苦"地吃住在一起，体会乡村真实生活，亲临农业生产第一线，接触真实可见的农业生产环节，感受丰富多样的农耕文化和富有地域特色的乡土风俗气息。同时整理凝练出能够即兴展示的项目，能够在乡村找到能从事该类项目的表演者，进而整合当地的独特文化风俗资源，发展当地乡村旅游，以兴村带动富民。此类乡村旅游模式主要是深度挖掘传统农耕文化，充分利用乡村特有的农耕技艺，展示独特的农耕用具，结合当地独有的农耕节气风俗，利用乡村不同民族的乡村居住饮食民俗、不同民族的礼仪服饰民俗、不同民族的节庆游艺民俗等传统民俗特色，充分利用好当地乡村民俗歌舞、民间表演技艺、民间曲艺等，开展丰富多样的农业传统文化风俗旅和乡村民俗文化游，增加乡村旅游的可参与性，丰富乡村旅游传统文化内涵。

（三）乡村旅游的生态旅游开发模式的兴村富民效应

乡村旅游的生态旅游模式，就是以环境优美的乡野田园、森林草原、湖泊山坡、渔港沙滩等生态自然环境吸引广大游客的光临参与，把旅游和体验种类繁多的乡村农业生产活动结合起来，让广大游客既放松了心情，又能在一定程度上了解乡村农业生产。目前常见的乡村生态旅游开发模式通常以轮种的麦田稻田、放牧骑马的大草原、柔软的沙滩与物产丰富的渔港等为自然特色资源，使乡村绿色生态与农业生产生活相衔接，让乡村旅游与休闲体验相结合。乡村旅游的独特性在于其依托乡村自然生态优美的乡野风景、舒适怡人的自然风光和环保生态的绿色环境，结合当地特色田园景观造型、自然生态资源特色和独具特色的传统民俗文化，开发竹海游、梯田游、草原游、露宿游等不同特色的乡村生态旅游。

村集体在参与生态旅游开发模式时，可以通过兴建一些公众休闲娱乐基础设施，为来乡村旅游的游客提供整洁舒适的休憩、餐饮等公共服务，通过这些服务的提供获得相应的经营性收入。村集体也可以利用其拥有的各类独特的生态自然景观和种类丰富的野生动、植物资源等，发展乡村度假休闲酒店，开展旅游观光等，留住游客，让游客与大自然有更多时间近距离亲密接触，尽享绿色生态的自然优美风光。

绿色生态乡村旅游具有发展的巨大潜力，可以为兴村富民效应的持久发挥提供动力源泉。再普通不过的农村自然生态景观、自然淳朴的生活习俗，对于生活在钢筋铁笼中的都市人都有天然的吸引力，绿色生态环保的乡村景致令都市人向往，乡村旅游可以更好满足都市人的需求，进而一些都市边缘区的乡村可以抓住此类需求，大力发展绿色生态乡村旅游。返璞归真是都市人闲暇时的心理追求，淳朴的乡村日常生产、生活状态正好体现出令人向往的悠然宁静、纯天然与真实朴素，正好迎合了都市人逃避工作日的心理需求。都市人亟须在闲暇时能够放下一切，逃避喧嚣繁华枯燥的都市生活，寻找一片净土，使身心回归自然，感悟人生价值，获得身心的放松。村集体在发展此类乡村旅游时，可以更多关注自然山水绿色资源的吸附作用，大力发展设施齐备、整洁舒适的乡村休闲度假游。村集体也可以其所拥有的独特田园山村景观、丰富绿色有机农产品等资源为依托，通过优质资源与服务，为都市游客提供良好的休闲观光产品，让都市游客在接触大自然的同时放飞自我，实现乡村旅游的独有价值。

村集体需要在发展此类旅游时，注重提供让都市游客参与的机会，通过亲临乡村农业生产生活，让都市游客能够获得不同于他们工作日的日常生活状态的休闲与身心放松。村集体应该深入调研都市游客的主客观需求，能够为他们提供个性化的乡村旅游的深度参与方式，获得都市游客的认同。都市游客来乡村的目的是在闲致的乡郊野趣中获得心情的愉悦，在亲身体验农事田园中获得悠然自得的存在感，在良好的生态环境中赏心悦目、怡神养性，从而对乡村旅游产生高度认同。这些都取决于乡村旅游能否具有高度参与性、深入融合性和亲密接触性，乡村旅游规划时就要通过相关设施、相关景致等满足都市游客的需求。村集体在发展乡村旅游时，就需要时刻关注乡村旅游需求的微变，乡村旅游产品的深度开发挖掘应该紧紧围绕都市游客的乡村旅游需求特征，在总体规划和实际旅游产品上努力创造都市人想要的自然绿色环境氛围。村集体还需要融合地方特色元素，挖掘那些参与性较强又具有显著地域乡土风情的地方生活娱乐习俗，为都市游客创造"身临其境"的深入体验机会，让都市人短暂融入乡情故土，融入淳朴乡村生活，让他们来一次忘不了，以后还会常来。

生态绿色乡村旅游最大的吸引力在于能让游客得到身心的愉悦，能让都市游客最大限度感悟、亲近、回归大自然，因此村集体在规划建设乡村旅游基础设施时，利用农村优美的生态自然景观开展各类旅游项目，首先要满足游客体验农村家庭生产生活的需求，让游客在游览观光中不知不觉地体验人与自然的和谐共生，进而身心放松，获得大自然赋予的馈赠。村集体需要对参与乡村旅游的资源进行统一开发、运营、管理和推广，着重解决乡村旅游的服务等级标准、乡村旅游项目建设等问题，将村集体与村民捆绑在一起发展乡村旅游，共同分享收益，分摊风险，实现兴村富民。

第二节　乡村旅游发展中的多方利益联结机制

探索乡村生态休闲旅游推广发展模式，完善旅游参与者的利益联结与分享机制，让旅游地农民更好分享乡村生态休闲旅游发展经济红利。通过构建多方利用共享与联结机制，让农民参与乡村旅游发展，并从中获得利益改善，乡村生态休闲旅游的综合效应才能最大化发挥，让旅游地农户深入融合进旅游发展的产业链与价值链才最有价值和意义。探讨利益联结的不同模式，有效发挥参与主体各自的生态资源、资金、管理经验等优势和特长，从而实现投入多种资源的最优化利用，最大化发挥乡村旅游效益倍增乘数效应，最终实现村富民强，外来投资者也能通过提供资金与管理开发经验获得相对合理的投资回报，在乡村旅游发展中不断改进基础设施建设，最终形成山清水秀的环境，实现多方共赢共生共存的生态发展格局。

一、多方利益联结机制的政策保障

2014—2019 年，中办、国办多次发布系列指导意见，诸如《关于引导农村土地经营权有序流转发展农业适度规模的意见》《关于加快构建政策体系培育新型农业经营主体的意见》《关于促进小农户与现代农业发展有机衔接的意见》等。系列指导意见明确要支持农业企业与农户、农民合作社建立紧密的利益联结机制，实行合理分工、互利共赢。要通过完善订单带动、利润返还、股份合作等新型农业经营主体与农民的利益联结机制，让农民成为现代农业发展的参与者、受益者，防止被挤出、受损害。与此同时鼓励龙头企业通过农户＋公司、农户＋公司＋农民合作社等方式，延长产业链、保障供应链、完善利益链、将小农户纳入现代农业产业体系，探索实行农民负盈不负亏的分配机制，鼓励和支持与小农户形成稳定的利益共同体。就农户参与农业产业化经营而言，2018 年，农业农村部会同多部门联合印发《关于开展土地经营权入股发展农业产业化经营试点的指导意见》，从而明确了土地经营权入股农业产业化经营的方式和途径，指导各地引导新型经营主体与小农户建立利益联结机制，因地制宜推广"订单收购＋分红""土地流转＋优先雇用＋社会保障""农民入股＋保底收益＋按股分红"等多种利益联结方式。

2018 年中央一号文件要求，加快制定鼓励引导工商资本参与乡村振兴的指导意见，落实和完善融资贷款、配套设施建设补助、税费减免、用地等扶持政策，明确政策边界，保护好农民利益。2019 年，国务院制定《关于促进乡村产业振兴的指导意见》，明确要求有序引导工商资本下乡；坚持互惠互利，优化营商环境，引导工商资本到乡村投资兴办农民参与度高、受益面广的乡村产业，支持发展适合规模化集约化经营的种养业；支持企业到贫困地区和其他经济欠发达地区吸纳农民就业、开展职业培训和就业服务等。

二、乡村旅游发展中的多方利益联结模式

创新农民利益联结机制，在每一个环节都需尊重农民主体地位，以三共模式——共建、共创、共享创新农民利益联结机制。建立健全乡村生态休闲旅游发展中多元利益主体的利益联结与分享机制，让旅游地农民通过提供劳务或其他要素资源从而更好分享乡村旅游发展的经济红利，提高旅游地农民参与乡村旅游发展的获得感。在乡村生态旅游发展中，充分遵循"绿水青山就是金山银山"理念，不断探索将绿色生态资源变成乡村发展不可再生的资产，实现"资源变资产、资金变股金、农民变股东"的"三变"改革新途径。在"三变"改革制度框架内引导乡村旅游发生地的村集体和农民利用集体和个人资金、土地、技术等要素入股各类乡村生态旅游发展合作社或乡村旅游企业等，获得资源要素的持久收益，在确保村集体和农民利益不受损的前提下鼓励乡村旅游企业实行保底分配所获收益。大力支持贫困地区依据自身特色发展乡村旅游项目，充分挖掘当地资源要素实施一批以既有乡村民宿等资源的改造提档升级为核心的乡村生产休闲旅游扶贫开发准公益项目，积极引导各类农户尤其是生活贫困的低收入农户对闲置破旧房屋进行改造，充分依据当地特色资源优势指导乡村旅游发展地建立高效旅游发展的减贫稳收机制，在明晰各类资源资产的产权基础上将收益分配适当向低收入群体尤其是刚脱贫群众倾斜。

支持生态资源良好的农村地区的外出务工和求学人员回乡创业，积极参与当地乡村旅游经营和服务，用已有经验升级本地乡村旅游经营管理水平。通过税费减免方式大力支持乡村旅游投资企业优先吸纳本地村民就业，通过多方资源共享共生的联合营销等开发模式共同拓展乡村旅游市场的"乡村旅游旅行社带动村集体与村民发展"的和谐共生模式。依托各类大景区建设产生的规模外溢效应，将散落的零星乡村旅游点布局在景区周边，不断推进3A级以上景区辐射带动村落的经济发展，形成乡村发展与景区和谐共生、共享共惠的"景区带村"开发模式。乡村旅游发展急需懂经营、善管理的各类经营管理人才，通过大力吸纳本地及返乡能人投资各类乡村旅

游项目，以吸纳本地农户剩余劳动力在家门口就业，依托乡村旅游发展项目抓住各类创业机会，形成"能人带户"的农民增收致富新模式。激励生态资源良好的地区发挥生态资源优势，积极探索利益联结共享机制、互利共赢，不断壮大本地农业农村优势企业，通过优势企业带动帮扶乡村旅游发展，吸纳旅游地农户参与经营或管理的"公司＋农户"共惠发展模式。

三、乡村旅游发展中的多方利益联结实践

（一）基于"党支部＋旅游公司"的利益联结模式

完善利益联结机制，注重农民受益，在乡村旅游发展中要突出重点，做好乡村旅游聚集地区旅游利益联结工作。

山东日照市大槐树村由党支部牵头，成立全市首家村级乡村旅游开发公司，利用本村丰富的林果资源、旅游资源，打造田园综合体，变"单打独斗"为"集体作战"，实现农民增收致富，发展壮大村集体经济。推动村镇发掘资源生态优势，实行整村连片开发推进，培育壮大农村主导优势支柱产业。通过乡村旅游开发建设的专业村规模经济的带动辐射效应，实现优势主导村里带动周边多个村协调发展，将乡村旅游开发由点到面多村连片推进，促进乡村旅游优势产业集群，发挥产业集聚的溢出效应，带动整个区域相关旅游产业的配套产业融合发展，从吃住行等多个层面延长乡村旅游发展的产业链，将生态良好的资源优势转变成乡村旅游发展的产业优势，通过乡村旅游发展将生态资源优势转化为巨大的经济红利，既保证了绿水青山，也获得了金山银山。大槐树村形成了以大槐树生态度假庄园为核心，以睡虎山火神庙、百虎园、绿色田园度假屋等一批旅游设施为支撑的旅游综合体，不断创新乡村游发展模式，提出了"党支部＋旅游公司"的经营理念，带领村民致富的同时，也让"大槐树"的招牌更加响亮。

在党支部带领下，加强对当地具有一定历史价值的历史文化街区、古建筑、古民居、古祠堂的保护利用开发，充分彰显独具特色的地域农村文化风俗底蕴。通过相关法规条例的完善让乡村生态休闲旅游的开发经营管

理有法可依，对乡村民宿、土菜馆、观光休闲农业设施等进行科学分类指导并制定行业发展标准，对发展具有一定规模的各类农家乐实行动态星级评定管理。增强乡村旅游体验功能，差异化制定发展规划，突出当地文化风俗特色，防止乡村旅游业态与产品的过度同质化，不断优化各类乡村旅游休闲项目。农民资源变资产，通过转让资产使用权，如宅基地使用权、闲置房屋使用权、农用地使用权等，获取固定租金。将农民纳入合作社，并使其参与分红。农民股金来源可以是宅基地使用权、农用地使用权、补贴资金、现金等多种形式。开创性利用乡村特色生态资源与各类要素，根据资源用途开发富含文化传承、生态保护等多种功能的生态乡村旅游项目，做大做强优势涉农产业项目，通过调整农村三产结构，充分挖掘农业内部可持续发展潜力。在农业主导产业转型发展的前提下大幅提升农业生产的综合附加值，在确保农产品稳固供给水平的基础上大力发展乡村生态优势旅游等涉农新兴产业，多渠道创造就业岗位，尽可能提升乡村旅游产业的就业吸纳能力，打造形成农业增效、农民增收的新局面与新渠道。"党支部＋旅游公司"的发展模式，给大槐树村的乡村游发展提供了总体规划，依托现有的盘龙河与睡虎山，大槐树村还将在周边打造朱雀山、玄武山等旅游景点，形成一个集餐饮住宿、休闲娱乐、度假养生等多元化于一体的生态旅游综合区。

（二）基于农村"三权分置"改革的利益联结模式

开展乡村生态休闲旅游，应充分挖掘农村优良的生态优势，依托农业农村发展。旅游产品与服务的供给主体为生活在农村的农民，消费主体是乡村旅游开发地的城市居民，通过资金注入农村优良生态资源将城乡两头发展串联在一起，乡村旅游发展在传统农业发展的基础上高度融合农业三产，将多方利益联结在乡村旅游发展地，使带动农民增收与村集体实力提升的综合效益突出。通过共享共生共治的利益联结体制，旅游地农民参与乡村旅游发展获得较传统农业生产经营更多的经济效应，愿意并主动参与到乡村旅游发展中，投入更多资源要素推动乡村旅游持久化发展。良性循环发展的乡村可持续发展必须让农民参与并分享乡村建设的红利，多路径调动乡村旅游所在地的农民的参与积极性，使他们主动参与到乡村旅游的发展中。结合当地特色资源创造设计旅游产品与线路，乡村旅游地农民才能从乡村旅游发展中获得真正收益。河南栾川重渡沟风景区，基于"三权分置"改革模式，用好乡土元素，突破传统产业，发展乡村旅游，利用乡土文化根基发挥纽带作用。农民正在不断融入乡村生态休闲旅游产业发展，投入资金改善乡村旅游基础设施的农户在乡村旅游蓬勃发展中成为最直接的受益者，按照投入资源比例分享乡村旅游效益，乡村旅游收入逐渐成为该地农民收入主要来源之一。山西晋城皇城村各类资源种类繁多，多视角开发利用其特定要素，通过科学管理模式配置各类资源要素。该村通过兴办皇城相府集团等众多村办企业，在乡村休闲生态旅游、新能源、新农业等众多产业上皆有布局，但为确保农民根本利益不受损害，村集体参与每一个产业的生产经营，其中村委领导的科学决策与专业化、高水平的运营团队打下了乡村产业健康有序发展的基础。

重庆彭水太原镇通过"龙头企业＋村集体经济＋农户"的方式建立健全产业与农户的利益联结机制带动农户增收，完善新型农业经营主体与贫困户联动发展的利益联结机制，积极推广股份合作、订单帮扶、保底分红、产品代销等带贫益贫机制。太原镇以农村"三权分置"中的经营权为抓手，着力构建乡村旅游发展利益联结机制，把农民从零散地块里解放出来，使其在土地流转、就近务工、综合服务、收益分红等多个集体经济发展方面稳定增收，增强贫困村、贫困户自身造血功能。以现有村镇现有各类要素为基础，重新整合村镇所拥有的各类资源，将零散资源整合在村集体托管中，形成整村连点成片的整体开发经营模式。努力克服规模小、抗风险能力差的单打独斗模式，通过规模生产、标准经验、集约管理等方式，打造富有地域特色的各类优势涉农产业与品牌，升级优化涉农主导产业，在确保粮食安全的基础上通过各类资源开发利用壮大农村集体经济实力，同时带动低收入群体的农民不断扩大收入来源，帮助其增收致富。通过引进行业龙头企业（涉旅企业）参与市场开发、产品包装和经营管理，整合农村闲置资源、闲散资金和劳动力等要素，形成"政府＋企业＋合作社（基地）＋农户"的利益联结模式，实现了资源变资产、资金变股金、农民变股东的转变。

围绕乡村涉农基础产业，深度开发主导产业，围绕生态绿色、农旅融合等综合开发各类以农为主、其他产业互为补充的各类生态休闲、观光农业等多种业态共存共荣的新农村发展格局。在农业稳固发展的基础上，通过涉农产业链延展，强化各类相邻产业的生产配套，激发各类生产要素带动村集体经济强劲有活力，使生态富裕的经济薄弱村的综合经济实力不断增强。村庄建设上，与农民自用相结合，解决乡村旅游普遍面临的淡季旅游设施闲置的问题。产业选择上，根据农民原有的产业传统，嫁接新技术，面向新市场，打造具有当地文化的特色产业。太原镇在乡村旅游发展这条线上，本着"狠抓乡村旅游促脱贫攻坚"这一理念，做大做强乡村旅游，进一步带动群众吃上"旅游饭"。太原镇经过多年规划和努力，力争将碧水清泉创建为国家 3A 级景区，把碧水清泉推向全市、推向全国，吸引各地游客前往太原观光旅游，进而通过乡村旅游的提质增效，带动当地餐饮、住宿、农产品销售等各行业的发展，促进当地群众特别是贫困户的增收致富。

（三）基于"互联网＋"的利益联结模式

四川省基于本省发展特色，多措并举，推动农村地区的乡村旅游发展，结合当地农村发展实际创造性提出了基于"互联网＋"的乡村旅游利益联结保障模式，发展多种乡村旅游经营模式。"互联网＋民宿"的乡村旅游发展模式：四川省基于民宿经济大发展的历史机遇，为发挥乡村旅游资源中的农村闲置房屋资源的作用，抢抓民宿难得的发展时机，充分动员闲置房屋的所有者依法合规改造原有老旧房屋，体现当地特色，并制定相关民宿发展标准，通过政策激励和考核鼓励农户创建"乡村民宿达标户"，借助互联网平台，统一对外宣传，大力发展非标住宿的民宿产业，整体统一经营管理，避免低水平排斥竞争，扩大民宿经营规模，实现民宿发展的利益最大化，打造独具特色的互联化民宿展示和订租平台，强调标准化服务，推出互联网＋民宿产品和服务，强化地域品牌塑造，推动乡村旅游发展中的边缘化农户变身为乡村旅游发展直接参与者，强化乡村旅游发展主体意识，创造条件让更多农户参与到乡村民宿发展中，充分分享乡村民宿带来的巨大无形收益，最终分享乡村旅游发展的利益，形成独具特色的乡村旅游利益联结模式。

"互联网＋合作社＋农户"的乡村旅游发展模式：为解决农户资源、信息等要素不充沛的乡村旅游市场发展难题，通过"互联网＋"大力推进乡村旅游多方参与合作社的普及、推广和各类政策支持，提高乡村旅游发展中的市场经营主体的组织化程度，提高零散农户参与乡村生态休闲旅游市场发展的决策权与话语权。充分依靠"互联网＋合作社＋农户"利益联结保障工作模式，加强对乡村旅游发展中的农户多层面培训，提高乡村旅游从业者的食宿服务、民宿文化的即兴展示、传统民俗技艺等方面的技能和水准，增强乡村旅游发展的地域特征和区域异质性，增强乡村旅游发展的市场竞争力和吸引力，进一步增强乡村旅游吸纳本地农户深度参与的能力，通过政策扶持乡村旅游发展中乡村旅游特色产品研发和推广基地，激励有一定文化水平和从业经验的农户参与到乡村旅游特色产品开发、设计和制作中，最大限度吸纳当地农户广泛参与实现本地就业创业，在组建合作社的发展模式中不断优化完善农民参与乡村旅游发展的利益保障和联结机制，充分提升乡村旅游发展对农户的增收效应。基于四川本地特色，在互联网＋模式下，采用乡村旅游发展的"保底＋二次返利"模式，充分保障农户参与乡村旅游发展的利益，保障其分享乡村旅游发展的权益。其乡村旅游发展的典型做法是借助中涪路交通优势，应运成立了乡村旅游度假股份合作社，引进四川牡丰公司在发展油用牡丹产业的同时，集中打造"九龙山·牡丹谷"乡村旅游景区，并借助于互联网＋的推广宣传媒介，使得该地乡村旅游发展规模大，效益好，参与农户都能广泛受益。基于互联网＋，乡村旅游度假股份合作社与入股的本地农户深度合作，采用双方友好协商的入股方式，基于1亩耕地、2亩林地或4亩荒地折成为1股，每股每年400元保底分红，确保参与农户的基本利益。与此同时，每到年底，在财务公开的基础上，乡村旅游度假股份合作社再将当年乡村旅游发展利润的30%提取出来给入股农户二次分利，让农户获得参与乡村旅游发展的增值利益。通过保底＋分利，能够将农户与合作社的利益紧密关联在一起，充分实现乡村旅游发展和农户利益的多重联结，确保农民不受损。

（四）基于"景区带村"的利益联结模式

景区带村指以成熟的旅游景点与景点所在区域的乡镇精准衔接，优势互补，以"景区公司＋村集体＋小农户"为基本模式发展乡村旅游，探索景区与村落乡村旅游和谐共生的精准发展。著名景点带动村集体参与乡村旅游，分享旅游发展的潜在收益，作为乡村旅游发展中利益联结的一种新型模式，逐渐成为我国实施乡村振兴战略的重要途径。以成熟景点带动乡村旅游高质量发展、社区协调发展等方式推动地方经济发展，通过热门成熟景点外溢效应带动周边其他旅游开发经营，在壮大已有成熟景点发展规模的基础上协调周边村落公共发展，实现景点带动村集体和农户共同致富。外来资本投资设立的旅游企业通过有偿使用村集体和农民的各种资源，对乡村旅游开发建设提供决策参考与资金支持，与当地村落实现利益联结，能够持久提升旅游发展的社会效益。通过外来资本投资乡村旅游企业加大对景区开发经营投入，让村落共享景点可持续发展带来各种利益，和谐共生的乡村旅游多主体共同参与，已成为未来农民收入持续增长的产业发展模式，经过十多年的积淀发展，逐渐成为脱贫致富和实现乡村全面振兴的一条可复制可再造的可持续发展路径。

加强顶层设计，构建景村利益联结机制，实现景区周边的乡村旅游产品质量显著提升、乡村旅游公共服务体系更加完善、旅游市场规模持续扩大、乡村旅游综合效益快速增长。转变全域旅游发展模式，拓展以点带面的大景区发展路径，将生态人文等资源富裕的周边农村纳入到景点整体规划体系中，融入全域旅游发展理念，把景区周边的农村纳入景区旅游规划体系，发挥景区临近区域的资源优势，统一规划、开发、建设，打造乡村旅游与景点旅游共享互惠集群发展的旅游全域片区。避免同质竞争，引导错位发展，瞄准已有景区发展中的不足，充分发挥周边生态良好的村落期盼共同发展的愿望，差异化制定乡村旅游发展规划，错位制定本区域可持续发展战略，在乡村旅游产品、服务和定位等层面与已有景区形成优势互补的大景区发展格局。根据地方实际，结合已有景区业态，积极探索因地制宜谋划，打造多种业态并存的景区带动周边村落可持续发展的乡村旅游发展利益互联共享共建模式。随着全域旅游的深入发展，四川的 A 级景区数量增加，通过点面协调发展的景区带动周边村落经济增长效应日趋显著。例如，在四川凉山彝族自治州首府西昌市的安哈镇，依托安哈彝寨仙人洞 4A 级景区，辐射带动周边 50 余家"彝家乐"蓬勃发展，品味当地特色美食、体验农事劳动等旅游项目受到很多游客青睐，特色农副产品供不应求，2017 年带动全镇农产品销售收入达到 5000 余万元。

（五）基于"能人带村"的利益联结模式

大力支持本村懂经营、善管理的在外经商者或本地有经济实力且有一定人脉的能人投资于故土的乡村旅游事业，挖掘当地富余闲置生态资源，就地转移农业剩余劳动力，发展乡村旅游地吸纳就业，实现离土不离乡，带动本地村民积极创业，参与乡村旅游，最终实现增收致富，实现能人与村、农民共享乡村旅游发展的利益分享联结。浙江省安吉县递铺街道的鲁家村一直是一个出了名的穷村，如今在村支部书记朱仁斌的带领下，已蜕变出生态价值与经济效应共存的生态循环发展模式，成为中国美丽乡村建设的典型样板。乡村旅游在能人带领全村实现共同发展下，通过能人自有资金或所吸引的其他社会资本，聘请专业投资机构共同运营乡村旅游，以各种方式扩大乡村旅游投融资规模，在确保农民收益不减少的基础上带动乡村旅游的繁荣，让村民充分分享乡村旅游发展的成果，带动农民总收益日益提高。鲁家村首创"公司＋村＋家庭农场"模式，聘请有丰富运营经验的旅游发展公司进行乡村旅游发展项目开发建设，在整合鲁家村闲散闲置资源的基础上建设了 18 个不同业态的全国首个家庭农场集聚区，通过村内轨道小火车将 18 个农场串联在一起，形成独具鲁家村特色的美丽乡村田园综合体。

鲁家村在发展乡村旅游的初期规划了今后发展方向，并建立了利益共创共享互惠的联结机制，调动了村集体、外来投资者、本地村民等多方发展积极性，使得乡村旅游参与各方都能根据贡献从中获得相应的发展回报。鲁家村建立了科学合理的资源投入合作分红制度，通过初始制度约束村集体、本地居民、旅游公司等乡村旅游参与者按照要素投入比重约定利益分配比例，此外村民还能从鲁家村村集体资产增值中再次获得原始股份的增值分成。鲁家村能快速实现贫穷落后向共同致富的转变，利益联结机制的初始构建非常关键。鲁家村在三产融合发展的过程中，在村书记及党委的带动下，充分挖掘得天独厚的绿水青山等自然资源，在农村发展中及时推进"三变"改革发展。在"三变"转变过程中，村集体始终将保护农民根本利益放在发展的首位，将鲁家村发展与村民收益放在首位，打造村民、村集体、外来投资者多方和谐共生的利益联结体，在兼顾村民与村集体利益不受损的基础上使外来投资公司的投资收益实现最大化。鲁家村在发展过程中拓展农民持股分红的利益联结方式，将农民、村集体和外来投资企业的多方利益联结在一起，促使村民为乡村旅游的发展尽心尽力，共同维护乡村旅游繁荣。鲁家村农民收入来源日趋多样化，各类收入来源稳定增长：首先通过土地、林地、山地等资源的出租获得近万元；其次参与乡村旅游发展的多个环节，诸如导游、餐饮等，获得非农就业收入；再次通过各类创业活动参与到乡村旅游发展中，为旅游者提供住宿、餐饮等，获得一定营业收入；最后通过将美丽乡村建设的成功经验加以推广，为外地美丽乡村建设提供全方位服务，通过"两山学院"培训指导获得经验复制推广收入。鲁家村能实现成功发展源于其建立了完善的利益联结机制，将村集体、村民、外来投资者等多方利益联结制度化、合理化，通过共享共创乡村旅游发展收益实现多方利益共赢。

（六）基于"美丽资源"的两山转化利益联结模式

围绕促进农民就业增收，满足居民休闲消费的目标，大力丰富休闲农业新业态，提升服务能力，架构利益共享联结机制。湖州市作为"绿水青山就是金山银山"理念的诞生地，正在实现把湖州的"绿水青山"变成人民的"金山银山"，努力走出一条具有地方特色的生态产品价值实现新路径，丰富生态产品创造机制，发展全域旅游，利用生态资源优势大力经营生态农业。湖州作为首批国家全域旅游示范区创建单位，打破行政区划，把全市当作一个大景区，促进旅游全区域、全要素、全产业链发展，推动农旅融合，走休闲养生路线，发展精品民宿、农业观光、农事体验旅游项目，形成全域化旅游产品和业态。湖州利用优良自然生态环境，践行"绿水青山就是金山银山"理念,大力发展生态农场、牧场、茶场,实施生态种养模式,提供优质绿色农产品。在推进绿色产品体系认证上,湖州获批成为全国首个绿色产品认证试点城市。湖州安吉自 2017 年开始,就以打造全域美丽为目标,提出美丽乡村与美丽县城相融合的思路,践行了独具特色的城乡融合绿色发展之路。经过十余年发展,安吉环境面貌发生巨变,旅游业取代工业成为县域经济发展的主力军,尤其是安吉乡村旅游取得了突飞猛进的发展,荣获了中国十大乡村旅游目的地、休闲农业与乡村旅游示范县等称号。安吉旅游产业改变了过去零散发展的状态,现已整合城乡资源将旅游打造成全域旅游发展新格局,旅游发展的综合性业态日趋丰富,全年旅游、健康养生、乡村旅游等实现全覆盖。

建立多形式利益联结机制,大力发展订单农业,探索"三变"改革下的多种所有制农业生产经营分配制度,成立股份合作社,建立公平合理的利润分配机制,并采取有利于共享互惠的利益分配形式,让农户分享休闲农业和乡村旅游发展成果。湖州是中国美丽乡村的发源地,将美丽资源和生态环境优势转化为生态旅游经济,创造性地开展了布局美、生活美、环境美、素质美、和谐美的以宜居、宜业、宜游为特征的美丽生态富足乡村建设,走出了一条"美丽乡村、和谐民生"为品牌特色的新农村建设"湖州之路"。生态环境的改善为发展生态休闲旅游业提供了良好的基础。湖州市德清县莫干山的民宿经济,将闲置旧农舍改建成民宿,吸引了不少"洋投资者",目前已有"洋家乐"为代表的民宿企业上百家,形成了各类高端度假村及后坞中端民宿集聚区,带动了近 1.5 万村民转产就业,每年增收近 2 亿元。山川乡成为全国首个全乡域 4A 级旅游景区,全县有 4 个村成为 3A 级景区。2018 年 1 月,安吉灵峰旅游度假区成为国家级旅游度假区。

鼓励文艺、科研等专业社会团体或人员与休闲农业主体开展合作,发挥专业优势和行业影响力,改进和提升乡村旅游商品开发与休闲农业经营水平,强化游客休闲体验,使传统农业变休闲高效产业、杂乱差的农村变美丽生态家园、低收入的农民群体变富裕富足的中高收入群体,通过美丽乡村建设最终让外来消费者满意的同时让本地农民高水平可持续增收,带动农村三次产业结构优化调整,保持农业农村产业健康发展。乡村旅游发展中游客停留时间长短对旅游地经济增长影响显著,以让外来游客住下来多参与农业农村生产休闲体验为重点，不断通过盘活各类闲置资源，通过发展乡村度假、老年养生等方式提升闲置资源的利用率，增加农民财产性收入和村级经济收入。以引导消费潮流为方向，鼓励发展休闲、生态、亲子等乡村生态休闲方式，促进传统农业与农业科普、文化风俗教育、农事体验等多层面融合的农业新发展。围绕推动休闲农业与乡村旅游高质量发展，通过资源整合和利益机制调整，建设集中连片的休闲农业集聚区，深入挖掘品牌特色和农耕文化，进一步打响湖州休闲农业与乡村旅游品牌。

依托湖州农耕文明和自然禀赋，打造休闲农业的精品区、美丽乡村的先行区、生态旅游的样板区、乡风文明的示范区，加快培育中国最美田园、中国最美乡村等一系列国家级品牌，以龙头带动为纽带，通过完善增收机制，强化示范带动，创建休闲农业与乡村旅游星级示范和精品区块，让农民分享乡村旅游发展的收益。以行政村镇为核心，依托产业、生态、环境、文化资源优势，做到一个乡镇一个特色主题，建设一批美丽休闲乡村品牌。以集聚区为核心，通过项目推进、招商引资、政策倾斜等方式，建设一批功能齐全、布局合理的休闲农业和乡村旅游集聚区，成为"村村是景、四季可游"的全域化休闲农业和乡村旅游景区。充分利用湖州国际乡村旅游大会、农业重大活动和农时节庆活动，向社会推出养眼、养胃、养肺、养心、养脑的休闲农业精品和线路，不断扩大湖州休闲农业和乡村旅游影响力。大力引进农旅结合的企业，引导村集体经济入股，将土地资源、国家投入等变成农民股权，采用现代化企业管理模式，实施乡村经营深化工程，深入推进"打造整洁田园，建设美丽农业"行动，大力改善农业种养区域环境，突出农田景观化建设，让农田变美景、园区变景区。

按照全产业链经营思路，延伸休闲农业和乡村旅游产业链，提升价值链，使农民增收有保障。围绕培育农村一二三产业深度融合的新产业、新业态、新模式，大力发展农事体验活动、田园艺术景观、阳台农艺等创意农业，提升产业融合发展水平。以特色农业强镇建设为抓手，建设一二三产业融合的休闲农业和乡村旅游示范乡镇，建成农旅、渔旅、花旅、果旅结合的休闲农场，推进十大休闲农业风情线建设。深入挖掘乡村文化，突出乡村特色，讲好乡村故事，建设有温度的美丽乡村，以提高产品附加值为动力,大力应用城市微农业发展成果,在休闲农场中发展盆栽果蔬、花卉、农作物等创意产品,拓展农业发展空间,在休闲农场中培育一批家庭工场、手工作坊、乡村车间、特色小吃,带动农民共同致富。以桑基鱼塘、荻港古村落、荻港渔庄为基础,充分挖掘遗产的生产、生态和文化价值,开发桑、鱼、茧休闲旅游产品和系列文化创意产品,强化 GIAHS 品牌营销,打造国内知名传统农业+风俗文化相融合的模式,推进农林牧副渔与相关新产业深度融合发展,加快促进产村融合,提升乡村经营管理水平和服务质量,加快推动"美丽资源"向"美丽经济"转变。

第三节 乡村旅游兴村富民效应的微观调研分析

一、微观调研方案设计

本书采用问卷调查法收集乡村旅游发展对兴村富民的影响,考虑兴村富民效应的模糊性,在实际调研时对于兴村富民效应测度并没有设置具体的数值选项。被访农村居民可能很难将乡村旅游收入与其他收入区分开来,进而他们回答的收入可能模棱两可,不够准确具体,也或者出于某些原因会回答出虚假的数据,这在一定程度上加大了问卷调研数据收集难度和降低了精确性。所以本书仅设置一些关联性的指标选项,从侧面描述乡村旅游的兴村富民效应,利用乡村居民参与乡村旅游后的自身主观感受变化来研究更能凸显乡村旅游所带来的经济效应,更具有实际价值。因此本书通过 21 个选项设置收集关于乡村旅游发展中的一些评价,涵盖是否发展乡村旅游、发展乡村旅游的优势劣势、乡村旅游发展对农村居民的影响、现有乡村旅游的旅游产品开发类型、相关乡村旅游发展的政策支持等多个方面,全面感知乡村旅游发展现状、存在的不足,最终得出乡村旅游的兴村富民效应。本书研究数据主要来源于 2019 年暑期对全国多个省份乡村振兴问卷调研中的乡村旅游部分的整理。本次发放调查问卷总数为 500 份,回收有效问卷 453 份，有效问卷率达到 90%，可以作为研究分析的数据来源之一。

二、乡村旅游利益联结的兴村富民效应

从问卷发放对象的基本情况看（表 5-1），参与调查的农村居民平均年龄为 48 周岁，18 周岁至 60 周岁之间的成年人口所占比例为 71.74%，而 60 周岁以上老人约为 28%，农户的平均受教育年限为 12.1 年，多数参与者完成了小学或初中教育，占参与调查人员总数的 77% 左右，被调研农户普遍受教育水平偏低。农户主要以农业收入为生活主要来源，家庭收入主要都来源于农业的参与者占总数的 60% 左右，外出务工人员较多，生产方式主要集中于种植业和养殖业，对土地的依赖性强。

表 5-1　问卷调查样本特征

统计类别		人　数	占　比
年龄	18 周岁以下	2	0.44%
	18—60 周岁	325	71.74%
	60 周岁以上	126	27.82%
性别	男	329	72.63%
	女	124	27.37%
文化程度	小学	97	21.41%
	初中	253	55.85%
	高中及以上	103	22.74%
从事农业类型	种植业	274	60.49%
	养殖业	78	17.22%
	乡村旅游	58	12.80%
	其他	43	9.49%
主要收入来源	农业为主	272	60.05%
	非农业为主	112	24.72%
	其他	69	15.23%

续表

统计类别		人 数	占 比
是否位于常规旅游线路	许多游客经过	65	14.35%
	少许游客经过	234	51.65%
	没有游客经过	154	34.00%
本地区最吸引人的地方	自然因素	212	46.80%
	人文因素	147	32.45%
	特殊体验项目	94	20.75%
游客出行交通方式	旅行社组织	104	22.96%
	自驾车旅游	185	40.84%
	乘坐公共交通工具	164	36.20%
旅客逗留时间	半天	258	56.95%
	一天	147	32.45%
	两天及以上	48	10.60%
发展乡村旅游的变化	收入增长	73	16.11%
	收入没增加	198	43.71%
	生产生活没有影响	62	13.69%
	知识的需求度提升	32	7.06%
	市场的关注度提升	88	19.43%
乡村旅游发展方式	农家乐	183	40.40%
	景区打工	142	31.35%
	景区售卖	72	15.89%
	景区民俗表演	56	12.36%
乡村旅游竞争程度	非常激烈	178	39.29%
	激烈	193	42.60%
	一般	82	18.10%
	基本没有竞争	44	9.71%
参与乡村旅游的满意度	很满意	170	37.53%
	满意	173	38.19%
	一般	84	18.54%
	不满意	26	5.74%
发展乡村旅游最需要什么	政策	183	40.40%
	资金	147	32.45%
	培训	102	22.52%
	市场	21	4.63%

续表

统计类别		人　数	占　比
乡村旅游利益分配满意度	很满意	121	26.71%
	比较满意	116	25.61%
	基本满意	162	35.76%
	不满意	54	11.92%
乡村旅游利益分配是否合理	非常合理	37	8.17%
	合理	152	33.55%
	不合理	264	58.28%
外来资本对乡村旅游的影响	有所好转	295	65.12%
	没有改变	139	30.69%
	不如从前	19	4.19%
乡村旅游发展对环境影响	有很大负面影响	112	24.72%
	有一定的负面影响	261	57.62%
	没有负面影响	80	17.66%
对乡村旅游外来资本的态度	非常欢迎	93	20.53%
	欢迎	284	62.69%
	不欢迎	76	16.78%
不欢迎外来资本的原因	环境遭到破坏	173	38.19%
	经济收入增长不明显	108	23.84%
	影响了生产生活	52	11.48%
	没有变富裕	120	26.49%

从被调查农户是否位于常规旅游线路的地理区位来看，只有14.40%的被调查者选择了许多游客经过，51.66%选择少许游客经过，而34.00%的被调查者回答没有游客经过，因此可以得出发展乡村旅游带动兴村富民的首要条件是与旅游景区有交集。在本地区最吸引人的地方的回答中，46.80%的被调查者认为所在区域良好的自然因素是吸引游客的关键因素，也有被调查者认为本地区良好的人文因素吸引了外来游客，占据了被调查者的32.45%，20.75%的被调查者认为本地独特的民俗、农耕体验项目吸引外来游客。

从游客出行交通方式来看，被调查者中22.96%的游客选择了旅行社组织，占据的份额较少，说明今后可以通过与旅行社的合作扩大乡村旅游的市场知名度，接待更多的团体游客。乡村旅游游客大多数选择自驾出行的方式，占据被调查者的 40.84%，而乘坐公共交通工具的占到 36.20%，说明乡村旅游中的公共交通设施有待进一步提升其服务水平和交通覆盖面。从旅客逗留时间来看，乡村旅游大多数行程都在半天至一天，无法有效形成乡村旅游的高附加值，建议要从优化乡村旅游产品、乡村旅游景点设计入手，让游客能花更多的时间体验乡村旅游带来的消费满足。

从发展乡村旅游带来的农村居民变化来看，仅有 16.11% 的被调查者选择乡村旅游发展能够带来收入增长，而 43.71% 的被调查者认为乡村旅游没有带来收入的有效增长，进而说明在乡村旅游发展中未能形成有效的利益联结机制，农民没有在发展乡村旅游中获得应得的利益。除了农民收入外，13.69% 的被调查者认为乡村旅游对其生活生产没有影响，说明部分农户没有参与到乡村旅游的发展中，今后要进一步引导农民共同参与乡村旅游发展。7.06% 的被调查者认为旅游的发展带动了其对知识的需求度提升，要不断地获得新知识才能满足乡村旅游的快速发展，19.43% 的被调查者对市场的关注度显著提升。从乡村旅游发展方式来看，40.40% 的被调查者表示农家乐是其参与乡村旅游的主要方式，在景区打工占据了 31.35% 的比重，说明农民参与乡村旅游的方式还有待于进一步提升。在景区售卖各种农副产品、工艺品占据 15.89% 的份额，在景区从事民俗表演的则仅占 12.36%，说明农民参与层次不高，无法满足乡村旅游上规模、上档次的要求，今后发展要通过入股等形式，扩大村集体和农民在外来资本主导的乡村旅游发展模式中的经营份额，这有利于实现农民参与的深层次转变，从而有效联结农民的利益。

从乡村旅游竞争程度来看，39.29% 的被调查者认为当下发展乡村旅游彼此间的竞争非常激烈，42.60% 的被调查者认为激烈，说明当下乡村旅游在各类政策的刺激下发展迅猛，同时也无法避免低水平重复发展的困境，需要乡村旅游实现错位发展。乡村旅游普遍存在规模小、经营者品牌意识淡薄的现象。在乡村旅游开发中片面强调对乡村自然资源的开发，而忽视了乡土文化、乡村民俗等文化内涵开发以及对乡村旅游文化狭义和片面的理解，忽视了对农村其他资源的开发和利用。就被调查者参与乡村旅游的满意度来看，很满意和满意的分别为 37.53% 和 38.19%，大多数参与者对乡村旅游的发展还是比较满意的，可能的原因是发展乡村旅游在一定程度上能够带来福利改善。就发展乡村旅游最需要什么而言，40.40% 的被调查者选择了政策。在乡村旅游发展中遇到的最大瓶颈可能是用地问题，要进一步细化利用荒地、荒坡、荒滩、垃圾场、废弃矿山、边远海岛和石漠化土地开发旅游项目的支持措施。32.45% 的被调查者认为资金很重要，乡村旅游的发展离不开资金的支持，农民自身资金不足以开发乡村旅游，需要借助政府、外来投资等带来的丰富资本。22.52% 的被调查者认为培训很重要，乡村旅游系列产品对农民来讲都是新鲜事物，如何科学有序开展乡村旅游需要相关培训指导。而 4.64% 的被调查者认为市场开拓很重要，现有乡村旅游在一系列政策刺激下遍地开花，相互间的竞争激烈，如何展开更好的错位竞争是发展乡村旅游时不得不考虑的市场细分问题。

就乡村旅游利益分配满意度而言，被调查者认为很满意的占 26.71%，比较满意的占 25.61%，基本满意的占 35.76%。开展乡村旅游，能够有效促进传统农业与现代旅游业的相互交融渗透，在一定程度上改变传统农村生产结构和生产模式，比单纯从事农业生产获得更高的农业经济效益，能够在一定程度上转变农民生产经营观念，提高农民在农村开展农业生产的综合素质和在一定程度上增加农民收入。在被问及乡村旅游利益分配是否合理时，回答不合理的超过一半，达到 58.28%，说明被调查者对从事乡村旅游所产生的利益分配格局不满意。主要是农户在参与乡村旅游过程中，由于自身素质、所处地位、资源禀赋等条件的制约，在乡村旅游所获得的收益分配中处于弱势地位，无法有效分享发展乡村旅游带来的收益。广大农户在发展乡村旅游中自身价值得不到合理补偿、合法权益和就业机会得不到有效保障，导致农民在乡村旅游利益分配中时常被边缘化，进而导致乡村旅游造成本地农户和外来资本间的收益贫富差距扩大等问题，有时会激化两者矛盾，因此亟须建立紧密的利益联结机制，让农民在参与乡村旅游时能够分享更多红利。要不断探索多方参与、互惠互赢的机制，实现农民利益最大化，不能让"农家乐"只是"老板乐"。在被问及外来资本对乡村旅游的影响时，绝大多数被调查者回答有所好转，占 65.12%，认为没有改变的占 30.68%。乡村旅游越来越成为外来投资的蓝海，大量工商资本纷纷进入乡村旅游行业，为此带来丰厚的资金投入、先进的管理经验、多样化的旅游产品开发等，有利于乡村旅游的可持续发展。同时要加强对农户的扶持力度，防止在发展乡村旅游中出现两种极化现象："富的更富，穷的更穷"。

就乡村旅游发展对环境影响而言，被调查者坦言，乡村旅游的发展对当下环境在一定程度上有负面影响，占被调查者的 57.62%，认为有很大负面影响的占 24.72%，说明乡村旅游的发展给农村生态环境带来一定压力。通过外来资本可以积极引进外部资金、技术、文创、专业技术和经营管理人才，但部分地区的外来资本在经济利益的驱动下，在不具备发展条件的乡村旅游地区盲目开发，建立一些人为景观、重复项目，对现有自然及人文环境造成了巨大的破坏，破坏自然生态资源，污染生态环境，影响了当地人民群众的生活和生产，更阻碍当地农业生态旅游可持续发展。在对乡村旅游外来资本的态度方面，不欢迎的仅占 16.78%，说明农民还是欢迎外来资本加入乡村旅游的开发发展中，但也要谨防资本过剩所造成的重复建设、恶性竞争，以及因此造成的对乡村旅游的侵蚀。不欢迎外来资本的原因，38.19% 的被调查者认为是原本安静祥和的乡村生活环境遭到破坏，没有了原先的那种田园宁静生活，23.84% 的被调查者认为其对自己的经济收入增长不明显，没有获得外来资本投资乡村带来的期望收益，农户和外来资本的利用联结分享制度尚未有效形成。

第四节　乡村旅游利益联结存在的问题与对策

乡村旅游发展中的利益共享侧重于在乡村旅游资源商业开发中，在保护乡村旅游利益相关者应得利益份额的基础上，通过优化各类利益分享制度，着重保护原居民等乡村旅游参与弱势群体的最基本利益，平衡彼此间的利益分配，有效增加原居民的收入来源，提高本地居民的生活福利。乡村旅游中的利益共享问题就是兼顾不同参与者的利益，而不是在损害和牺牲一方利益的基础上增加另一方利益，要在保证利益最大化的基础上取得最优利益分配状态。

一、乡村旅游利益联结存在的问题

（一）不同利益主体信息不对称

乡村旅游参与者通过其能获得的各种信息资源对自身可能获得利益进行分析、对比、评估，并借助已有信息进行决策。因此，乡村旅游参与者获得信息的能力和获得信息的完全性对获得并分享相关利益尤为重要，信息不完全可能对乡村旅游发展中相关利益主体的决策行为的判断、决策造成负面影响，从而使得原居民的获益不足，伤害了其参与乡村旅游的积极性，而信息充足的一方能够获益更大。如此格局会导致乡村旅游发展中的获益差异越来越大，影响乡村旅游发展的持续性。在当下乡村旅游利益分配格局框架中，原居民还处于弱势地位，在乡村旅游开发经营时，缺乏话语权和决策权，导致利益边缘化。而外来资本参与下的乡村旅游开发者，凭借其在政策领悟、资本筹措等领域的优势，在乡村旅游开发经营中具有天然的逐利导向性，在乡村旅游开发经营中有更大的话语权而获利丰厚。乡村旅游中相关利益主体因信息不完全引发的权利和地位存在较大差异，引致乡村旅游利益分配中的多重矛盾，甚至可能因信息不完全而引发双方冲突。在乡村旅游资源开发经营时出于信息不对称等原因，原居民所拥有的各类资源要素价值被严重低估，损害了原居民本应得的要素报酬收入，损害了原居民参与乡村旅游的积极性和主动性。由于合法权益失去保障，农户们的旅游收入大打折扣，农户的就业机会缺乏保障，不能长期分享旅游发展成果。

（二）旅游资源产权不明晰

乡村旅游的各类自然和人文资源要素种类繁多，目前尚无直接相关的法律法规对乡村旅游发展中的资源开发利益主体的利益进行有效保护。"三变"

改革进程中的各类集体资产逐渐厘清界限，但是保障其参与乡村旅游收益的法律制度却依然不够完善，村集体和原居民无法按其所拥有的资源要素数量从乡村旅游发展中获得相应利益，原居民无法与其他利益主体形成有效利益联结，其合法基本权益无法有效满足，在某种程度上引致了原居民的不满与抵制，最终制约了原居民的正当合法资源要素报酬。

乡村旅游资源在开发经营中存在显著的排他性和典型的非竞争性，乡村旅游资源的产权主体界定不明确、不同资源产权范围界定不清晰，不同类别的旅游资源产权结构的安排不合理，在无序同质化发展中必然引发乡村旅游资源的公地悲剧，参与乡村旅游发展的要素资源产权缺乏明晰界定会损毁经济效率，严重造成乡村旅游发展中的经济漏损，导致各种问题频发。乡村旅游发展中不同主体间因资源产权不清晰而存在的利益分配权力不平等问题会加剧，利益分配格局不平稳会进一步导致资源使用及再分配。乡村旅游利益主体包含原居民、村集体、外来资本等，不同利益主体都具有"经济人"属性，在各自拥有的资源范围内都以自身利益的最大化为出发点进行乡村旅游开发经营策略选择。乡村旅游不同利益主体在限定空间内进行旅游开发经营利益的共享与争夺，部分外来旅游投资者存在"搭便车"的经营心态，不用为自己的行为负全部的责任，往往争夺大于共享，引发利益主体间的矛盾纠纷与暴力冲突。某些村集体虽代表村落和原居民的公共利益，但在一些因素的影响下可能出于某些考虑会偏袒乡村旅游发展中的外来资本利益，并对原居民等相关利益主体的获益产生不利影响，使原居民不能共享乡村旅游发展利益。外来乡村旅游开发经营者往往只关注企业能否获得足够经济效益回报，追求以最小成本获取最大利益，从而在乡村旅游开发规划与经营上存在明显的短视行为，往往会牺牲自然环境和其他利益相关者的应得利益，无法与其他利益主体共享发展利益，形成较为严重的利益冲突。

（三）利益联结的协调与保障机制欠缺

乡村旅游利益分配无法顾及原居民的利益诉求，原居民无法与其他利益主体共享乡村旅游的利益，导致了乡村旅游不同利益主体分享不均衡，利益联结机制不健全引发不同利益主体间的矛盾冲突。原居民是发展乡村旅游的基础，原居民参与乡村旅游的程度决定了其获得利益的比重，乡村旅游有助于原居民经济效益的改善。但在现实情况中，原居民普遍因所受教育有限而缺乏乡村旅游发展的专业知识和管理素养，原居民的参与意愿受到限制，乡村旅游开发与经营程度受限，无法有效保障乡村旅游各类资源质量，无法为乡村旅游发展和景区开发提供决策建议，参与不足会在一定程度上抑制原居民福利的提升，使原居民无法分享乡村旅游发展利益。因诸如土地流转等资源要素征收补偿制度的不完全，乡村旅游发展收益再分配时无法估计原本拥有各类要素的农民利益，且因各种因素制约原居民只能在乡村旅游发展中从事低层次边缘性的服务，乡村旅游缺乏利益保障机制导致利益分配格局不平衡程度加剧，进一步引发冲突。一些地方因利益分配机制不健全导致收益分配不公平，也有当地农民因存在"等靠要"思想难以积极主动参与到乡村旅游发展中。乡村旅游开发中相关利益主体多元化，故需要不断兼顾外来资本、村集体和当地农户等多方利益主体的利益，而各方出于自身利益最大化的诉求往往偏向于在决策时仅从自身利益保障出发，导致在多方博弈中最终收益会因政策措施分歧而受到损失，因此乡村旅游开发就是一个多方利益主体在不完全信息条件下的动态非均衡博弈过程。农户在乡村旅游发展中因其自身所拥有的各类资源要素等方面的限制而难以在收益分享时获得应有份额，常常处于劣势地位，参与乡村旅游的积极性大受影响。现实中大量农户主动或被动参与到乡村旅游发展中，但其因利益联结机制的缺失往往很难享受到乡村旅游发展的应有收益。在浙江象山，农民用土地参与到当地乡村旅游发展中所获收益每亩仅万余元，无法吸引和保障当地农户的可持续生计，就业机会的缺失等使得失地农户不得不外出务工或售卖当地农副产品维持生计，不同区域的农户因其所具有的资源要素及其自身素质等因素不同而在获取乡村旅游利益的机会上存在显著差异，这对乡村旅游的持续健康发展产生了一定影响。

二、强化乡村旅游利益联结的对策

经济利益共享机制不仅强调该机制的自身有效性和科学性，而且也要求被实施者理解并积极配合。因此在构建利益共享机制时需要对共享机制多方协调，形成共同的思想认知，使其成为利益共享机制的"润滑剂"。通过参与乡村旅游各类生产要素资源的经济赋权，充分保证参与乡村旅游的农户经济获益机制与收入分配制度，鼓励采取多种形式将本地农户的利益与乡村旅游发展获益捆绑在一起，奠定利益分享与联结的制度基础，引进先进的经营管理制度与模式吸引当地农户参与到乡村旅游发展中。通过政治赋权，在乡村旅游发展规划初期积极吸纳本地农民参与到乡村旅游开发规划的制定与完善中，通过多元化与规范化的利益表达平台提出自己的想法建议，让本地农户积极参与到与自身利益密不可分的利益保障中。

在乡村旅游发展中，不同利益主体诉求差异会使得参与乡村旅游开发经营的利益主体之间出现矛盾和冲突。只有建立健全兼顾不同参与乡村发展利益主体的分配机制，乡村旅游参与各方的利益分配、表达、补偿才能顺利实施。通过构建协调的分配机制，合理利用不同相关利益主体的各类自然和人文旅游等资源，对各个利益主体进行合理、公正、公开的利益分配，才能使各主体共建共享共得乡村旅游发展所带来的巨大经济利益；只有科学协调乡村旅游利益分配机制，才能使相关利益主体获得共赢，最终实现利益联结。

（一）构建乡村旅游利益协调机制

在生态资源良好的区域进行乡村旅游开发经营，绿水青山等稀缺资源具有向金山银山转变的先决条件，能够给当地居民带来无限经济效益。各类资源要素的产权界定不明确不清晰是外来乡村旅游资本所有者、原居民、村集体等利益冲突频发的原因之一。在乡村旅游开发经营中，原居民大多属于弱势群体，无法有效参与乡村旅游发展规划，因此在乡村旅游开发经营之初，就要通过各种制度、公约等建立健全村民参与利益分配的协调机制，保障原居民的根本合法利益，从协调制度上保证利益共享。乡村旅游要健康、可持续发展，需要顾及多方合法利益，不同利益主体间相互合作努力，因此利益联结协调共享机制还需要随着乡村旅游发展的变化而不断改进，结合乡村旅游发展变化成立第三方利益协调机构，督促乡村旅游发展中相关部门的政务、财务有效公开，确保透明公正，充分协调乡村旅游发展中的外来资本、本地村民、村集体等多元利益主体的收益分享矛盾，维护乡村旅游参与各方的合理收益，最终实现乡村旅游资源利益的共享共赢。原居民作为乡村旅游开发经营的参与主体，应引入公平合理的市场机制保障其能充分分享乡村旅游发展利益，并能与其他经营主体共同参与乡村旅游投资开发、经营运作等，这能够让闲散各类资源在更大程度上发挥聚合作用，使原居民的参与性得到进一步强化。

乡村旅游开发中，在充分尊重村庄自身选择权和自主权，强调社区参与的前提下，应充分重视乡村旅游开发过程中的自然景观等旅游吸引物的产权属性及其与村集体组织之间的经济利益关系，应在对自然景观等旅游吸引物进行确权、资源评估的基础上，赋予其主体参与分享旅游开发过程中的经济权利，并在制度上予以保证。解决利益分享不能有效联结的首要任务是要明确不同资源所有者的产权主体地位，这就从根本上确认了资源要素所有者的财产权利，在乡村旅游发展初期更要凸显各类资源价值，以保障原居民合法权益，为后续乡村旅游各类收入再分配奠定基础，为利益联结协调做到初始确权保障。完善各类资源的收益分配制度，妥善协调不同利益者的利益冲突，努力实现乡村旅游参与方的联结利益最大化。要明晰乡村旅游开发经营中各类资源产权和收益权，各类要素资源分布在农村的青山绿水间，乡村旅游发展中的各类要素资源以有限性为价值，需要在保护中坚守"绿水青山就是金山银山"的开发经营理念，乡村旅游开发经营者都要将保护放在开发首位。在乡村旅游开发经营之初，乡村旅游相关参与方需要将参与开发的各类旅游资源的权属进行分类核实，理清产权关系后签署利益共享协议，以盘活农村各类闲置资产，促进绿水青山资源的有效配置。通过利益协调机制构建，对参与乡村旅游开发经营的资源价值进行货币化计量，制度化补偿资源使用成本，对参与乡村旅游开发经营涉及的各类资源使用收益予以制度化约束，通过产权明晰的制度协议明确参与各方的权利和义务，从而降低乡村旅游发展中的收益分配纠纷发生概率，创新设计经营管理制度，以保障各方利益。

政府相关主管部门需要调控乡村旅游发展的方向，结合当地自然人文资源特色为乡村旅游制定发展规划，确定具有不同资源禀赋的农村地区所合适的发展模式、激励措施。乡村旅游主管部门要在利益共享的基础上与不同利益主体开展形式多样的合作，需要合理运用政府政策与相关行政干预权，实现包括原居民在内的社会公共利益，约束与制衡参与乡村旅游发展的不同利益相关者群体的行为，惩罚有损利益共享共生共惠的短视行为，奖励有利于长期可持续发展的合作行为。乡村旅游发展中原居民被不断边缘化，失去了赖以生存的生产要素，日常生活只靠微弱的乡村旅游收入，生活无法得到有效保障，长此以往会激发社会矛盾，并在很大程度上阻碍乡村旅游健康持续发展。要在广泛调研的基础上以法律形式保障原居民基本利益，并使原居民有明确法律条文保障其分享乡村旅游收益的权利，并积极参与到乡村旅游开发经营决策中去，并能依法在乡村旅游开发经营中获得相应的利益保障。乡村旅游发展过程中要确立原居民收入最低保障协调制度，建立健全相关法律法规和利益分享协调监督机制。从而使得参与乡村旅游发展的多元利益主体的利益共享，共创良性运行，有效确保参与乡村旅游开发经营的多元利益主体利益联结与共享机制的平衡。

（二）构建乡村旅游利益表达机制

共生理论强调社会多方竞争与合作并存，开创了非零和博弈的社会经济发展理念。乡村旅游利益表达机制强调，乡村旅游发展为实现各利益主体间的共赢合作，参与乡村旅游的相关利益主体必须树立乡村旅游整体全局开发经营理念，管理部门必须对乡村旅游资源开发利用进行科学规划，实现资源价值转化。拓宽利益表达渠道，建立原居民、村集体与外来资本等协商制度，建立高效、便捷的利益沟通表达机制。乡村旅游开发经营面临环节较复杂，开发经营周期较长，在乡村旅游开发经营的不同时间段对原居民的利益影响程度不同，相关利益主体的利益协调与表达影响着乡村旅游的可持续长远健康发展。因此只有不断充分听取乡村旅游发展中的各类利益主体尤其是原居民的民意，通过动态了解各类利益主体的情况和诉求，充分保障乡村旅游发展地的居民参与、知情等权利，确保其能够有一定的话语权，并参与到乡村旅游开发建设中，建立有效快速的利益诉求解决路径，构建完整的乡村旅游多元利益主体的利益沟通与表达渠道，才能更好促进乡村旅游健康有序发展。

乡村旅游利益保障机制构建与沟通渠道，是乡村旅游多元利益主体的利益共享与联结的前提。完善的保障机制在一定程度上能保证多元利益表达渠道的畅通，在平衡多元利益主体收益分配矛盾的同时实现公平，进而达到乡村旅游开发多元利益主体的收益平衡。本地居民不仅拥有各类开发乡村旅游的天然资源要素，而且能够参与到乡村旅游的开发经营中，从而成为乡村旅游开发经营的既得利益者并参与到利益分享中。优化乡村旅游多元开发主体参与开发经营的运作模式，搭建线上线下乡村旅游发展中的利益表达平台。乡村旅游不同参与者的利益诉求存在差异，自身利益最大化影响着彼此参与乡村旅游的行为和态度。为充分了解乡村旅游不同利益主体在不同开发经营阶段的诉求变化，最大限度减少不同利益主体动态诉求间的矛盾冲突，应建立多元利益主体普遍参与及信赖的高效利益表达机构，汇总分析不同利益主体的利益诉求、建议，并进行实地调研并梳理分析，合理评估，推进决策的科学化。在构建多元利益主体利益表达基础上，规范化和制度化运作该机构，通过制度制衡多元利益主体的利益平衡问题，通过制度保证利益诉求的真实性，建立详细的管理制度，及时处理诉求信息，积极主动与诉求利益的提出者展开交流，关注并解决合理诉求，倾听他们的"发声"，最后建立诉求响应反馈机制，加强不同利益主体之间的联系和沟通，从当地居民的切身利益出发，制定完善的利益分配和补偿方案，从而充分调动不同利益主体参与乡村旅游开发经营的积极性。

外来资本参与到乡村旅游发展后出现的不和谐局面，大多数是因为本地居民在乡村旅游发展中受到不公正待遇而无法有效分享开发乡村旅游带来的收益，因收入增长有限而出现嫉妒不满乃至过激行为。发展乡村旅游的利益不能有效分享是阻碍乡村旅游开发经营的根源所在。在乡村旅游规划与开发建设初期，就需要根据乡村旅游参与者的资源投入比重等因素综合建立责权对等的发展收益分享与分配机制。乡村旅游多元投资主体承担开发成本获得补偿收益的同时也需承担相应的社会责任。因此在乡村旅游发展的初期就需要按照责权对等的分配机制，在兼顾本地居民利益的基础上妥善解决发展后期所得利益的共创共享的困境，形成较为合理的利益分配制度。因此，外来资本投资于乡村旅游开发经营时，要以人为本，坚持绿色可持续发展，把绿水青山的生态优势转化为金山银山的经济优势，在保护绿水青山的基础上采用绿色的方式开发经营乡村旅游项目，做到人与自然的和谐统一，并将自然景观与人文民俗相结合，延伸乡村旅游开发经营的产业链，走旅游效应共享新模式。参与乡村旅游的各相关利益主体必须建立长久可持续的绿色开发观念，倡导多元利益主体的多方利益合作与共创、共赢的理念，各自发挥比较优势参与到乡村旅游开发经营中，树立多元参与的共建共创共享的利益保障机制。因此要合理设计乡村旅游开发经营的顶层利益分配制度，要广泛发动本地居民积极参与乡村生态休闲旅游的开发经营，分享乡村旅游经营发展的效益，有序推进乡村旅游健康、和谐、共生。

（三）构建乡村旅游利益分配机制

乡村旅游开发经营中的利益分配公平在公平感知中占有重要地位，对乡村旅游不同利益主体的开发经营行为产生重要影响。依据参与乡村旅游不同要素资源的初始产权分配，各类要素资源是原居民赖以生存的保障。本地居民拥有数量不多但赖以生存的土地等生产要素，乡村旅游外来投资者一旦征用与长租，本地居民将失去赖以生存的生产与生活资料。因乡村旅游发展带来的利益保障不健全，本地居民因种种原因可能无法通过再就业等方式就地解决生计，一次性获得的失去土地等生产资料的补偿会随着时间的推移难以满足其生产生活需要。因此一次性补偿本地居民的方式应该有所改变，理应建立本地居民利益与乡村旅游开发经营所获利益水平相一致的利益分享与保障制度。因此要注重解决土地等生产资料征用初期与乡村旅游长久发展的利益均衡分配问题，让本地居民深度参与到乡村旅游发展中，让本地居民与乡村旅游生产经营一同成长，既能解决外来资本初期投入资金过大的难题，也能保障本地居民持久获得发展收益，通过多种共享收益的制度安排使本地居民能够获得较多权益，才能将本地居民利益与外来投资者开发乡村旅游所获收益联结在一起，充分调动本地居民积极主动参与乡村旅游发展。

乡村旅游中营业收入的分配机制是乡村旅游开发经营的各方利益相关主体始终关注的核心点。而旅游收入分配方案能否得到各利益相关者的认可，直接影响到经济利益共享机制实施的有效性。核心利益分配主体间冲突的根源在于利益分配冲突和不均衡，原居民往往因自身因素导致其在利益分配中的损失更大，无法分享乡村旅游发展收益。利益受损最为突出的原居民虽然是乡村旅游开发经营中各类乡村资源的所有者，但因各类因素制约，原居民在乡村旅游开发经营中仍处于弱势地位，无法有效分享乡村旅游带来的经济溢出效应。在乡村旅游利益分配方案中，原居民的收益未能因参与乡村旅游而有效提升，乡村旅游中不同利益主体的整体利益不平衡分配，引起外来资本、原居民等利益主体间的冲突不断。通过建立利益平衡机制，根据乡村旅游经营开发不同模式，结合参与乡村旅游经营者参与能力，并根据经营业绩等因素，确定不同利益主体的利润分配比例，针对乡村旅游发展中各种资源投入折价比重依照多投多得原则，从而将各个商铺的利益联系到一起。

外来资本主导下的乡村旅游开发经营者不仅是乡村旅游产品的设计方与供给方，还是乡村旅游发展经营主体，应当发挥其积极性和主动性，使其主动承担相应的责任，注重公平公开，保障乡村旅游开发经营的健康、持续发展。在享受经济利益的同时还需要承担社会、生态方面的义务。乡村旅游发展中，按照土地等自然资源、房屋等实物资产的价值进行初始确权，并按照其价值等价形式入股外来资本投资的乡村旅游企业，让原居民成为乡村旅游开发经营公司的股东，不但能保障原居民的基本利益，还能够激发其参与乡村旅游的主动性和积极性，最终能够大幅度增加原居民所获经济收益，按照多元利益主体的贡献比例分配乡村旅游所获收益，方显利益分配的公平、公正、合理。但乡村旅游发展实践中，乡村旅游开发经营中创造出的各种收益无法按照贡献比例精准量化和分配，造成了不同利益主体参与乡村旅游的积极性存在差异，抑制了乡村旅游产业发展的经济溢出效应，无法有效促进乡村振兴的实现。因此，在开发经营乡村旅游的初期，首先要对相关利益主体的资源投入进行有效评估，明确各类资源要素的科学评估标准，保证资源要素收益分配的公正合理，并友好商定乡村旅游发展中后期的所获利益的分配制度，制定确保能够有效顾及多元利益主体的利益分配保障机制，从而避免由于原居民因自身素质水平有限、各类资源要素产权不清晰、缺乏可借鉴可依照的法律法规等对参与乡村旅游资源要素市场价值被严重低估所引致的正当利益受损问题，避免外来资本投资设立的乡村旅游开发经营公司与原居民间的利益分配失衡问题。

（四）构建乡村旅游利益补偿机制

生态富裕区域开发乡村旅游，具有一定的合理性和比较优势，能够全面改善旅游目的地的农业生产、生活条件，创造新的就业机会，提升要素的附加价值，从而为增加农民收入创造了条件和提供了机会。然而，这种条件和机会能否真正地给乡村旅游目的地的村民带来切实的利益是以乡村旅游开发进程中的利益分配机制、村民资源禀赋和可行能力为基本前提条件的，也就是要从村民利益角度去审视乡村旅游开发过程中的利益联结问题。

确立本地居民在乡村旅游收益中的总体占比，是体现本地居民参与外来资本主导下的乡村旅游主体地位的表现。开发经营乡村旅游项目，不仅需要优美的生态资源，更重要的是当地独有的民俗风情文化内涵。乡村民俗风情文化的载体是本地居民，本地居民与乡村旅游天然融合在一起，也必然是乡村旅游良性发展的主体之一。乡村旅游体验者来乡村体验风俗文化，不是走马观花式地观看那些没有生命的古建筑，因此在发展乡村旅游时可以让本地居民在古建筑内正常生活，如此可让古老的民居建筑焕发生机。发展乡村旅游初期可将规划范围内的各类古建筑等折算成一定投资额，将本地居民所拥有的各类要素也通过明晰的产权制度进行确权，使本地居民参与到乡村旅游发展中，最终能达到本地居民、外来资本、观光游客等多方的利益平衡。

村民技能和知识缺乏决定了其难以将乡村旅游开发带来的机会转化为自由参与行为，难以做出有目的的选择，更难以达到预期的结果，从而失去了发展的权利。村民在乡村旅游开发进程中，不仅需要激活农村沉睡的资产，将资源、资产资本化,而且还需要将这些资源要素加以转化利用,实现资源价值转换。本地居民的开发经营能力提升是其分享乡村旅游收益的基础保障,也是享有收益分享权的关键,需借助再教育和再培训等多种方式提升本地居民的生产经营技能知识。

本地居民是乡村旅游开发经营的利益分享者,能否持久获得其应有利益份额事关乡村旅游开发经营的可持续发展。现实中由于各类参与乡村旅游的资源要素有一定的排他性和准公共性,容易出现公共地悲剧等有损持久发展的负面开发事件,进而损害乡村旅游的长久收益稳定。因此亟须构建产权明晰的要素资源参与乡村旅游的投入产出体系,将各类资源要素所有者的权责界定清晰,为乡村旅游发展利益的分享保驾护航。在乡村旅游开发过程中,明晰各类参与开发经营的要素权责,并给予本地居民和村集体参与乡村旅游规划建设的机会,建立本地居民与外来资本的利益联结的长效机制,共创共享乡村旅游开发的各种收益,从而优化分配乡村旅游开发经营收益。

第六章
乡村旅游目的地
农民受益机理分析

乡村旅游之所以在世界范围内受到广泛重视，并非因为其产业形态本身，而主要由于许多国家政府不约而同地赋予乡村旅游重要的社会目标。具体来说，不少国家的政府倾向于将乡村旅游看作乡村传统产业的替代产业，将乡村旅游的发展视为振兴处于衰退中的乡村的希望。日本各级政府就制定政策力求用乡村旅游替代林业、种植业、渔业等滑坡乡村产业。实际上，在欧盟、美国、新西兰等发达国家和地区的各级政府中，乡村旅游被普遍认为是发展乡村经济和创造就业的源泉。

第一节　乡村旅游目的地农民受益的理论分析

Mitchell 等将旅游发展对农民增收的作用概括为 3 种机制：直接效应、间接效应和动态效应，该框架实际上也可用来揭示乡村旅游的增收机制。具体而言：乡村旅游使农户增收的直接效应来源于游客在旅游目的地对商品和服务的消费，它不仅为旅游企业的投资者带来利润，同时也为就业于旅游企业的当地居民提供劳动收入；间接效应主要源于旅游收入的再分配，包括旅游企业购买旅游产品生产的原材料，从旅游发展中获益的群体的生活性和享受性消费，以及旅游业的发展给当地带来税收收入等，这些作用的总和就形成了乘数效应；而动态效应是旅游业长期促进经济增长以及对其他部门溢出效应的结果。旅游发展促进经济增长假说（Tourism-led Growth Hypothesis，TLGH）得到了不同时期的实证支持，而经济增长将对贫困人口发挥"涓滴"作用，随着整个国家或地区变得富有，经济增长必然通过各种途径，如就业机会、社会福利和家族纽带等来带动当地农户的收入增长。当然在对微观尺度案例进行乡村旅游扶贫增收效应的短期研究中，最值得关注的还是乡村旅游扶贫的直接效应，间接效应尤其是动态效应则不明显。

针对乡村旅游农户增收直接效应，可进一步从乡村旅游对农户收入的作用路径来分析乡村旅游扶贫的农户增收机制。联合国世界旅游组织（UNWTO）提出了旅游增收的七条途径，即：当地人口在旅游企业就业，向旅游企业供应商品和服务，直接向旅游者出售商品和服务，经营旅游小微企业，政府旅游税费收益再分配，旅游者或旅游企业的捐助支持和旅游基础设施投资使当地人口受益。结合中国乡村旅游的实践，以上七条途径中能给当地农户带来增收效应的主要是前四个渠道。旅游业是典型的劳动密集型产业，且就业门槛低，发展乡村旅游能为当地农户提供大量就业和收入机会。农户可以把自家种植的农副土特产品直接卖给游客或者当地农家乐等旅游接待企业，从而增加农业收入；有些农户选择到景区或者农家乐等旅游接待企业打工从而获得工资性收入；对于有一定资产和经营能力的农户，可经营农家乐或民宿客栈；有些农户还专门或者附带提供交通服务；一些农户通过向旅游者直接售卖旅游工艺品和纪念品，从而为农户带来可观的经营性收入；此外，中国政府为大力发展乡村旅游，采取以奖代补、先建后补、财政贴息等方式扶持乡村旅游业发展，从而为农户带来了补贴等其他收入。

虽然乡村旅游能给农户的农业收入、工资性收入、经营性收入、其他收入和家庭总收入带来增收效应，但由于各个村庄的地理位置、经济发展基础不同以及农户异质性的存在，乡村旅游农户增收效应也呈现出较大的差异性。村庄交通基础设施完善程度和到镇中心距离远近会影响游客的出行意愿和旅游消费模式，从而影响旅游流量和旅游消费，进而影响当地农户的各类收入；农户户主特征（如户主年龄、户主性别、户主民族、户主受教育程度）和家庭特征（如家庭成员是否为村干部、总人口数、劳动人口数、外出打工人口数、承包耕地面积、承包林地面积等）会影响农户的生计策略选择和生计能力，进而影响农户家庭的各类收入。此外，针对具有旅游扶贫条件的贫困地区，中国政府出台和实施了各种财政、金融、培训、规划设计等措施，这些公共政策等会对农户收入带来影响，但值得注意的是这些公共政策往往都以旅游扶贫为主要抓手来带动农户增收，而除了旅游扶贫政策之外的其他公共政策对农户收入的影响较小。

一、经济收入层面

（一）通过增加就业机会增加农民收入

　　作为旅游业的一种类型，乡村旅游是劳动密集型产业，根据经济合作与发展组织（OECD）的研究，乡村旅游每增加 15 万欧元的收益，就会创造五六个就业岗位，在餐饮服务和旅馆服务方面尤其突出。而且乡村旅游对从业人员的技能要求相对较低，在吸纳文化素质相对较低的农民就业方面具有得天独厚的优势。因为乡村旅游产品的乡村性不仅体现在乡村环境和乡土建筑上，更体现在厚重的乡村文化和淳朴的民风民俗上。也许适度落后的思维和行为方式、令人费解的本地语言、别开生面的民俗文化活动等正是作为乡村旅游主要客源的城市居民所孜孜以求的。因此，乡村旅游的从业人员未必要具有很高的文化素质，对农民稍加培训，懂一些基本的旅游服务常识和礼仪，即可上岗。我国现有农村剩余劳动力数量巨大，且文化程度普遍偏低、技能缺乏、就业竞争力不强，所以通过发展乡村旅游增加就业进而增加农民收入无疑是一种理想的选择。实践证明，凡是乡村旅游发展较好的农村地区，村民外出打工者很少，在外学习的学生和复员军人也都愿意回乡工作。在云南大理和丽江的一些村镇，农民直接或间接从事旅游服务的比例已经达到 50% 以上，部分乡村旅游地还大量吸纳附近村寨和外地的劳动力。特别值得一提的是，农村妇女劳动力在发展乡村旅游中发挥了主力军作用。无论是家庭作坊，还是"农家乐"餐馆，多数是"老板娘"支撑门面，而工艺品加工和经营，以及店铺、餐饮服务人员大约70% 是女性。

（二）通过促进农业生产技术的提高来增加农民收入

　　发展高产、优质、高效、生态、安全农业是现代农业发展的趋势，而不少乡村旅游产品就是观光农业或现代高科技农业。在乡村旅游发展过程中，农业结构得以优化，生产技术得以提高，生产效益得以增加，农民收入得以增多。成都锦江区围绕花卉、蔬菜生产等开发乡村旅游，花卉产值、农业产值快速增长，其中花卉产值由2014年的4124万元上升到2018年的6168万元，增幅达49.6%；农业生产总值在2014年至2018年五年间增长了6602万元，增长率达85.5%。随着生活水平的提高，人们对健康和安全越来越重视。因而在世界范围内，有机农业蓬勃兴起。IFOAM是有机农业方面最重要的国际组织，在1972年该组织成立时只有来自5个国家的代表，而现在已拥有来自120多个国家的600多个成员。与此同时，作为乡村旅游主要客源的大中城市居民对有机食品也青睐有加。乡村旅游地可以申请有机农产品基地认证为契机，整合地方农业人才、技术、物资等资源，积极建设信息服务体系、检验监测体系、标准化生产体系、流通营销体系、支持保护体系，推动农业由数量型向质量型转变，由资源依存型向科技依存型转变，进而增进农业效益，增加农民收入。

（三）通过促进农产品和其他土特产品营销增加农民收入

乡村旅游中"吃"和"购"两大环节与农产品密切相关，而且在这一过程中，农产品直接面对消费者，产品可以跳过流通环节直接到达消费者手中。这样，不但解决了农产品购销体制不畅的难题，而且还直接增加了农产品的需求量，提高了农民的农产品销售收入。云南省丽江玉龙县拉市海距离丽江市区8公里，同时又是丽江至香格里拉旅游路线的必经之地，有发展乡村旅游得天独厚的条件。乡村旅游的发展带动了餐饮业的发展，带动了农民的农产品销售收入的增加：一头猪拉到市场上去卖只能卖700元左右，而进入"农家乐"就可卖1000元；其他农产品的销售收入也在增加，苹果由过去每斤7~8角增为现在的2元，喂马的蚕豆由过去每斤5角增为现在的1.5元，鸭蛋也由每个8角增为2元。北京海淀、门头沟、顺义等地的樱桃，游客采摘价格高出市场销售价格近5倍。在乡村旅游发展的过程中，不仅农产品销售收入大增，过去没有人注意的土产、山货、民间艺术和手工艺品等都身价倍增。

（四）通过促进农村产业结构优化增加并稳定农民收入

由产业自身特点所限，农业生产不仅要面对自然风险，而且要面对市场风险，这就使得市场经济条件下的单纯依靠种植业为生的农民收入低而不稳。乡村旅游作为旅游业的一种类型，关联带动性很强，其发展有助于优化农村产业结构，使农民收入来源多元化，进而增加并稳定农民收入。以云南玉龙县拉市海为例，附近的纳西族村民过去世世代代以打鱼、种田为生，年人均收入低于当时丽江平均水平。1998年，安中村一个姓木的中年男子牵马在湿地上放养，一个游客询问能否骑一下马，给1元钱。于是，村民开始明白在湖边提供游客骑马服务可以挣钱，从此，越来越多的村民加入牵马行列，后各社相继成立了一些马队。随后，村民中出现了少数从事烧烤、办饭馆、卖水果的人家。旅游合作社成立后，随着旅游活动的展开，旅游人数的增加，员工家属从事烧烤、经营果园、卖水果和土特产品、开办农家乐的人数在增加，还带动了藤编、雕刻、刺绣、木工从业人员的增加，出现了为合作社马队服务的配马场。这大大提高了乡村经济多样化水平，增加并稳定了农民收入。

（五）通过改善农村生产的生活条件增加农民收入

产业发展、就业增加使地方税收和农民收入迅速攀升，这为农村基础设施的改善奠定了良好基础；旅游者对整洁、无污染环境的消费选择也推动了乡村生产、生活环境的改善。而基础设施和生产、生活条件的改善又会促进产业的进一步发展，进而增加农民收入。

二、人成长层面

（一）职业农民培养

乡村旅游是一种运行机制现代化的农村产业形态。它以市场为导向，以经济效益为中心，把旅游活动所涉及的生产要素进行优化组合，促使农业走上现代化经营之路。因此，乡村旅游有利于推动农业产业化进程，加快传统农业向现代农业的转变过程。而农村在发展乡村旅游的过程中，乡村旅游空间结构优化亟须通晓景观设计的专业技术人员，旅游产品的开发与创新需要懂经营的新型职业农民。因此可以说，基于乡村旅游培育新型职业农民进而改造传统农业成为农村经济增长的关键因素。不难看出，乡村旅游有利于提高农民素质，帮助他们从传统农业束缚中解放出来，进而推动农业研究投入，创新农业生产要素配置方法，促使传统农业向现代农业转变。

（二）专业技术人员培养

服务质量包括行业服务质量和社会服务质量两大类。其中，行业服务质量涵盖旅游景点、交通、旅行社等产业要素，社会服务质量则包括文化氛围与社会环境等要素。以乡村旅游为背景重新审视新兴农民培育，有利于提升服务质量。一方面，乡村旅游能提高农民的环境意识，使其具备可持续发展的理念和生态观。这是提升旅游服务质量的重要前提。乡村旅游的发展需要高素质服务人员，新型职业农民就是其中的一种。他们的文化水平和专业技术相对较高，能创造出生态环保的人文景观，为游客提供高质量服务。另一方面，乡村旅游是树立新型职业农民旅游形象的良好契机，这是旅游服务质量的重要感知因素。乡村旅游不仅应拥有高品位的旅游资源，更应设计具有竞争力的核心旅游产品。新型职业农民能够设计出以休闲度假为主要内涵的旅游产品，有利于提高当地知名度，产生旅游吸引力。

（三）留住农村人才

乡村旅游成为农村经济增长的重要贡献力量，它有利于促进农村资源合理配置，使广袤乡镇百业兴旺，带动农民就业增收。然而，目前很多农村青壮年背井离乡外出打工，且农村劳动力文化水平偏低，老龄化严重。这使农村劳动力面临着兼业化挑战，同时也是农村产业结构转型的瓶颈。"欲流之远者，必浚其泉源"，人才是社会经济发展的重要保障，能为农村经济发展发挥积极作用。乡村旅游能够为农民提供就业机会，提高农民创业能力，是典型的富民工程。在乡村旅游的带动下，很多农村青壮年开始返乡创业，涉农专业的高校毕业生愿意回到农村工作，高素质的新型职业农民的培育工作得到进一步促进。其中，通过乡村旅游的契机培育新型职业农民，有助于留住农村人才，进而壮大农村人才队伍，为实施科技兴农战略提供人力资源保障。此外，不断发展壮大的乡村旅游也让农民产生归属感和认同感，使他们积极投入到培训和学习中，加入新型职业农民队伍，为乡村旅游发展贡献力量。

三、生态环境层面

乡村旅游是在乡村景点的基础上发展起来的。乡村旅游是利用乡村的自然景点、独特的乡村习俗以及本地的方言等特色吸引游客体验。群众利用旅游进行全身心的放松，乡村旅游便为游客提供观光、休闲度假以及体验农村风俗的旅游活动。乡村旅游主导的风格便是乡村自然的风格，主要表现在乡村的标志性建筑、服装、食物、环境等自然风格以及乡村本地的传统习俗、乡村风貌以及当地语言等文化特点上。群众生活水平的提高推动了乡村旅游业的发展。群众在生活方面得到了满足之后开始寻求精神上的满足。我国城市化的到来，导致群众体验不到原来的自然环境。群众在工作以及生活的双重压力下更加地向往淳朴的乡村生活。群众为了寻找宣泄的出口，在工作之后的休息时间想要远离城市的喧嚣，在旅游的景点上选择的便是乡村旅游。因此城市内的群众对于乡村旅游的需求量是巨大的。同时乡村的村民为了寻求更好的发展，缩小城乡的贫富差距，越来越多的乡村成了群众旅游的景点。因此我国乡村旅游得到了很好的发展。在乡村旅游不断地发展下，各个乡村采取了不同的旅游模式，形成了规模较大的乡村旅游行业。乡村旅游推动了当地村民的整体经济水平。因此，乡村旅游的发展前景依旧十分广阔，乡村旅游与生态环境建设共同发展才是长久之计。生态环境建设与乡村旅游之间存在动态关系。农村生态环境良好才能够吸引游客进行观光，生态环境是乡村旅游的根本。乡村旅游可以向游客更好地宣传生态环境的建设，增强游客建设生态环境、保护环境的相关意识。生态环境建设与乡村旅游之间既有互助关系也可相互制约。为了促进两者之间共同发展，生态环境建设与乡村旅游之间的动态关系是所需要关注的重点。

（一）生态环境建设与乡村旅游的互助关系

生态环境建设与乡村旅游的发展是相互依存的。乡村旅游是依靠游客观光发展起来的，而良好的生态环境是吸引游客观光的重点。乡村旅游可以发展起来的主要原因是乡村独特的田园风格以及生活习惯和当地的民俗等特点，这些特点都是在当今城市化的社会上所体验不到的。大多数的乡村旅游都是以当地的自然风景特色，人文生态环境以及自然资源景观丰富的优势发展起来的。各个地区的乡村旅游根据当地乡村不同的生态性，民族性以及地域性等方面来发展乡村旅游，根据当地自身的生态环境优势，打造风格不同的乡村旅游。乡村旅游的建设促进了农村生态环境的保护，同时发展了当地农村的经济。游客选择乡村旅游主要是为了短暂远离城市的喧嚣，体验原味的生态环境，见识农村自然生态环境。若乡村失去了原有的特色，破坏了自然生态环境，便会直接阻断乡村旅游的发展。因此，乡村旅游应充分地意识到自然生态环境的重要性。乡村旅游应该保护自然环境，防止游客破坏当地环境，推行绿色发展道路，保护当地野生动物，严禁当地出现污染环境的工厂，做到有效地保护当地自然资源，对当地自然资源环境加以利用，吸引游客，促进乡村旅游的可持续发展。乡村人文生态环境也是乡村旅游的一大特色，乡村人文生态环境是提高乡村旅游品位的表现，乡村旅游品位的提升会更加吸引游客的到来。乡村人文生态环境主要体现在当地的特色建筑、衣服、首饰、饮食、手工产品以及语言等方面。我国文化博大精深，乡村人文生态也是我国文化的一种体现。乡村人文生态会吸引更多的游客进行观光，使游客在休闲时也可享受到文化所带来的美好。在乡村旅游没有发展起来之前，无论是当地自然环境还是当地文化环境都会被忽视。乡村旅游出现后，这些都被重视起来，使游客体验到了自然环境所带来的风光，让当地的手工业也能够传承下来，更大程度上地保护了当地的乡村文化。乡村旅游发展为当地农村带来了经济收入，改变了当地村民的经济状况，同时为村子的发展明确了方向。村庄为吸引更多游客进行观光，使游客的旅行有好的体验，当地村民会对环境进行改善，对当地特色也会进行翻新，村内的交通情况也会得到大大的改善，同时当地村民也会更加重视绿化的实施来保护当地生态环境。游客的到来会让当地村民见识到各色各样的人，在与游客交谈的过程当中，他们也会提高自身的素质，使当地乡村在保持当地特色文化的同时，村民思想以及科技等方面更加城市化，使当地村民向更加文明环保的生活方式逐渐发展。

（二）生态环境建设与乡村旅游的相互制约

乡村旅游的发展需要依靠良好的生态环境。因此生态环境建设与乡村旅游存在相互制约的关系。良好的生态环境以及当地独特的生态文化才能吸引游客的到来。乡村旅游的游客数量逐渐增多，在乡村旅游途中，少数低素质的游客会随地乱扔垃圾，从而会破坏当地自然环境，如果相关人员对此现象不采取措施，乡村旅游很难做到持续性发展。很多乡村旅游目的地对当地环境不够重视，在乡村旅游经济收入面前忽视了自然生态环境。例如游客数量的迅速增长，使当地饭馆生意火爆，对于排放污水以及剩饭剩菜无处理的情况导致当地环境受到污染，使游客对乡村旅游留下较差的体验经历，乡村旅游发展便会呈现衰败的趋势。乡村旅游也应该重视当地的人文生态环境。乡村旅游应该重点突出当地文化从而吸引更多的游客，保证乡村旅游的可持续发展。乡村旅游的发展会给当地生态环境带来一定的负担。游客的增多导致大量污染物的产生，使当地自然环境的压力增大，对当地的自然生态环境造成破坏。同时，当地村民为保证游客的良好体验以及自身的经济收入，会建设大量的宾馆以及饭馆，使当地自然建筑被破坏，在建设过程中也会出现环境污染的现象，破坏当地生态环境的特色，阻碍乡村旅游的发展。

（三）生态文明建设为乡村旅游开发奠定基础

生态文明建设为乡村旅游开发提供科学指导。生态文明建设可以促使乡村在进行旅游开发时树立绿色发展的理念和持续发展的价值观，引导游客文明旅游并践行"生态消费""低碳消费"观念。如湖北的鄂西生态文化旅游圈近年在这方面取得了显著成绩,坚持了生态文明建设与乡村旅游开发融合发展,使得二者相互促进、相得益彰。生态文明建设为乡村旅游创造核心吸引物。生态文明建设将资源节约、环境保护、生态修护和国土空间布局等内容纳入核心工作之中,为乡村旅游开发奠定了坚实基础。其主要体现在两方面:一是通过生态保护培育核心吸引物,如对山、水、林、田、路的生态保育和环境优化,为乡村旅游开发提供了不可或缺的环境资源和优质的物质要素;二是通过生态修复创造核心吸引物,修复的成果也将为乡村旅游提供资源支持,如对荒山、荒地和废弃的矿山、滩涂、湿地等进行整治、绿化、修复,保持自然生态特色,很容易形成乡村旅游的亮点,吸引广大游客。生态文明建设为乡村旅游开发优化社会环境。党的十八届三中全会提出了"必须树立尊重自然、顺应自然、保护自然的生态文明理念,把生态文明建设放在突出地位,融入经济建设、政治建设、文化建设、社会建设各方面和全过程"。其中,生态经济对传统经济的提升和优化,成为社会普遍关注的领域之一,而乡村旅游作为生态经济和全域旅游的重要组成部分,也受到了广泛的重视。

(四)乡村旅游开发促进生态文明建设

科学的乡村旅游开发有利于环境保护和资源节约。如湖北省的清江流域在开发旅游之前,一度大力发展水产养殖业,江面上网箱密布,导致清江水严重污染并长期得不到有效解决;近年随着乡村旅游的开发,为保护旅游生态环境,大量的网箱被拆除,清江水质也在逐渐恢复。这在一定程度上说明了乡村旅游开发是生态文明建设的重要动力,也证明了乡村旅游开发对生态文明建设的重要贡献。科学合理的乡村旅游开发是生态文明建设的重要部分,是将乡村旅游资源转化成有吸引力的旅游产品,其目的是将现有的环境资源变成风景资源,再将风景变为资本。在将环境资源转化为风景资源的过程中,就需要对乡村环境进行绿化、净化、美化。绿化指植树造林、生态保育,使环境变成绿色生态的过程;净化指清除水、空气、土地中的污染物,使环境清洁的过程;美化则是对环境的优化、装饰与点缀,使环境更加具有审美价值和游憩功能的过程。这些在一定程度上构成乡村生态文明建设的重要部分。乡村旅游开发是生态文明宣传教育的重要载体。经过开发后的乡村旅游通过旅游活动可以向游客和村民展示乡村生态文明建设成果，让他们感受生态文明建设带来的益处，如生态保护和生态修复所带来的良好生态红利与旅游红利，可加深人们对于生态文明建设重要性的认知，从而提高人们的生态环保意识和生态文明建设的积极性。

四、乡村旅游中农民受益的关键影响因素——参与度

乡村是实现乡村振兴的主体。国内外关于社会治理基层单位的社区研究形成了丰富的成果，在发展乡村旅游产业中，乡村居民的主动参与是乡村旅游发展的内在动力，通过大力发展乡村参与性旅游，不仅可以有效增加少数居民的收入，而且还能激发他们对旅游资源和生态环境实施保护的热情。

（一）农村社区与乡村旅游发展的二元互动关系

农村社区与乡村旅游发展之间存在着二元互动关系：一方面，支持和参与乡村旅游发展是农村社区的基本职责之一。作为乡村旅游资源中的一部分，农村社区居民不是乡村旅游活动的旁观者，每一个农村社区居民都有权利参与到乡村旅游资源开发中来。同样，参与乡村旅游建设也是农村社区的责任，农村社区积极参与乡村旅游，有助于乡村旅游可持续健康发展和农民收入水平提高。但是，很多地区的旅游业在发展过程中，都忽略了当地农村居民要求，也没有与农村社区建立合作关系，最终引发了旅游经济秩序混乱问题，这反映出当前农村社区在支持和参与乡村旅游发展方面的职责履行不到位。乡村旅游的可持续发展离不开农村社区的支持和社区民众的积极参与。当地政府如若能在旅游经济决策和实践、旅游规划和实施、环境保护问题中坚持自下而上的决策方式，广泛听取社区民众的意见，必能减少民众对外来者的反感情绪，增强旅游利益分配体系的公平性。再则，乡村旅游在促进乡村经济发展的同时，也带来了一系列的问题，如环境侵扰、收益分配争执等问题。社区民众是乡村旅游消极问题的直接承担者，要想

更好地解决这些问题，必须让社区民众参与进来，以实现乡村旅游资源的可持续保护与发展的效果。

（二）农村社区参与乡村旅游发展的模式

当前农村社区参与乡村旅游发展的模式主要有三种：第一种是村民自发型。村民自发型指社区居民自发组织、自愿参与当地旅游业发展的模式。村民自发型旅游参与模式指在共同利益和目标作用下，民众结合到一起进行自我管理的旅游模式。如江西罗平婺源地区的民众，在靠近景点的地区自发建设农家乐食宿点的增收行为，就属此类性质的旅游参与模式。这类型可有效提高乡村旅游服务质量，有助于旅游品牌开发和当地农民致富增收。第二种是农村社区动员参与决策型。农村社区动员型指农村社区以满足区域内民众发展需求的目标为依托，引导居民广泛参与社区活动的旅游参与模式。农村社区动员型社区旅游参与模式指社区成员在社区居委会的发动下参与社区旅游事务决策的参与模式，其常见形式是景点民主评议。如在乡村旅游决策形成过程中，社区管理部门积极动员社区民众通过社区论坛、居民代表大会等形式商议相关事宜，但是不参与实际旅游开发。这一社区旅游参与模式可提高社区旅游决策的科学性、合理性。这一社区旅游参与模式的实施，需要基层政府按照积极动员原则明确民众参与乡村旅游细则和规范，并发动民众参与到旅游管理中来。第三种是农村社区互助合作型。社区互助合作型旅游参与模式指在不需要立法机构和行政部门强制干预的情况下，社区组织、民众借助于平等协商机制合作参与旅游管理的参与模式。农村社区互助合作型旅游参与模式又分为社区组织、辖区单位合作型和社区居委会、专干合作型。社区居委会、专干合作型参与模式指由社区居委会聘请旅游专干与居委会成员一起参与的旅游管理形式，互帮互助、互惠互利是这一参与模式的主要特征，如在旅游资源开发、招商引资中，社区可以这一模式为模板组建联合经营公司，走"社区机构＋居民＋公司"的参与道路，积极行使发言权和监督权，提高利益分配的合理性。

第二节　乡村旅游开发模式与农民受益现状分析——基于农民参与视角

　　乡村旅游以其良好的社会、经济和生态功能成为现代社会人们回归自然和发展农村经济的一种重要内生模式。旅游扶贫则是在一些贫困但旅游资源丰富的地区，通过发展乡村旅游使当地农民摆脱贫困，走向富裕，进而促使当地的政治、经济和文化协调发展。中共中央、国务院《关于打赢脱贫攻坚战的决定》（中发〔2015〕34号）明确提出，确保2020年我国农村贫困人口实现脱贫，贫困县全部摘帽。因此，乡村旅游作为农村脱贫攻坚的有效方式，研究切实有效的乡村旅游开发模式显得极为重要。由于全国各地的乡村旅游发展不均衡，区域性特点明显，因此，当前有必要在乡村旅游快速发展的背景下，科学合理地规划乡村旅游模式，构建完善的乡村旅游体系，让乡村旅游带动当地相关产业发展，实现脱贫致富。

　　乡村旅游开发模式不仅关系到我国乡村旅游的全面可持续发展，也直接关系到乡村旅游的经营效果以及当地居民的参与程度及利益分配方式，进而影响着乡村旅游的发展动力和致富成效。因此在上述背景下，对我国目前乡村旅游开发模式进行梳理和研究，结合我国乡村旅游的发展现状，对我国乡村旅游开发模式选择进行探索，期望对乡村旅游的全面可持续发展提供参考和建议。

一、开发模式分类及农民受益空间差异

　　乡村旅游的开发涉及众多利益相关主体，主要包括地方政府、当地农民、旅游企业、旅游者等。受利益相关者理论的影响，国内乡村旅游研究

者较多站在政府的视角，从利益主体的角度对乡村旅游开发模式进行了划分，但极少从增收效应视角和现有开发实践角度进行梳理和研究。

（一）目前我国乡村旅游开发模式类型及特点

在已有学者研究的基础之上，通过对全国乡村旅游监测点的实地调研和访谈，结合监测点地区实际情况，从主体属性来对我国目前乡村旅游开发模式进行梳理和分类，分为"景区带村"模式、"旅行社带动"模式、"能人带动"模式、"公司＋农户"模式以及"合作社＋农户"模式等。

1. "景区带村"模式

"景区带村"模式是以"一个景区，致富一方百姓"为理念，坚持以核心景区带动为抓手，把乡村旅游景区的部分服务功能分离出来，引导景区周边农户参与景区服务和营销产品，利用景区自然资源、人文资源和地理优势，开发乡村旅游业，让旅游扶贫点农户享受景区带来的发展红利，最终实现脱贫致富的一种旅游开发模式。

本模式中"景区"是指以旅游及其相关活动为主要功能之区域场所，能够满足游客参观游览、休闲度假、康乐健身等旅游需求，具备相应的旅游设施并提供相应的旅游产品和旅游服务的独立管理区。"景区带村"模式具有两个显著特点：一是景区带动作用强大，核心景区不仅能够带动周边乡村的旅游住宿、餐饮、购物以及农副产品与土特产品销售，而且能有效带动景区周边农户就业增收，促进农户脱贫致富；二是"景区带村"可以美化乡村，通过景区建设发展，改善乡村环境，扩大和提升乡村知名度和景区的接待能力，形成具有特色的旅游配套服务和设施。

该开发模式在我国东部和东北地区较为突出，这些地区结合本地发展实际，通过"景区带村"模式，充分整合乡村景区的优势资源，将景区发展与农户增收紧密结合，通过景区创建与发展带动农村经济发展，实现农户增加收入进而致富的目标。

2. "旅行社带动"模式

旅行社业是由为游客旅行提供服务的专门机构所组成的行业。旅行社业在旅游业中发挥桥梁和纽带作用，把旅游过程中的食、住、行、游、购、娱等环节联结起来，并通过旅游客源的组织和旅游产品的生产，将旅游业各个部门之间紧密地联系在一起，从而使旅游业内部形成了一个相互依存、相互制约的有机的整体。

"旅行社带动"模式主要是指旅游项目和旅游产品借助旅行社具有旅游广告宣传促销和组织旅游招来活动的能力，为旅游项目和景区景点增加游客流量，提升旅游产品的营销额和利润，增加景区与农户收入，最终实现农户致富的一种旅游开发模式。

旅行社能够带动周边农户增收致富是与旅行社的特有功能密不可分。旅行社可根据特许经营的业务范围充分利用各种宣传媒体进行旅游广告宣传和开展旅游业务促销活动，组织招来和接待旅游者。旅行社通过这一特有功能，可以让一个名不见经传的小山村迅速走红，从而带动村庄发展，实现农户增收。

我国西部较多地区结合各地乡村旅游发展的具体实际，通过"旅行社带动"模式，在旅游扶贫中，最大限度发挥旅行社具有旅游活动的组织者和目的地旅游业探路者的先锋队作用，将景区发展与农户脱贫紧密结合，最终实现农户增加收入的目标。

3. "能人带动"模式

所谓"能人带动"是指在乡村旅游发展中，以一些具有突出经营管理能力或其他特殊才能的本地精英为主导，带动农户参与乡村旅游服务，从而实现共同致富的发展模式。"能人"是指那些有智慧、有技能、有进取精神，敢干事、敢创业，能干事、干成事，在创业致富和推进发展方面发挥示范引领作用的人。

近年来，在我国乡村旅游实践中，涌现出了"能人带户"旅游开发模式，成为农户致富行之有效的经验和做法，得到了国务院和相关部门的高度重视。国务院办公厅发布的《关于促进全域旅游发展的指导意见》提出，大力实施乡村旅游扶贫富民工程，通过资源整合积极发展旅游产业，健全完善"景区带村、能人带户"的旅游开发模式。

我国主要在中部和西部地区结合各地乡村旅游发展的具体实际，通过"能人带户"模式，在旅游增收中最大限度发挥"能人"的作用，通过能人物质财富和精神财富的投入，将发展乡村旅游与农户扶贫紧密结合，发展乡村旅游经济，最终实现农户增加收入、脱贫致富的目标。

4. "公司＋农户"模式

"公司＋农户"模式是以企业带头，吸纳当地农民参与旅游项目的服务与管理，定期进行检查，并对农户的接待服务与提供的旅游产品进行规范管理，从而保证产品质量和服务质量的经营管理模式。该模式是通过农户和公司之间签订契约的形式来明确双方的权利和义务。

公司利用其自身组织和管理上的优势负责旅游项目的管理和市场的开拓，农户则根据自己的实际情况向游客提供住宿、餐饮及其他能够体现农家风味的旅游活动。公司还可以提供资金来帮助农户进行基础设施的修建，组织进行专业知识的培训，引导农户进行规范化的服务，结合农户自身的特点进行特色化的营销，形成健康、有序、可持续发展模式。开发和经营管理所需的资金，可以通过协商，按照一定的出资比例，由公司和农户共同承担，也可以采取入股的方式，村民的房屋、田地和果园等个人财产都可以作价入股，按股份分红。

"公司＋农户"模式具有两个显著特点：一是公司与农户权责分明，在"公司＋农户"模式中，经营权和所有权分离，经营权归公司所有，而所有权按出资比例由公司和农户共同所有。公司主要负责项目规划、建设、经营管理，营销宣传和开拓市场等，同时还负责对农户进行培训、监督。而农户则负责日常服务和生产，提高了生产效率，有利于生产力的提高。二是公司与农户优势互补，"公司＋农户"模式使农户在日常的经营管理中不必集中在一个地方进行产品生产或提供服务，农户为公司提供生产原料和劳动，公司则为农户提供经营管理方法，双方优势互补，实现共赢。

因此，"公司＋农户"模式可以利用公司在市场、资金、信息、营销等方面的优势，综合农户在经营场地、人文风俗文化等方面的优势，既克服了农户不懂市场、不懂经营的弊端，又解决了公司不易进入农村内部市场的短处，实现公司与农户的双丰收，这种模式在我国中部和东北地区较为明显。

5. "合作社＋农户"模式

"合作社＋农户"模式是属于创新性的旅游合作模式，其主导是合作社，主要是在公司或能人带领下，农户聚在一起组建合作社，形成拳头力量，形成规模面对市场，规模化经营管理，达到集体增收致富的目的。

"合作社＋农户"模式具有两个显著特征：一是合作社可以较好保障合作社员利益，实现会员利益均衡分配。二是合作社可以较好处理内部社区、公司、农户之间的关系，有利于管理与分配过程中的公平、公开、公正。

"合作社＋农户"模式极大地促进了农业资源向旅游产品转化。合作社集资可以缓解政府的投资不足，减少政府的资金投入压力。随着乡村旅游项目的开发和外来投资涌入，农户通过融入产业链分享旅游开发的红利。农户除了通过经营旅游项目获取收入外，还能获取劳务、租金、股金、薪金等收入，农产品自种自销也使收入得到大幅提升。此外，"合作社＋农户"的兴起使行业自治氛围愈浓，较好地保障了农户利益。通过"合作社＋农户"的模式可以提高农户参与的积极性，并且帮助合作社做强做大。

因此，"合作社＋农户"模式可以利用合作社在市场、资金、信息、营销等方面的优势，将合作社发展与农户紧密结合，发展乡村旅游经济，最终实现农户增加收入、脱贫致富的目标。

2019 年 11 月 12 日，由文化和旅游部资源开发司主办，全国乡村旅游监测中心和全国旅游扶贫培训基地（浙江湖州）承办的全国乡村旅游监测点填报工作培训在浙江省湖州市举行，借此次机会，作者对来自全国各地的乡村旅游监测点观测员进行了问卷的发放以及访谈。

问卷总共发放了 210 份，回收有效问卷 182 份，样本分布涉及 26 个省、自治区、直辖市。问卷数据分析表明，我国目前乡村旅游开发模式中，以"景区带村"模式为主，占样本数量的 51.2%，"公司＋农户"模式位居第二，占总开发模式的 15.7%，其后依次为"合作社＋农户"模式、"能人带动"模式、其他以及"旅行社带动"模式，分别占比为 13.4%、9.4%、7.9% 和 2.4%。具体见图 6-1。

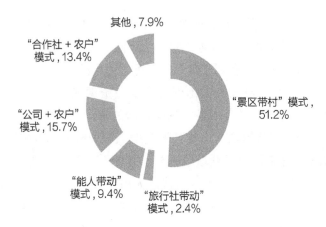

图6-1　我国贫困地区乡村旅游开发模式分类及占比

（二）乡村旅游开发模式增收效应的空间差异

1. 乡村旅游开发模式的空间分布状况

全国乡村旅游监测中心分布在28个省、自治区、直辖市的182个村的调研数据表明，受旅游资源和区位的影响，不同地区乡村旅游开发模式类型分布存在着较大的差异，如表6-1所示。

表6-1　乡村旅游扶贫点样本的空间分布

地 区	包含省、自治区、直辖市	样本量	占比（%）
东部	浙江省、江苏省、河北省、山东省、海南省、广东省、福建省	26	14.3
中部	山西省、河南省、湖北省、安徽省、湖南省、江西省	52	28.5
西部	内蒙古自治区、新疆维吾尔自治区、宁夏回族自治区、陕西省、甘肃省、青海省、重庆市、四川省、西藏自治区、广西壮族自治区、贵州省、云南省	88	48.4
东北	黑龙江省、吉林省、辽宁省	16	8.8

　　统计数据表明，我国东部地区监测点（村）主要分布在河北、山东和海南等3省，这些地区乡村旅游开发的主要模式为"景区带村"模式，该开发模式占全部开发模式的58.1%；其次是"公司＋农户"模式，占比16.1%，"合作社＋农户"模式与"能人带动"模式均为9.7%，"旅行社带动"模式占3.2%。中部地区以"景区带村"模式和"能人带动"模式为主，分别占总类型的55.2%和27.6%；"公司＋农户"、"合作社＋农户"以及"其他"模式分别占比为6.9%、3.4%和6.9%，中部地区乡村旅游开发模式抽样中没有出现"旅行社带动"模式，具体见图6-2、图6-3。

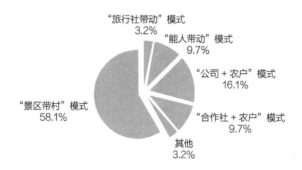

图 6-2　东部地区乡村旅游开发模式分布

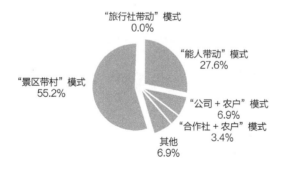

图 6-3　中部地区乡村旅游开发模式

我国西部地区乡村旅游开发模式类型分布较多，其中"景区带村"模式占比32.3%，在所有模式中占比最大；其次为"合作社＋农户"模式，占比为22.6%；接下来依次为"公司＋农户""能人带动"这两种模式，分别占比16.1%、16.1%；"旅行社带动"模式占比3.2%，其他类型为9.7%。我国东北地区开发模式类型相对集中，"景区带村""公司＋农户""能人带动"三种模式分别占比为57.1%、19.0%、14.3%，超过了总数的90%，具体见图6-4、图6-5。

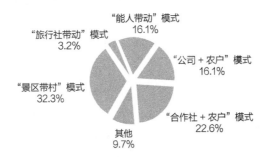

图6-4　西部地区乡村旅游开发模式

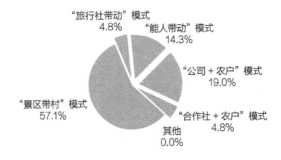

图6-5　东北地区乡村旅游开发模式

2. 乡村旅游增收效应测量体系设计

为了进一步分析不同乡村旅游开发模式增收效应及差异情况，作者通过对28个省、自治区、直辖市已经设立的182个乡村旅游监测点历年的监测数据进行梳理。同时为建立科学的旅游增收统计监测评价体系，分析和探讨乡村旅游富民的成效，作者通过问卷发放、访谈等方式，从经济效益、社会效益、生态效益等三个方面构建了评估体系。

　　研究成员在梳理相关文献的基础上，通过开放式问卷的发放和收集，征询业内多位乡村旅游领域内的专家学者，对每一个维度所涵盖的指标体系进行筛选，从分类层、要素层以及指标层考量，最终选取指标测量量表，具体见表6-2。

表6-2　乡村旅游减贫效应的评价指标体系

分类层	要素层	指标层
经济效益	解决就业	乡村旅游就业贡献度（%）
		乡村旅游贫困人口就业贡献度（%）
	增加收入	乡村旅游人均可支配收入贡献度（%）
		乡村旅游贫困人口人均可支配收入贡献度（%）
	扶贫脱贫	乡村旅游脱贫人数占总脱贫人数比重（人）
社会效益	教育水平	乡村旅游从业人员接受过初中及以上教育人数（人）
	基础设施	有线电视入户率（%）
		移动电话普及率（%）
		乡村旅游经营场所免费无线 Wi-Fi 覆盖率（%）
	旅游接待能力	乡村旅游车位数（个）
		乡村旅游床位数（个）
		乡村旅游招待餐位数（个）

续表

分类层	要素层	指标层
生态效益	环保投入	村集体环保投入总额（万元）
		村集体公共财政支出（万元）
		生活垃圾集中收集点覆盖率（%）
	卫生条件	接入生活污水处理设施农户比率（%）
		公共卫生厕所比率（%）
		水冲式厕所普及率（%）

3. 乡村旅游开发模式减贫效益差异分析

结合 2018 年各观测点填报的指标数据（年度数据），对各指标进行极大极小值法标准化转换，删除量纲的影响，再通过统计软件 SPSS19.0 进行因子分析的适宜性检验，其中 KMO 值为 0.83，Bartlett 球体显著性检验值 P 为 0.005，结论为适合于因子分析；利用探索性因子分析等方式确定要素层次中各指标的权重，测算出乡村旅游开发模式的减贫效应，并进行比较。为了避免区位、地方经济等因素的影响，本报告按照东部、中部、西部以及东北地区进行分别测算富民效益的综合指数，以比较不同模式之间的效益差异，具体结论见表 6-3。

表 6-3 我国乡村旅游开发模式综合效益空间差异

开发模式	综合效应指数				开发模式指数均值
	东部	中部	西部	东北	
"景区带村"模式	81.76	77.89	81.90	73.37	78.73
"旅行社带动"模式	71.09	67.11	73.98	69.20	70.35
"能人带动"模式	76.08	71.79	68.57	68.21	71.16

续表

开发模式	综合效应指数				开发模式指数均值
	东部	中部	西部	东北	
"公司＋农户"模式	81.41	72.38	79.99	77.87	77.91
"合作社＋农户"模式	82.10	74.57	83.82	79.67	80.04
地区指数均值	78.49	72.75	77.65	73.66	/

　　不同的开发模式，其综合效益区域内和区域间均存在较为显著的差异。定量测算结论表明，从开发模式指数均值来看，"合作社＋农户"模式、"景区带村"模式、"公司＋农户"模式综合效应更为显著些；从地区均值来看，东部和西部地区乡村旅游综合效应相对较好，中部和东北地区综合效应要弱些。其中，东部地区"合作社＋农户"模式综合效应最好，"景区带动""公司＋农户"模式次之，"旅行社带动"模式指数值最低；中部地区"景区带村"模式最为突出，"合作社＋农户"模式相对较好；西部地区同样以"合作社＋农户""景区带村"模式效果最好，"能人带动"模式不尽如人意；东北地区则以"合作社＋农户""公司＋农户"模式为最好。

二、农民参与乡村旅游途径分类及现状

（一）我国村民参与乡村旅游的主要方式

　　作者实地调研和问卷采集数据显示，乡村旅游监测点所在的村落中，村民参与乡村旅游的途径主要有劳力投入、土地入股、出租房屋以及资金入股等主要形式。其中以劳力投入为主，土地入股其次，乡村旅游发展过程中，集体土地或山地的旅游开发，使得多数村民得到分红，同时自家闲置房屋的出租，也为村民带来收益，如图6-6所示。

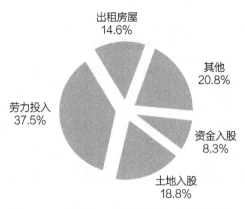

图 6-6　贫困地区村民参与乡村旅游途径

（二）乡村旅游提供的主要工作岗位

通过对乡村旅游的实地调研和问卷发放采集的数据分析，目前发展乡村旅游发展进程中，村民从事的岗位主要有景区门票管理、参与本地交通运营、乡村旅游导游讲解、景区保洁、销售旅游产品、经营农家乐以及在相关乡村旅游经营户中从事雇佣工作等。其中在经营户中工作占比最高，其次分别为旅游产品销售、清洁卫生和经营农家乐等工作，具体见图 6-7。

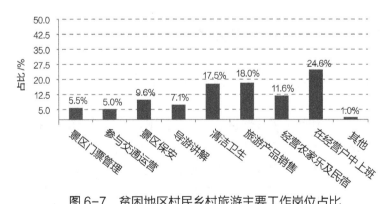

图 6-7　贫困地区村民乡村旅游主要工作岗位占比

三、参与程度测算及关键影响因素分析

本部分在前述乡村旅游监测点农民参与的渠道梳理的基础上，对农民在乡村旅游开发中参与程度的差异开展分析；定量探讨目前农民参与乡村旅游的"介入"程度及能力，以期找出瓶颈因素，通过有针对性的分析，为后续的政策分析提供参考。

（一）乡村旅游开发中农民参与程度测算设计

1. 乡村旅游开发中农民参与程度测算的理论探讨

农民参与乡村旅游是指以农民为主体，参与旅游活动的决策、规划、开发、经营、管理、监督的全过程，从而实现旅游可持续发展和社区发展双重目标的行为及过程。而农民参与程度的综合评判，是指农民以知识、劳动、土地等要素参与社区旅游发展全过程，并且最终获得旅游收益程度的大小，既包括内容上参与领域的宽窄，也包括质量上的广度、深度和效度。

在总结已有研究的基础上，本报告中农民参与内容主要涉及决策规划、经营管理、利益分配、教育培训、环保和文化维护等诸多方面，参与领域较为广泛，本报告从内容和质量两个维度构建参与度评价的指标体系。内容维度指乡村旅游发展中农民的参与形式，在对相关文献梳理的基础上，将居民参与形式分为开发决策、经营管理、利益分享和监督发展四个方面。质量维度指参与的广度、深度和效度。参与广度主要指农民参与主体和渠道的广泛性和充分性；参与深度主要指村民参与内容的层次性和自主性；参与效度主要指参与行为的效果和满意度。据此，构建出旅游扶贫中农民参与度评价的模型框架。

按照选定的内容和质量两个维度选取相应指标，结合相关文献，作者初步梳理了24个指标。然后，就评价指标体系采取层次分析法（AHP）对原有指标体系进行类别调整、指标删减和增加，经过多次意见征询，最终构建了由16个指标组成的旅游扶贫中农民参与度评价指标体系。

233

2. 参与程度测算

计算出上述各指标的权重后，采用李克特（Likert）5级量表对各项指标从劣到优依次打分确定分值；最后根据对16个评价指标权重判断和实地数据量化处理结果，采用加权汇总的方式测算参与度值。

3. 参与程度测算结论

整体来看，农民参与度为3.47，属于"较好"等级（按照1—5分从劣到优分级）；旅游业发展的不同阶段，社区参与的规模、形式、内容均存在差异，从单纯的经济参与到经济、文化、环境等多方面参与，具体可分为4个阶段，分别是个别参与、组织参与、大众参与和全面参与（胡志毅、张兆干，2016）。结合实地调研情况，我国乡村旅游基本属于大众参与阶段，距离全面参与还有较大的差距。

在参与效度上，总体为"监督发展＞利益分享＞经营管理＞开发决策"，即在"监督发展"上的得分较高，在开发决策上得分较低，表明乡村旅游发展对于社区环境、村民生活状况改善明显，积极影响突出，尽管部分村民参与当地开发决策方面，但参与效果并不明显，村民意见未能充分表达，且提出的建议很少被相关部门采纳。

在参与广度上，则为"经营管理＞利益分享＞监督发展＞开发决策"，可见农民在乡村旅游经营管理上的得分较高，在开发决策上的得分较低，表明经营管理方面农民拥有更多的参与机会和多样的参与方式，但是开发决策方面存在参与人数有限、参与渠道不完善等问题。

在参与深度上，为"利益分享＞监督发展＞经营管理＞开发决策"，在经营管理和开发决策两方面，村民参与深度都不高，以低层次的旅游商品和服务提供为主，很少涉及当地旅游发展的决策层面。

（二）乡村旅游开发中农民参与程度评价总结

1. 内容层面：开发决策参与偏低，监督发展参与较高。通过定量测算得知，在开发决策、经营管理、利益分享和监督发展四个方面的参与得分排序中，开发决策参与综合得分值排序第四，监督发展参与综合得分值排序第一。开发决策参与均处于较低水平，具体表现出参与人数有限、参与渠道（相对）单一、参与深度不够等特征；监督发展参与相对较高，具体表现为旅游发展对社区整体环境以及居民生活产生了积极影响，且当地居民旅游参与主动性和积极性较强。

2. 质量层面：效度得分高，广度次之，深度明显不足。 通过计算得知，在参与广度、参与深度和参与效度三个纵向排序中，呈现出参与效度优于参与广度优于参与深度的现象。参与效度得分最高，其中监督发展效度得分最高，开发决策得分最低，表明居民对乡村旅游发展的积极感知明显；参与广度次之，其中经营管理得分最高，开发决策得分最低，表明现阶段农民主要以劳务参与介入旅游发展；参与深度得分最低，主要表现在经营管理和开发决策两方面，以低层次的旅游商品和服务提供为主，且很少涉及当地旅游发展的决策层面。

（三）乡村旅游开发中农民参与关键影响因素分析

通过对农户深度访谈，在分析主要诉求的基础上，结合实地调查，影响农户参与乡村旅游扶贫的主要因素主要有以下四个方面。

1. 政策和环境

政府需要充分考虑政策公平性、农户受益、二次分配等旅游脱贫政策，在政策引导、资源保护、资金支持、推广宣传方面发挥核心主导作用，尤其是在村落文化及遗产、乡村原真性的保护等方面要加大投入或政策支持。

2. 资源和市场

乡村旅游发展的当务之急是提升乡村旅游整体规划、加强旅游开发中村集体和村民权益的保护、准确把握旅游市场特征和提升旅游服务品质，着力构建以本地人口为基础环节的利益联结链，建立完善长期、稳定、相对合理的利益分配机制，重点包括本次调研中涉及的"希望能被统一规划，多开发当地的民族文化与风俗""旅游收入用于本村建设，保护维修及时跟进""与村民的合同要带来实质性的好处，开发商建立退出机制"等。

3. 农户有效参与

要通过乡村旅游从业人员的系统培训，改变农户"等、靠、要"等思想，增强乡村旅游发展中村集体和农户的博弈能力和受益程度，加快吸引农民返乡就业和示范带动，具体包括本次调研中涉及的"建议乡村加强品牌意识，统筹各户的分散观念""重视教育和培训，提高村民文化教育程度""注重乡情培育，增强村民对本地的认同和归属感"等工作重点。

4. 农户长期的可持续发展能力

要使乡村旅游发展的经济、社会、文化等综合效益惠及普通村民尤其是贫困农户，不仅需要实际增强农户的当期经济效益，更重要的是要增强农户长期可持续发展能力，切实提升农户的获得感、满意度和幸福感。

四、乡村旅游开发模式选择的基本原则

（一）坚持因地制宜原则

虽然上述五种乡村旅游开发模式具有普遍的意义，而且每一种典型模式对于具有一定特征的地区也具有普遍的操作性，但是地区的差异性需要采取因地制宜的原则，比如"合作社＋农户"模式比较适合产业发展类型的乡村旅游，但是对于产业基础薄弱以及市场机制不完善的地区，采用该模式不仅不利于乡村旅游的发展，还会给当地的村民带来一定的困扰。因此，在乡村旅游开发模式选择的问题上，除了参考典型乡村旅游开发模式普遍意义，还要针对本地的实际情况，对开发模式进行解剖分析，在典型模式的基础上引进适合自己的积极因素，促进乡村旅游的发展。

（二）坚持阶段特点原则

乡村旅游开发模式选择时，要在对乡村旅游市场充分把握的基础上，科学地判断本地乡村旅游发展处于哪一发展阶段。不同的发展阶段，市场的发展条件是不一样的，所面临的问题也是不一样的。例如在贫困地区，其乡村旅游发展多数处于初期阶段，面临的主要问题可能是资金和发展定位的问题，而在发展中期可能面临的主要问题是如何扩大品牌效应，到了发展的末期，创新旅游产品保持旅游产品的吸引力就成为开发经营者考虑

的首要问题，因此，对乡村旅游发展阶段的科学把握是正确选择开发模式的前提。

（三）坚持可持续发展原则

乡村旅游开发模式选择的最终目的是乡村旅游的可持续发展，通过对乡村旅游开发模式的正确选择，最终达到经济、社会、环境三方面的综合效益。乡村旅游资源同其他旅游资源一样，都存在着脆弱性，在开发过程中如果没有树立生态意识和可持续发展意识，杂乱无序的开发在无意识中便会损害破坏乡村旅游资源，后续发展不可持续。因此，必须避免可预见的破坏性，将保护贯穿于开发之中。在资源开发中，要平衡开发与保护之间的关系，在可持续发展思想的指导下推动乡村旅游资源的合理开发。

（四）坚持重点开发原则

资源要素的有限性要求在乡村旅游资源开发过程中，必须有计划、有步骤、有重点地开发。从总体来看，中西部地区经济社会发展程度相对滞后，在发展乡村旅游的过程中，不可能有足够的资金和人力进行全面开发。因此，应当在全面布局的前提下，优先选择具有优势性和代表性的乡村旅游项目进行开发，尤其是要重点开发当前市场反应较好的旅游项目，通过有重点的开发，打响当地乡村旅游名片，再带动全区域乡村旅游资源的综合性开发。

（五）坚持农民主体原则

农户不仅仅是乡村旅游开发的主体，从乡村旅游资源的角度看，农户本身也是乡村旅游资源的一部分。对乡村旅游的开发，不仅仅是对乡村旅游资源的开发，更是对乡村这个大社会环境的开发，农户作为始终在这个大环境生活的主体，他们的利益能否得到切实保障，不仅仅是乡村旅游的发展问题，更是乡村发展的社会问题。只有农村发展好了，才能为乡村旅游的发展提供坚实持久的支持，因此，在乡村旅游开发模式的选择上，要突出农民主体地位，切实保障农户的利益。

五、农民参与能力提升的政策建议分析

（一）培育参与意识，激发内在参与动机

乡村旅游经济效应感知是农民旅游参与意向的核心驱动力，应通过增强农民旅游参与与自身增收致富关系的认知，来调动农民的旅游业参与积极性。充分让农民感受到旅游对经济发展和个人收入的促进作用，通过经济收益的吸引作用，激发农民发展的内在动力，具体可以从典范引领、乡村精英带动两方面入手。

1. 发挥乡村旅游典范村的示范引领作用

大力组织开展村落之间的乡村旅游开发参观交流活动，筛选以乡村旅游为主要产业，旅游产业与配套基础服务设施具有一定规模，相应的旅游产业管理制度科学、系统、完善，村民有效参与并实现个人经济收入明显提高的成功案例作为乡村旅游成功典范村，通过与乡村旅游发展滞后村庄形成对口帮扶关系，组织帮扶村民的参观学习和访问。将其置身于现实的成功案例中，能够让其充分感受到旅游业发展对经济收益的促进作用与旅游扶贫的客观可能性，提高这些村落中农民的旅游发展自信心与积极主动性，培育农民对旅游经济效应的积极感知，形成参与意向的内驱动力。同时，乡村旅游成功典范村的发展经验同样具有借鉴意义，其发展模式、实现路径、农民参与方式等均对旅游扶贫村有一定的指导作用。

2. 充分调动乡村精英的积极性

乡村精英掌握着乡村的各类优质资源，在农村范围内有着较大的影响力，他们综合能力强、自身素质高，对农村社会的发展、决策等有着十分重要的作用和影响力。旅游发展过程中，村民的自主意识和自我发展能力的培养没有得到与物质帮助等同的关注，长此以往，导致村民成为被动的受众与施舍的接受者，依赖心理严重，旅游发展对话机制难以推行。而乡村精英对地方的历史文化、内生资源认知充分，根植本地，了解地区的人

文环境和人际特点，能够快速掌握市场的现实需求和自身的特殊资源，因此乡村旅游发展急需乡村精英的充分参与，以自身的实践示范作用，增强村民的能动性，激发村民参与的主动意识，并以其旅游参与的成功盈利模式、产品及服务形式为更多村民的广泛参与提供发展借鉴，实现项目运作辐射村民，先富激励后富的诱导驱动目标。

（二）加强能力建设，整合融入乡土知识

乡村旅游参与能力调查中，村民受教育程度普遍偏低，文化程度是村民旅游参与态度产生差异的重要原因之一，由于缺少旅游业所需知识技能，严重阻碍了村民参与旅游业的效度，因此能力建设是村民参与的关键所在，需要以村民自身所具备的知识体系为基础，进行系统化的整合、提升与融合建设，才能形成具有价值转化能力的内生知识体系，促进村民自主发展软实力的提升，具体可通过乡土知识体系的整合与建设、多渠道开展培训教育、乡土文化与旅游特色产品的认证与保护三方面入手。

1. 乡土知识体系的整合与建设

乡土知识体系主要是指村民在传统农业生产生活当中积累的种养殖经验、手工技术、劳作方式等基本的生计技能与常识，在长期的生产实践中形成，是村民最基础的生计资本。相比外来技术与信息，乡土知识投资少、成本低、风险小，易于掌握和应用，与地区的资源禀赋契合度高，蕴含着鲜明的区域特色与风土人情，对于提升村民的自尊心、自信心、主人翁意识与荣辱感有着极大的促进作用，因此，以乡土知识为基础的内生能力建设是塑造内生知识的有效途径。但由于乡土知识零散、片面，需要进行系统化的整合建设才能发挥其独特的内生优势，并实现与旅游业发展的有效整合。

首先，尊重乡土文化的多样性，注重整体与长期关注。明确乡土知识体系与乡村旅游发展的密切关系，尊重乡土文化和乡土知识的多样性，不能够以单一的经济增长和产业发展作为衡量减贫效果的标准，充分认识乡土知识在尊重农民主体、保护农民尊严以及深化区域文化特色方面的贡献；不能盲目地将对乡土文化的关注局限在与旅游项目开展有关的地方性知识，应尊重村民整个社会层面价值观的乡土文化，保护乡土文化的多样性。

其次,提升乡土知识开发、利用与市场价值认可度。转变"技术—现代化"的外部推动扶贫理念,注重通过对乡土知识的开发、利用来提升其市场价值认可度,延伸乡土知识的价值链,利用旅游业的包容性,根据乡土知识的区域特色与相关企业达成合作,识别旅游市场机会与需求,延伸产品价值,提高乡土知识的市场价值转化能力。

最后,整合乡土知识体系,推动特色产业发展。乡土知识体系与乡土资源高度契合,以乡土知识体系为指导,以乡土资源为基础,立足自身知识与资源优势,找准特色产品,通过策划开发基于当地人乡土知识和资源特色的旅游产品,提高贫困人口的旅游参与度和受益程度,推动特色产业的培育与发展。

2. 多渠道开展教育培训

在乡村旅游的扶智活动中,能力建设往往被狭隘地看成系统的教育培训活动,通过专家进村开展教育讲座,开展技能与素质教育培训班,组织干部、精英高校学习等活动为贫困人口提供智力支持,但这种传统偏正规教育的方式并不符合村民们实践出真知的乡土知识积累特点,并且内容理解难度大,形式枯燥乏味,缺乏实践指导性,村民们的吸收和接受有限,需要一种更加灵活有趣、符合村民劳作特点的方式,因此,开展多渠道灵活教育培训有很大的必要。

旅游参与能力的建设可以借鉴非正规教育的形式,开展非正规教育培训,遵循先成为村民的"学生"再成为村民的老师的过程,进行教育培训活动,教育活动"就地取材",注重挖掘村民的乡土知识和当地的物质资源,并结合当地的文化特点、农业产业特征进行针对性的现场教学和技能培训,例如组织农业实用技能田野示范、旅游业服务技能现场讲解等。可以大力开展相关社会组织的非正规教育培训活动,社会组织以参与式和赋权式推动干预发展,具有志愿性、灵活性等特点,可借鉴高校"三下乡"公益活动的模式,推动社会组织的"旅游扶贫教育下乡活动",凭借社会组织的专业精神和实践经验,提供旅游从业教育辅导、疑难解答、情感慰藉与旅游文化生活支持活动,这种方式能够更好地融入村民生产生活和旅游业的发展过程当中,通过潜移默化的形式提升村民旅游业就业技能与文化素质,是推动村民旅游业参与、降低参与阻碍、减少村民参与"表象化"的有效途径。

3. 乡土文化与旅游特色产品的认证与保护

乡村旅游发展过程中,乡土文化与旅游特色产品服务是村民参与旅游发展重要的生计资本,作为地方知识文化与特色资源的有效载体、地方软实力的集中体现,是村民或地方经过探索、努力与各项资源投入在整合自身乡土知识的基础上形成的旅游业参与劳动成果,对其进行科学、合理的管理、认证与保护才能体现对村民知识与能力的认可,使村民努力提高自身能力的积极性免受打击,保证村民能力建设的持续性提升,从而推动地方旅游业软实力的自主发展。在乡土文化与旅游特色产品的认证与保护过程中,首先要加强"非物质文化遗产"、土特产品品牌、旅游地理标志物等重要乡土文化与旅游特色产品的认证,通过有效认证来保障地区乡土文化与旅游特色产品的正统性与公平利用,在村民充分参与的前提下,保证乡土内生资源与知识给地区村民所带来的惠益。其次,以旅游业从业技能资格准入的方式对村民的从业能力进行考核,按能力大小授予相应等级的从业准入资格,使村民能力与发展机会相平衡,在促进村民不断提升自身能力的同时,保障旅游产品与服务的品质。另外,可以在有条件的地方施行乡土文化或旅游特色产品的推广机制,以授权的方式推动乡土文化、旅游特色产品的传承与发扬,在保证挖掘者有效权利的同时让更多的贫困人口有机会参与旅游业的发展,成为乡土文化与旅游特色产品的生产者、传承者与推广者,提高旅游业能力建设的可持续性、包容性与村民参与性。

(三)提升人地依恋,强化地方认同建设

地方依赖与地方认同对村民参与意向有着积极的促进作用,地方依恋情感的培育是提升村民参与意向的有效途径。村民参与意向的产生一定程度上依赖于地方依恋情感的积累,这种情感具有较高的持久性和稳定性,一旦形成,村民会表现出对这个空间的眷顾和不舍,并伴随积极的旅游参与意向的产生,成为乡村旅游业发展最强有力的支持者和参与者。在乡村旅游开发过程中,应积极提升人地依恋情节,通过完善村落功能性设施设备,强化"地方性"元素建设,培育村民的个人情感,增强人地依恋,以情系民,为村民参与旅游业发展助力。地方依赖方面,通过完善交通、水电、通信、

医疗、卫生、教育等基础设施的建设，改善贫困村的软硬件支撑和村民居住环境；加强商业、娱乐、休闲空间的设计与优化，提升村民生活水平、便利程度与居住满意度，提高村民的功能性依赖。

地方认同方面，一方面应着重强化乡村旅游发展村的"地方性"元素建设，在进行基础设施建设和村貌改造、旅游特色产品与商品的设计时融入地方文化元素，坚持对地方传统风貌与代表性建筑、设施与地方文脉的保护与传承，延续地方场所感，以标志性元素与建筑设施的建设与塑造，营造"地方性"环境氛围，引导贫困人口的情感注入；另一方面，注重村民公共活动空间的开发与设计，通过提供开放性的休闲交流空间，开展经常性的社区互动、宣传教育等活动，促进村民之间的联系与交流，增强村民间的人际关系与村民情感。经常性的社区文化活动、村民沟通交流可增强村民地方归属感与身份认同，旅游开发的宣传教育可以彰显地方优质资源，提高村民对所在村落的自然环境与历史文化认知，增强村民的地方自豪感，通过故土情结和家园依恋的培养将村民与地方紧紧系牢，促使其形成足够的意愿投入更多的时间和资源用于村落的发展，是培养村民地方情感性依恋可尝试的有效发展途径。

（四）丰富参与方式，增加农民收益水平

旅游参与意向的调查中，村民的参与意向较高，愿意以各种不同的方式参与当地旅游业的发展过程，村民内生动力的推动需要有切实可行的旅游业参与渠道，才能实现村民参与意向到参与行为的有效转化，最终通过参与式发展实现旅游经济收益，因此，各地需要通过多维度参与途径，进行多渠道、多样化的有效参与，包括以旅游产业价值链为线条的多渠道融入以及以特色旅游产品为媒介的多样化参与。

1. 以旅游产业价值链为线条，多渠道融入

旅游业具有高度的产业关联效应和经济乘数效应，不同的企业或劳动者可以以职能分化和产业优势在旅游价值链中为旅游产品注入价值，促使旅游产品从生产、供应到最终消费形成复杂而庞大的价值链网络。各地区应通过多种渠道推动本地村民与旅游产业链的融合，精准识别并牢牢把握利于村民参与的现实和潜在机会，开发有利于自身参与的旅游供应链。以

食、住、行、游、购、娱六大方面的旅游产品和服务为基础，吸引相关旅游投资，发展旅游深加工型和劳动密集型旅游产品，以"包容性商业"精神，根据村民所具有的乡土知识体系与技能，多渠道融入旅游产品的设计、生产、供应、消费等各个环节，实现旅游产业链环节难易程度可调节、旅游产品增值和经济效益的提升。

2. 以特色旅游产品为媒介，多样化参与

农民在长期的农事生产生活中已经将地方特色与乡土知识内化为自身的基本性格，将当地的文化符号和特色嵌入日常生活习惯，在乡村精英的带领下，村民可以根据市场需求、地方资源特色、村民乡土知识体系对地区特色旅游产品在内容、形式等方面进行创新性的设计与生产，在进行特色旅游产品开发时，以村民的参与为关键因素，以特色旅游产品为媒介，提供契合贫困人口乡土知识体系的多样化参与，拓宽村民旅游产业开发的参与可能性和参与多样性。当然，在对旅游特色产品进行策划和消费点设计时，应注重旅游产品的游客参与性和体验性，开发既能契合村民知识体系与能力又能有效提高游客体验感的旅游特色产品。在旅游扶贫产业发展的初级阶段，基于农业生产特征和村民的乡土知识体系，村民可通过从事初级农产品的生产、加工、制造等初级旅游产品的开发参与到旅游扶贫的生产过程中，在能力和专业知识与技能得到一定的锻炼和提升，并且积累了一定的旅游业发展经验之后，可进行更加多样化的旅游产品的尝试和开发，例如乡村民宿、乡村工艺品等，这时参与形式的选择更加多样化，分工也会更加明确。

（五）重视网络营销，建构有效运作模式

多数中西部地区乡村旅游市场知名度较低，旅游产品与服务不能够被市场认知和消费，村民作为旅游扶贫经营主体，营销推广存在零散性和弱势性的问题，使得乡村旅游的市场认知度仅局限在人际关系范围内，面对这种情况，乡村旅游的营销推广势在必行。当前我国已经进入自主旅游时代，全民网络化、旅游市场散客化以及旅游个性化、深度化的体验需求不断升级，以互联网和移动终端设备为代表的新媒体凭借高透明性、互动性和社交性的特点，成为旅游业界宣传推广的主流媒体，乡村旅游要积极借助新媒体

的传播作用，以自主旅游新时代为市场导向，以旅游 IP 为引擎，构建专用共享新媒体营销平台，实现旅游扶贫增量营销的"旅游扶贫＋IP＋新媒体"的营销运作模式。

"旅游＋IP＋新媒体"的营销运作模式是指以自主旅游时代的消费特征和需求为导向，在洞悉旅游市场需求的基础之上，制定营销推广策略，整合旅游扶贫村的旅游资源与产品，打造专属于本村的独特旅游 IP，形成具有独特价值体系、文化气场的乡村旅游特色元素和符号，在 IP 内，以旅游发展村为基本单元，进行旅游点设计、旅游线路调整、旅游片区打造，以点串线，以线连面，助推旅游营销推广；整合网站营销、电商平台、社交媒体、网络视频、直播等新媒体传播方式进行互补共生的营销推广，通过打造旅游专用共享新媒体营销平台进行全平台、全方位、立体化的旅游产业整合营销，通过内容创意，寻求旅游者的兴趣点、触动点和连接点，调动旅游者主动性与参与性，推动旅游信息的二次和多次创造与传播，促进旅游者碎片化体验分享的自动传播与动态聚合，最终实现低成本＋旅游扶贫产业整合＋新零售模式的增量营销。

乡村旅游内生发展策略通过旅游经济效应的激发驱动、能力建设的自主发展、地方依恋的情感助力、多样并举的整合参与以及构建网络营销渠道，可有效激发村民参与旅游业的主动性与积极性，培育发展的内生动力，并为参与意向到参与行为的有效转化提供驱动力和渠道保障，实现以旅游业提高经济收益的旅游扶贫核心目标，经济收益又可进一步强化村民旅游经济效应的正向感知，最终形成旅游扶贫内生发展的有效循环模式，实现旅游扶贫效应的可持续发展。

第三节　乡村旅游目的地农民受益的驱动机制

乡村旅游是以乡村社区为活动场所，以乡村独特的生产形态、生活风情、田园风光为对象的一种旅游类型。乡村旅游在提高农民收入、改善乡村环境、倡导文明乡风、促进乡村治理等方面发挥了显著的作用。开展乡村旅游成了我国当下解决"三农"问题与实施乡村振兴战略的重要途径及有效抓手。当地农民是乡村社区社会文化的创造者与传承者，也是旅游产业活动的主要参加者和受益者，特别是乡村旅游，其发展的初衷与诉求便是提高当地农民的生活水平和生活质量。因此，构建乡村旅游农民的受益机制对于保障乡村旅游的可持续发展具有重要意义（见图6-8）。

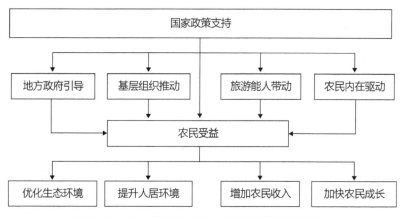

图6-8　乡村旅游目的地农民受益的驱动机制

一、国家政策支持

乡村旅游的开发和建设，离不开国家政策的支持。许多研究表明，农民因为资金、知识、见识等限制，一般在乡村旅游开发初期很难依靠自身力量来保障收益，因此需要国家在乡村旅游开发导向上，制定有利于农民受益的倾向性政策，并对农民开展乡村旅游活动，给予税收、信贷等方面的优惠和优先政策等，尽量降低农民在乡村旅游开发中的成本，提高其收益。

从2007年的中央一号文件开始，我国对乡村旅游的扶持政策频发，中共中央、国务院出台了一系列相关政策文件强调重视发展乡村旅游业，坚持以农民为受益主体，让农民更好分享旅游发展红利，提高农民参与性和获得感（见表6-1）；加快乡村旅游与农业、教育、科技、体育、健康、养老、文化创意、文物保护等领域深度融合，培育乡村旅游新产品新业态新模式，推进农村一二三产业融合发展，实现农业增效、农民增收、农村增美。国家相关部委为深入贯彻中共中央、国务院关于"三农"问题的战略部署，也出台了一系列与乡村旅游直接相关的政策文件，特别强调"在乡村旅游发展中切实保护好、维护好农民的根本利益"。如《国家旅游局　农业部关于大力推进全国乡村旅游发展的通知》（旅发〔2007〕14 号）中强调，"进一步推动乡村旅游发展，加快传统农业转型升级，促进农村生态和村容村貌改善，吸纳农民就业，增加农民收入，为社会主义新农村建设作出积极贡献""始终把农民利益放在第一位，充分尊重农民意愿和发展实践""在各种具体矛盾和纠纷处理中，保障农民以各种方式投入旅游开发经营的所有权和实际收益"。2018 年 10 月，《关于印发〈促进乡村旅游发展提质升级行动方案（2018 年—2020 年）〉的通知》（发改综合〔2018〕1465 号）明确指出，乡村旅游市场需求旺盛、富民效果突出、发展潜力巨大，是新时代促进居民消费扩大升级、实施乡村振兴战略、推动高质量发展的重要途径。2018 年 12 月 10 日，文化和旅游部、国家发展改革委等 17 部门联合发布了《关于促进乡村旅游可持续发展的指导意见》（文旅资源发〔2018〕98 号）指出，乡村旅游是旅游业的重要组成部分，是实施乡村振兴战略的重要力量，在加快推进农业农村现代化、城乡融合发展、贫困地区脱贫攻坚等方面发挥着重要作用；该文件"六、注重农民受益，助力脱贫攻坚"部分提出，探索推广发展模式，完善利益联结机制，让农民更好分享旅游发展红利。"坚持以农民为受益主体"的国家政策的持续出台，为乡村旅游发展中农民真正受益提供了根本保障。乡村旅游发展只有惠及更多的乡村居民才能得到本地居民的理解和支持，反过来促进乡村旅游的可持续发展。根据农业农村部数据，2017 年，休闲农业和乡村旅游接待游客 28 亿人次，营业收入 7400 亿元，从业人员 1100 万人，带动 750 万户农民受益；2019 年，休闲农业与乡村旅游经营单位超过 290 万家，全国休闲农庄、观光农园等各类休闲农业经营主体达到 30 多万家，7300 多家农民合作社进军休闲农业和乡村旅游，共接待游客 32 亿人次，营业收入超过 8500 亿元，直接带动吸纳就业人数 1200 万，带动受益农户 800 多万户，成为"绿水青山就是金山银山"的重要实现途径。

表 6-1　国家乡村旅游发展政策汇总

年　份	发文号	政策名称	相关内容
2007	中发〔2007〕1号	中共中央　国务院关于积极发展现代农业扎实推进社会主义新农村建设的若干意见	特别要重视发展乡村旅游业
2008	中发〔2008〕1号	中共中央　国务院关于切实加强农业基础建设进一步促进农业发展农民增收的若干意见	要通过非农就业增收，提高乡村旅游发展水平
2009	国发〔2009〕41号	国务院关于加快发展旅游业的意见	实施乡村旅游富民工程。实施全国旅游培训计划。鼓励中小旅游企业和乡村旅游经营户以互助联保方式实现小额融资
2010	中发〔2010〕1号	中共中央　国务院关于加大统筹城乡发展力度进一步夯实农业农村发展基础的若干意见	积极发展休闲农业、乡村旅游、森林旅游和农村服务业，拓展农村非农就业空间
2014	国发〔2014〕31号	国务院关于促进旅游业改革发展的若干意见	大力发展乡村旅游。加强乡村旅游精准扶贫，扎实推进乡村旅游富民工程，带动贫困地区脱贫致富。加强乡村旅游从业人员培训。加大对小型微型旅游企业和乡村旅游的信贷支持
2015	国办发〔2015〕62号	国务院办公厅关于进一步促进旅游投资和消费的若干意见	完善休闲农业和乡村旅游配套设施。到2020年，全国建成6000个以上乡村旅游模范村，形成10万个以上休闲农业和乡村旅游特色村、300万家农家乐，乡村旅游年接待游客超过20亿人次，受益农民5000万人。大力推进乡村旅游扶贫。到2020年，全国每年通过乡村旅游带动200万农村贫困人口脱贫致富

续表

年　份	发文号	政策名称	相关内容
2016	国办发〔2016〕85号	国务院办公厅关于进一步扩大旅游文化体育健康养老教育培训等领域消费的意见	实施乡村旅游后备箱行动。研究出台休闲农业和乡村旅游配套设施建设支持政策
2017	中发〔2017〕1号	中共中央　国务院关于深入推进农业供给侧结构性改革加快培育农业农村发展新动能的若干意见	大力发展乡村休闲旅游产业
2018	中发〔2018〕1号	中共中央　国务院关于实施乡村振兴战略的意见	把维护农民群众根本利益、促进农民共同富裕作为出发点和落脚点，促进农民持续增收，不断提升农民的获得感、幸福感、安全感。实施休闲农业和乡村旅游精品工程
2018	国办发〔2018〕15号	国务院办公厅关于促进全域旅游发展的指导意见	大力实施乡村旅游扶贫富民工程，通过资源整合积极发展旅游产业，健全完善"景区带村、能人带户"的旅游扶贫模式
2019	国办发〔2019〕41号	国务院办公厅关于进一步激发文化和旅游消费潜力的意见	积极发展休闲农业，大力发展乡村旅游，实施休闲农业和乡村旅游精品工程，培育一批美丽休闲乡村，推出一批休闲农业示范县和乡村旅游重点村
2021	中发〔2021〕1号	中共中央　国务院关于全面推进乡村振兴加快农业农村现代化的意见	开发休闲农业和乡村旅游精品线路，完善配套设施

二、地方政府引导

在乡村旅游发展中，地方政府的监督管理与科学引导是实现农民受益的主要推动力。2007年，我国农村居民人均纯收入4140元，城镇居民人均可支配收入 13786 元，城乡居民收入比为 3.33∶1，城乡区域发展和收入分配差距较大势必引发一系列社会问题，因此加快城乡一体化进程、实现全面小康成为我国各级地方政府的重任。大量的实证研究表明，乡村旅游具有反贫困功能，能够带动农村地区发展。习近平总书记指出，脱贫攻坚，发展乡村旅游是一个重要渠道。要抓住乡村旅游兴起的时机，把资源变资产，实践好绿水青山就是金山银山的理念。[①] 乡村旅游不仅可以有效开发利用农业资源，促进农村的产业升级和优化，引发乘数效应，扩大就业和拓展农民增收渠道；而且有助于保护乡村文化和历史遗产，提高乡村综合环境质量，促进乡村社区多元化发展和人口素质提高，对重构经济社会系统具有特殊意义。因此，地方政府多将发展乡村旅游作为农村脱贫奔小康的新引擎，同解决"三农"问题和扶贫紧密结合起来，作为改造农村、使农民就地过上现代化生活的新途径。

在乡村旅游工作中，地方政府是非常重要的角色，其采取有效的调控措施能够优化市场环境，以乡村旅游引领扶贫富民发展，从而使农民受益。如浙江省湖州市发展乡村旅游一开始就立足于"扶贫"，把重点放在贫困乡镇、贫困村，长兴县水口乡顾渚村和德清县莫干山镇后坞村过去都是经济薄弱村，经过十年的乡村旅游发展，顾渚村 2017 年农家乐直接收入 7 亿元，农民人均纯收入 35590 元，后坞村 2017 年农民人均收入达 22818 元，都已成为从贫困村走向富裕村的典范；安吉县大溪村已成为乡村旅游富民的示范村，1998 年该村集体收入 35 万元，农民人均年收入为 3347 元，到 2017 年村集体总收入近 320 万元（增加近 10 倍），人均年收入近 29128 元（增加近 9 倍）；德清县西部山区通过农房出租人均增收就达 5937 元；通过大力发展乡村旅游，实现一二三产业的高度融合和转型升级，壮大了乡村集体经济，推动了乡村文明进步，保护了乡村生态环境，促进了城乡协调发展，提高了农民的文明福祉，真正实现湖州城乡经济社会的统筹发展，湖州也成为全国城乡差距最小地区之一。再如广西钦州市把发展乡村旅游业作为打

---

① 新华社. 拥抱新时代　担当新使命——习近平参加党的十九大贵州省代表团审议侧记 [EB/OL] . (2017-10-20) [2021-09-24] .https://www.gov.cn/zhuanti/2017-10/20/content_5233166.htm.

赢脱贫攻坚战的着力点来抓，积极推动"农区变景区、农房变客房、农事变体验"，让贫困户从田间地头走进景区、酒店成为服务员、讲解员、保安员，乡村旅游成为拉动群众脱贫致富的产业；建立景区与农户利益联动机制，大力开发"旅游＋农业""旅游＋林业"等项目，将贫困户纳入土地流转、入股分红、务工就业、旅游经营等旅游产业链条中，实现多元化增收；2017年—2019年，累计投入乡村旅游业 36.5 亿元，成功创建 3A 级以上景区 12 家，四星级以上乡村旅游（农家乐）24 家，接待游客 3310 万人次，创造乡村旅游收入 513 亿元，带动 116 个贫困村、1121 户 4596 人脱贫。

三、基层组织推动

农村基层组织主要包括村党支部和村民自治委员会两个机构。村党支部是党在农村的最基层组织，也是党在农村全部工作和战斗力的基础，是村级各种组织和各项工作的领导核心。村民委员会是村民自我管理、自我教育、自我服务的基层群众性自治组织，受村党支部领导。农村基层组织常采用"景区＋农户""公司＋农户""合作社＋农户"等组织运营模式，鼓励农民用土地、林地流转或生产要素入股，自愿联合、共同管理、互助发展，在推动乡村旅游发展、农民受益的过程中发挥着关键作用。如浙江湖州市安吉鲁家村是一个典型的山地丘陵村，曾经是经济薄弱村、脏乱差村、农业小村，农民以外出务工和从事种养殖业为主。2011 年，新一届村"两委"班子以"绿水青山就是金山银山"重要思想为指引，在村党支部书记朱仁斌的带领下，瞄准"家庭农场"培育，带领全村实施了全国首个家庭农场集聚区和示范区建设，大力发展休闲农业和乡村旅游；鲁家村采用"公司＋村＋家庭农场"的组织运营模式，在发展中坚持让村民充分参与、获得收益，通过深化村级股份制改革，推动农民拿租金、挣薪金、分股金，村民收入有土地流转的租金、旅游区提供的就业薪酬、村集体分红以及自主经营收入等，农民人均收入从 2011 年的 19500 元增加到 2019 年的 42710 元。同时，鲁家村以全国家庭农场集聚示范区为载体，成功创建"省级创业示范园""国家级学习型家庭农场"，大力开展创业技能、旅游经营等主题培训班。目前参与培训的村民有 1000 余人次，形成"全员就业、全村创业"的良好氛围，创业人数 350 人，享受创业政策 200 余人。2018 年，鲁家村获得联合国最高环境荣誉——"地球卫士奖"；2019 年，获得中国十佳小康村、全国乡村振兴示范村、中国美丽休闲乡村、国家森林乡村等荣誉。

如江苏省南京市石塘村，由于地处西南部最偏远的山里，中青年均外出务工，是远近闻名的空巢村，2011 年人均收入不足 9000 元。石塘村自然资源环境优良，却没有得到有效利用，对于发展农家乐和乡村旅游，村民们顾虑重重，村委首先选了两户地理位置较好的贫困家庭，为每户提供 3 万元无息贷款发展农家乐。2012 年 5 月，石塘村第一家农家乐"宜成土菜馆"开张一个月就赚了 1 万多元。随后，外出打工的村民纷纷回来，石塘的农家乐如雨后春笋般发展起来，使原来萧条的村庄转眼变成热闹景点。近年来，石塘村在发展乡村旅游的过程中，不断带动提高石塘村生产经营组织程度，大力发展专业合作组织，农民收入持续增加。结合村情、民情及产业业态，石塘村先后成立农家乐专业合作社、富余房屋资产合作社、茶叶专业合作社、餐饮协会和旅游协会等 7 个合作组织，入社社员近 900 人，实现了由"分散式"经营向"联合式"经营的转变。其中，2015 年成立的富余房屋资产合作社将 28 户农户的 86 间、约 4216 平方米的空余房屋折合成资产入股，由村集体运营，对所得收益进行分红。村委鼓励引导村民利用住房大力发展农家乐、民宿等三产服务业，不断放大乡村旅游富民效应，全村 367 户农户在相关培训与引导下，开设了农家乐 135 余户、民宿 44 余户，其他特色产业 28 户，带动周边就业 338 人。2017 年实现村民人均纯收入超 4.8 万元，6 年增加了 5 倍。

四、旅游能人带动

不少地区乡村旅游发展是与能人的引领和示范带头作用分不开的。他们"干给农民看、带着农民干"，帮助更多的农民朋友走上旅游脱贫、旅游致富的道路，改变村庄落后的面貌，从而推进农村经济社会全面发展。旅游能人带动是指在乡村旅游发展中，以一些具有突出经营管理能力或其他特殊才能的人为主导，带动农户（尤其是贫困户）从事乡村旅游经营接待服务，实现先富带后富从而实现共同致富的发展模式。"能人"是指那些有智慧、有技能、有进取精神，敢干事、敢创业，能干事、干成事，在创业致富和推进发展方面发挥示范引领作用的人。一般来说，"能人"主要分为三类：一是本土能人，即土生土长的本地精英，在当地拥有较高的声望和经济社会地位，相对于普通人拥有较多的资源，如发展乡村旅游所需要的资本；二是返乡能人，通过自我创业、外出打工等方式积累了资本、技术、知识等社会资源，在近几年乡村旅游发展大潮中，返乡创业；三是外来创客，以大学生、专业艺术人才、青年创业团队为主要群体，在乡村地区从事旅游创业项目或实践活动，致力于通过先进的理念与技术，创新发展乡村旅游新产品、新业态、新体验。无论他们是生活在村中还是村外，都拥有良好而广泛的社会人际关系，与大部分村民相比，其在专业知识与社会经验方面都占有更多的优势，能够与多方主体展开谈判，起到良好的带头作用。能人的政治身份、经济实力、实干精神、创新意识等都得到了充分肯定，能够帮助村民获得更多的利益。

乡村旅游最初的主要形式是农家乐，而发展初期，农家乐多由乡村中思想开放、经济基础较好的旅游能人率先创办。如安徽省霍山县堆谷山村，地处大别山主峰白马尖脚下，海拔约1000米，距离霍山县城91公里；地处偏远的堆谷山村经济发展一度落后，曾是深度贫困村。2003年5月，现为堆谷山乡村旅游扶贫协会会长的蔡胜明开始做起了农家乐的生意，在他的影响下，同村的蔡金山也开始从事乡村旅游接待。2008年，堆谷山村民仍全部以农业为生，农民家庭平均年收入不到万元，而蔡胜明却将农家乐经营由副业转为了主业，陆续自筹资金100万元全职投入农家乐的经营管理，2011年建成心愿农家乐，年接待游客数量和年收入都增加了3倍以上。2015年，蔡胜明的心愿农家乐第二期建成，床位超过100间，餐饮座位数超过100个，2018年，营业收入突破百万元。在他的带动下，堆谷山村从事乡村旅游接待的农民越来越多，带动了农民就业增收和脱贫致富。2018年，该村已经有各类农家乐、农家小院72家，床位1400多张，创综合收入4000多万元，农家乐业主户平均纯收入超20万元，有的农家乐年收入突破百万元。目前，堆谷山村农家乐每年回头客占比80%左右，并且先后荣获中国最美山村、美丽中国十佳旅游村等荣誉。蔡胜明等能人在堆谷山乡村旅游发展中起到了持续的带头作用，他们不仅是堆谷山村最早开始农家乐经营的一批人，也始终保持了对市场敏锐的嗅觉与敢想敢闯的精神。

　　旅游能人带动是新时期脱贫攻坚的有效途径，是践行习近平总书记内源扶贫思想，激发贫困地区人民群众内生动力的创新实践，是落实精准扶贫、精准脱贫基本方略的有效途径。如位于"三江并流"世界自然遗产怒江大峡谷腹地的老姆登村，农民郁伍林走出了一条个性化乡村旅游的发展之路，成为怒江乡村旅游创业者的典型代表。2001年，郁伍林作为返乡青年，开办了老姆登村第一个农家乐，经过近20年的苦心经营，从8个床位发展到现在拥有61个床位的两个农家乐，可同时容纳100人就餐，年收入达30万元。郁伍林的成功，吸引了一大批村民前来"取经"，而他也毫无保留地传授成功经验，在他的带动作用下，老姆登村乡村旅游接待规模不断壮大，至2018年7月，全村共发展出农家乐、茶叶合作社、旅游商店等40多家从事旅游经营的农户，每年经营收入有700多万元。农户的鸡蛋、蔬菜、玉米、茶叶、野生菌、蜂蜜等农副产品，通过郁伍林家的农家乐及线上渠道进行就近销售。旅游旺季雇佣村民到农家乐进行传统民俗表演、帮厨等，让没有能力开办农家乐的村民也有了创收。通过郁伍林的带动，全村有限的资源得到整合利用、产能得到提高、村民收入增加，全村人通过从事乡村旅游，逐步脱贫致富。

五、农民内在驱动

　　农民对美好生活的向往与追求，是乡村旅游发展中农民受益的内在驱动力和原动力。农村与城市在基础设施、医疗卫生、文化教育、经济收入、社会保障等方面的巨大差距，使广大农民向往城市生活，具有强烈的现代化诉求。在理性行为理论的基础下，人们的各项行为都是理性的，都是出于成本收益核算结果而选择的。对于农民来说，发展乡村旅游投资少、见效快、效益好，既不离土也不离乡，可以就地将生活性资产和生产性资产转化为经营性资产，经营灵活、不误农时，具有明显的本土性，非常适合农民经营，是广大农民脱贫致富、实现现代化梦想的最佳途径之一。2020年，农村居民人均可支配收入17131元，城镇居民人均可支配收入43834元，城乡居民人均可支配收入比值为2.56。就当前的实践成果来看，农民在经济上的获益方式主要包括以下几种：一是经营性收入。经营性收入主要就是农户为旅行者提供各种服务的收入，具体可以分为好多种，例如旅馆、农家乐、交通运输、农产品销售、旅游产品销售、乡土特色产品销售、乡土文化表演等。但凡是农村的一些特色产品，旅行者都会有极大购买欲望，而其中的特色产品就需要农户结合自身的实际创造出来或者提供出来销售。例如一些具有传统老手艺的匠人，可以制作各种具有乡土气息的手工艺品、生活日常用品等，只要够有特色，就会有市场。二是就业获得劳务收入。乡村旅游能为农民提供的就业岗位实际上不多，因为绝大多数行业都是家庭作坊式经营，一般都是以家庭劳动力为主，但也有一部分行业，例如餐饮、住宿、传统文化节目表演、景区景点建设、产业基地建设、环卫等都需要劳动力。不过由于就业的劳务收入并不高，很多年轻人并不愿意在家里从事这样的工作，而一些因外出寻找不到就业岗位的人或者留守在家里的老年人便成了这部分就业者。三是财产性收入。在乡村旅游景点景区的打造中，离不开农户的宅基地和承包地，同时在开展一些乡村传统文化的展示展览中，也离不开村民自身拥有的一些特殊技能。若是要打造一个综合性的景区景点，农户就可以通过利用自己的承包地入股，或者具有一定历史沉淀的老屋也可作为宅基地入股参与分红。而作为具有一些特殊技艺的村民，也可以利用自身的才艺组建表演团队分红。当然了，也还可以利用自身拥有的资金入股经营农家乐、旅社、观光园、产业基地等获得分红。乡村旅游之于农村，不仅能增加农民收入，还在基础设施建设、乡村环境美化、丰富农村文化生活等方面起到极大的推动作用。

如洪墩村是安徽省石台县的一个重点贫困村，过去村庄破旧，村内基础设施落后，村民收入主要靠上山伐木和外出务工，年收入十分微薄，只能维持温饱。2010年以来，洪墩村充分发挥资源优势，通过招商引资和合作开发等方式，成功开发了百丈崖探险、秋浦河漂流、慢庄民宿等景区，依托景区的辐射带动作用，鼓励引导农户通过开办农家乐、入股分红、解决就业、销售旅游产品等途径不断激发脱贫致富的内生动力。洪墩村在景区开发和运营时明确规定景区必须优先使用贫困户的资源和劳务等，并大力实施以下几种方式帮助贫困户增加收入：一是将贫困户的土地流转给景区经营，景区返聘贫困户为员工，从事种植管理，贫困户不仅有了土地流转收入还增加了劳动报酬；二是对有能力的贫困户，帮助其与景区签订销售合同，根据景区旅游产品开发需要种植农特产品，景区包回收包销售，贫困户的利益得到最大化保障；三是景区根据自身发展的需要，通过技能培训优先吸纳贫困户用工，解决贫困户就业问题。通过发展乡村旅游，洪墩村改变了贫困户过去单一的收入方式，让贫困户从农家乐经营、土特产品销售、务工等渠道增加收入，扶贫方式由输血式转变为造血式，使乡村旅游成为带动贫困户增收的重要渠道，增强了贫困户脱贫的重要内生动力，加快了农村经济的发展。2017 年，洪墩村顺利实现贫困村出列，85 户 260 人实现脱贫，贫困发生率由 27% 降到 1.15%，村集体经济收入从 0 元增长到 8.6 万元。在发展乡村旅游的过程中，洪墩村改变了农村住房破、黑、旧，生活环境脏、乱、差的旧貌，破解了制约农村发展的诸多难题，农村基础设施、村容村貌发生了翻天覆地的变化，生产生活方式发生了根本性改变，物质和精神都得到了很大的提升，贫困群众逐步过上了幸福的新生活。

第四节　保障乡村旅游目的地农民利益的对策研究

健全乡村旅游目的地农民受益保障机制是做好乡村旅游发展工作的重中之重。应针对农民参与乡村旅游发展中存在的问题，从其乡村旅游参与意愿、参与能力和参与机会 3 个方面采取相应措施，实现农民有能力、有机会、广泛参与乡村旅游活动，其本质就在于要提高农民乡村旅游参与的广度、深度和效度，让农民参与到乡村旅游开发的全过程，包括乡村旅游项目的选择、开发、实施、管理、监督等，使农民真正能够从乡村旅游发展中获得收益。

一、健全政府主导的利益协调机制

作为促进居民消费扩大升级、实施乡村振兴战略的重要途径，乡村旅游发展仍存在多个瓶颈，如基础设施建设滞后，产品和服务标准不完善，融资难度较大等问题。政府既是乡村旅游的利益主体之一，又是乡村旅游发展相关政策的制定者和监管者，同时也是乡村旅游地游客和农民利益的保护者。乡村旅游发展涉及部门众多，需加强顶层设计和顶层管理，政府应积极发挥主导作用，完善利益协调机制，引导各参与主体共谋发展，共享成果。

（一）设计完善合理利益分配制度

合理的利益分配制度能体现社会的公平公正，能够保障当地农民受惠，实现共同富裕、共同发展。乡村旅游项目的开发，会让包括政府、企业、农民在内的各利益相关者共同受益。但在这一过程中，农民受益才是关键，关系到乡村旅游发展的本质目标能否实现。从这个角度来看，政府需要设计、完善、统筹旅游各利益主体的利益分配制度。一方面提高当地农民的分利能力，另一方面解决利益分配不均衡问题。

目前，乡村旅游开发有很多种模式，但无论哪一种途径、哪一种模式，只有让农民成为受益主体，乡村旅游才能够真正成为农民脱贫致富和解决"三农"问题的有效途径。所以，政府和旅游主管部门一定要把握好一个基本原则，即：无论乡村旅游开发采用哪种模式、谁作为开发主体，农民必须是乡村旅游开发的受益主体，不然"乡村旅游发展""乡村旅游致富"就无从谈起。因此，政府和旅游主管部门必须充分发挥主导、协调、监督等职能，把建立公平的乡村旅游利益分配制度作为旅游管理工作的重要内容。

（二）完善各类乡村旅游发展政策

这些政策既要包括宏观的财政投入政策、金融扶持政策、税费优惠政策、土地优惠政策等，支撑乡村旅游产业顺利发展，也要包括微观的有关乡村旅游企业中农民的比例、农民的旅游收入来源、旅游企业中农民的最低收入标准等政策，保障农民从中受益。旅游开发使部分农民的土地等生产资料被征收，当地政府应当扩大当地农民基本社会保障的覆盖面，推动规范性保障政策的尽快出台和实施，从而为失去生产资料的当地农民提供最基本的生活保障。为保障当地农民生活水平能够有所改变提高，在同等情况下，给予当地农民优先就业的权利，保障当地农民获得大部分的旅游就业机会，以使农民能够从旅游业中获得主要经济收益，更好促进当地经济水平的提升。政府要加大财政支出，制定具有吸引力的政策，鼓励各类有实力的企业在开发乡村旅游和农业资源获得合理回报的同时带动当地农民和农村社区共同发展，促进乡村经济社会可持续发展。

（三）做好乡村旅游引导监督工作

政府在乡村旅游开发中要肩负起监督、协调、引导的职责，在乡村地区基础设施建设、生态环境保护、乡村旅游项目招商、营销推广等方面起主导作用。围绕乡村"三变"改革，政府引导广大农民积极参与到乡村旅游开发的热潮中，成为乡村旅游开发和经营的参与者、服务者和利益分享者。所谓"三变"改革是指"资源变资产、资金变股金、农民变股东"，农民可以通过这次改革，享受入股分红收益，享受乡村旅游发展带来的经济成果。明确旅游资源产权归属是保障当地农民合理进行收入分配的基础，同时也是进一步开展旅游业股份制合作的前提，并在一定程度上有助于公平合理的利益分配机制的确立和执行。在对乡村旅游发展项目的识别上，政府要把握大局，引进对自然生态环境影响较小的旅游项目，作为产业依托，以农民获益和乡村发展为核心目标，建立信息沟通机制，多倾听当地农民的声音。

（四）做好农民受益成效评估考核

发展乡村旅游是实现乡村振兴的重要路径，而当地农民的旅游支持是影响乡村旅游发展的关键因素之一。乡村旅游发展只有在充分考虑当地农民的诉求与共享感知的前提下，才能获得当地农民最大程度的支持，实现乡村旅游的可持续发展和共同富裕。在乡村旅游开发过程中，应确定乡村旅游发展目标，并针对乡村旅游成效开展相应的考核工作。在所有考核指标中，最关键的是农民的受益状况，既要考虑农民经济上直接受益，还要保障农民在政治、生态、社会、文化方面受益，以便农民在乡村旅游发展中全方位受益。政府相关部门也可以引入第三方专业的评估机构，设计科学的考评体系。针对考评结果，相关部门应深入分析，总结经验，不断优化各项措施。

二、做大做强乡村旅游的产业基础

我国大约 70% 的旅游资源分布在乡村，特别是一些"老少边穷"地区，旅游资源丰富，但开发率较低，乡村旅游开发潜力巨大。乡村旅游产业做大做强是当地农民持续受益的基础。只有将乡村旅游的蛋糕不断做大，农民才有可能在乡村旅游发展过程中持续受益。农业具有经济、社会、生态、能源、旅游休闲、文化传承等多种功能，应充分发挥农业的多功能属性，推动乡村旅游与一二三产业融合变成旅游新业态，将城市的需求和资源，农村的生态和产业、文化等集聚起来，实现资源和产业的融合发展。

（一）坚持"绿水青山就是金山银山"理念的战略引领

2005 年 8 月，时任浙江省委书记的习近平同志在安吉余村考察时提出了"绿水青山就是金山银山"的科学论断，进一步揭示了资源环境保护和旅游开发利用的辩证统一关系。乡村旅游的基础在农村、根基在农业、主体是农民。目前，乡村旅游发展过程中对农村生态环境、村落环境、文化景观的保护等还做得不够好，不少乡村旅游地的生态环境破坏、文化传统扭曲，旅游资源遭受破坏。要理性分析乡村旅游服务诸环节的供需关系，适当控制供大于求的环节，重点推进短缺的服务项目建设，实现行游住食购娱及信息要素的均衡配置，不能过于热衷"大手笔、大项目、大投资"。为了保障乡村旅游的可持续发展，乡村旅游开发要留有余地，坚持盘活存量与适度增量相结合，提升已有产品与发展新业态、开发新产品并重，完善已有资源，遵循集约、绿色、低碳和循环发展理念。乡村旅游在创新发展当中，要不断将农村生态优势、乡土特色文化和新农村建设、美丽乡村建设、新型城镇化推进成果转化为乡村旅游产业发展优势，进一步促进农村经济发展、农业增产增效、农民就业增长，带动农民文化素质提升，促进新生活方式传播和乡风文明，大力提升社会人文环境，着手推动"乡村旅游，诗意居住"，为城乡居民提供共同的良好人居环境。

（二）以"旅游＋"推进产业融合发展

目前，乡村旅游已超越农家乐形式，向观光、休闲、度假复合型转变，一部分游客到乡村已不再是单纯的旅游，而是被乡村的环境吸引，在当地较长时间地生活和居住，从乡村旅游到乡村生活，这是一大发展新趋势。要加快推进"旅游＋"，加大乡村旅游与休闲度假旅游、康体养生旅游、休闲农业观光旅游、文化艺术旅游等专项旅游产品融合，大力推进乡土文化发掘与培育文化创意产业联动，引导既有模式向个性化方向发展，丰富乡村旅游业态类型，拓展与开发文化创意农园、国家农业公园、休闲农场、乡村营地、乡村庄园、乡村博物馆、艺术村落、市民农园、乡村民宿等新业态类型，助推从乡村旅游到乡村旅游生活的转变。乡村旅游发展中坚持产业链本地化，即在满足游客吃、住、行、游、购、娱需求中尽可能利用本地原材料和人力资源，以旅游业为龙头优化配置相关产业，在本地生产和销售产品，形成完整的产业链，通过旅游业的乘数效应，实现最大限度的当地社区参与，将旅游收益最大程度地留在本地，有效安置大量当地农民就业，使当地农民得到实实在在的好处。

（三）坚持"互联网＋"思维运营

随着互联网从游客端向渠道端、目的地端的快速渗透，要运用"互联网＋"思维从旅游产品、营销模式等方面实现整合提升。目前，旅游市场需求"个性化、多样化消费渐成主流"。"互联网＋"的本质是企业通过互联网收集海量的信息和数据，从中分析、倾听消费者心声，以此快速改进产品和服务，提供极致的消费体验。它促使当下以企业为中心的产销格局，转变为以消费者为中心的新格局。乡村旅游营销模式要实现"线上线下"互动营销、融合营销、精准营销，在做好线下营销的同时，要加大线上营销的力度。做好网站建设、微信、微博、团购、众筹、直播等多种互联网营销模式，除了提供乡村的地理位置、交通状况、旅游价格、自然风景、人文特色、村庄特色、民风民俗、住宿餐饮信息之外，还能为旅游者游览线路选择、时间安排、食宿安排等提供建议，实现从"卖产品"转变为营销乡村休闲生活方式。为应对旅游市场的新趋势、新变化，满足游客更多样、更优质的消费需求，应推进乡村观光旅游向乡村休闲度假和生活体验转型升级、做大做强，全面提升乡村旅游发展质量和服务水平，把乡村旅游培育成为当地最活跃的业态和最重要的增长极。

（四）以"全域旅游"提升公共服务水平

随着旅游客源市场散客化、自由行比例的增加，对旅游公共服务设施的数量和质量都提出了全面的要求，公共旅游服务设施建设成为全域旅游目的地建设的迫切需求。公共服务体系建设基本趋向是，全景体验的旅游信息系统、迎合自驾的便捷交通系统、多元响应的安全保障系统、主客共享的便客惠民系统和全网联动的行政服务系统。已有的实践证明，全域旅游创建工作能有效改善旅游基础设施与公共服务设施，明显提高旅游服务水平。结合乡村旅游的特色，整合乡村各项地理信息、人文资源信息，建立相应的智慧旅游基础服务系统，引进互联网技术人才，为乡村旅游提供技术服务支持，着力打造"互联网＋旅游目的地"的全域旅游公共服务体系。

三、充分发挥农村基层党组织作用

农村工作在党和国家事业全局中具有重要战略地位，是全党工作的重中之重。办好农村的事情，实现乡村振兴，关键在党。党的农村基层组织是党在农村全部工作和战斗力的基础，是新时代乡村全面振兴的组织保证。党的十九大报告强调，党的基层组织是确保党的路线方针政策和决策部署贯彻落实的基础。农村基层党组织在推动乡村旅游高质量发展的过程中，能更好地贯彻落实以人民为中心的发展思想，更好地坚持以民为本、以人为本的执政理念，是保障农民在乡村旅游发展中受益的政治基础和组织保证。

（一）加强政治引领，坚持乡村旅游发展的价值导向

基层党组织的政治引领，主要是对政治原则、政治方针和政治路线的引导，这是基层党组织区别于其他社会组织的根本特质。农村基层党组织对乡村旅游发展的政治引领，旨在为乡村旅游发展提供坚强政治保障，确保乡村旅游始终坚持正确发展方向。习近平总书记指出："检验我们一切工作的成效，最终都要看人民是否真正得到了实惠，人民生活是否真正得到了改善。"[①] 乡村旅游开发要明确发展依靠谁，农村基层党组织应将乡村旅游的相关政策和措施传达到户，提高村民对乡村旅游高质量发展的认识，宣传群众、组织群众和服务群众，凝聚支持和参与乡村旅游发展的强大力量；乡村旅游开发要明确发展为了谁，农村基层党组织可以通过一系列机制构建和制度设计，保障农民群众共享乡村旅游发展成果。因此，农村基层党组织要合理利用村庄特色资源，把发展乡村旅游作为农民共同富裕、乡村全面振兴的重要抓手和关键切入点。同时，在乡村旅游的环境保护方面，要进行旅游环境保护的系列知识培训，贯彻"绿水青山就是金山银山"发展理念，积极寻求资金和技术支持，推进农村垃圾回收、污水处理和环境保护等相关工作的实施，创建绿色环保的生态环境，推动农村地区形成相互监督、共同保护的良性机制，保障乡村旅游的高质量、可持续发展。

---

① 新华网. 习近平：在纪念毛泽东同志诞辰 120 周年座谈会上的讲话 [EB/OL]. (2013-12-26) [2021-09-22] .http://www.xinhuanet.com/politics/2013-12-26/c_118723453.htm?agentId=5530.

（二）突出机制创新，增强乡村旅游发展的组织保障

完善基层党组织设置是农村党组织建设工作的起点，是农村基层党组织发挥作用的基础和保障。突出机制创新，建立和完善乡村旅游"产业型"党组织设置，核心是做大乡村旅游产业让群众得实惠、提升基层党组织服务形象。大力推行"党支部＋企业""党支部＋专业合作社""党支部＋行业协会""党支部＋电商""党支部＋基地""党支部＋公司＋景区＋农户"等模式，把党支部建在乡村旅游产业链上，建在乡村旅游经营服务管理第一线，提高党组织对乡村旅游规模景区、合作社、协会等经营主体及社会组织的有效覆盖。让党组织服务于乡村旅游发展，这样既能提高办事效率，又能及时反馈相关问题，以便及时作出工作决策和改进措施。同时，也把党员、乡贤能人集聚到乡村旅游产业中，带动农民群众增收致富。如福建省福鼎市崳山岛东角村党支部立足鸳鸯岛、大美海景日出、渔村赶海集市等资源优势，先后投入 420 万元，完善配套基础设施，重点构建桃花谷树葡萄农旅产业带、海滨公园旅游休闲观光带、鸳鸯岛海上休闲体验带，打造海滨特色街区、炮台岗精品民宿区、大礼堂文化区、清华大学实践区等，真正使无人问津的小渔村成了群众增收的"香饽饽"。2019 年 465 户村民实现人均可支配收入 1.92 万元，被列为全市 15 个省级乡村振兴试点村之一。

随着乡村旅游的进一步发展，为共同打造各具特色的乡村旅游集聚区，推动地区品牌创建，要积极发挥农村基层党组织对乡村旅游"产业型"党组织建设的带动作用，支持和鼓励乡村旅游景区、度假区、联片民宿区等与所在地的基层党组织建立联合党支部，实现乡村旅游经济组织资源与政治组织资源的有效对接和优势互补，进一步提高基层党组织推进乡村旅游发展的号召力和战斗力。如浙江长兴顾渚村除了按照片区划分了 3 个支部外，着重选择从事农家乐行业的年轻党员成立"农家乐支部"，并为有想法的青年业主提供一定的政策、资金、技术、平台等支持，鼓励他们先行先试，培养乡村旅游发展"典型"，组织年轻党员进行考察接待、景区营运、市场推广、旅行社票台等技能和业务的培训，并将涌现出的优秀人才作为党员对象培养，实现双向培养。在党员联系农户的基础上，建立健全党员

联系农家乐制度，所有党员挂牌"亮身份、亮承诺"，通过走访农户和农家乐业主，加强交流、互动，及时掌握他们的动态，梳理形成村庄和产业发展的相关意见，积极发挥党支部的战斗堡垒作用，保障村庄和产业发展方向明确、措施得当。2019 年接待游客 400 多万人次，农村居民人均纯收入由 2004 年的 3888 元增加至 2019 年的 41896 元。

（三）发挥组织优势，协调乡村旅游发展的各方利益

《中国共产党支部工作条例（试行）》中明确提出：村党组织全面领导隶属本村的各类组织和各项工作，围绕实施乡村振兴战略开展工作，组织带领农民群众发展集体经济，走共同富裕道路，领导村级治理，建设和谐美丽乡村。中国的乡村，是一个"熟人社会"，它建立在亲缘、地缘、业缘的基础之上。农村基层党组织扎根于乡村，对乡村的土地特征、农户情况、文化历史留存和经济发展状况等因素最为明悉，在推动乡村旅游高质量发展过程中具有突出优势，特别在协调农民与村集体、农民与旅游企业、农民内部利益上具有组织优势。农村基层党组织要发挥优势，建立完善乡村旅游发展利益协调机制，突出农民群众在乡村旅游发展中的主体地位，通过建立完善利益分配机制、权益保障机制、纠纷解决机制、股权分红机制等，保障农民群众持续参与乡村旅游开发、持续获得乡村旅游发展利益的正当权利，正确处理政府、投资商、游客和当地群众的权利诉求和利益博弈，促进乡村旅游高质量发展。

（四）优化组织队伍，提升乡村旅游发展的领导能力

农村基层党组织要坚持责任担当，把发展乡村旅游作为带领广大农民共同富裕的重要路径。办好农村的事，关键在党、关键在人，关键在党组织领导班子和带头人。2017 年 12 月 12 日，习近平总书记在考察徐州市马庄村时指出："农村要发展好，很重要的一点就是要有好班子和好带头人，

希望大家在十九大精神指引下把村两委班子建设得更强。"①这就要求农村基层党组织根据乡村旅游发展需求，注重从农家乐致富能手、乡村旅游合作社负责人、新乡贤企业家、选调生、大学生村官等选拔农村基层党组织书记，选优配强农村基层党组织"带头人"，培养一批带领乡村旅游转型升级发展的"能人书记"和"能干党员"，通过健全和完善党建工作运行机制，积极支持乡村旅游发展带头人的工作，引导其发挥"领头雁"作用，加快乡村旅游发展。深入引导农民中优秀青年能人参与村级管理，引导返乡大学生到两委工作，逐步培养村两委新生力量。从发挥村级两委班子主观能动性入手，加强指导，强化培训，努力提高村两委成员综合素质，提升党组织发展乡村旅游的领导能力，这对促进乡村旅游的高质量发展至关重要。

四、提升农民参与旅游的受益能力

乡村旅游业是现代农村、农业与旅游业融合发展形成的新业态，具有提高农业附加值、拓宽收入来源、优化乡村环境、改善乡村基础设施等多重效益，但只有当农民成为乡村旅游开发和经营的主体，并形成一定的规模，这些效益才能够同时作用于乡村，农民才能真正受益。因此，要大力提升农民自身素质，引导农民转变观念，增强农民提高生活水平的重要内生动力。通过培训增强农民自身收益能力，引导其主动融入农家体验、农家乐、特色民宿、农家小超市、农产品销售等配套服务业，从农家乐经营、土特产品销售、务工等渠道增加收入，使乡村旅游成为带动农民增收的重要渠道，使农民成为乡村旅游开发和经营参与者、受益者。

（一）引导农民转变观念，增强内生动力

激发农民发展的内生动力，是推动农民受益的关键。通过广泛宣传、政

---

① 新华网.习近平：农村要发展需要好的带头人［EB/OL］.（2017-12-12）［2021-09-21］.http://www.xinhuanet.com//politics/2017-12/12/c_1122100825.htm.

策讲解，组织农村党员、农家乐经营户、摊点经营户、景区员工及其他农民外出学习、参观、考察，开阔眼界、增长见识，引导农民转变观念，增强内生动力，为使农民成为乡村旅游开发和经营主体奠定坚实的思想基础。邀请省内外民营企业家、致富带头人、优秀大学生村干部、社会知名人士现场讲授国家出台的相关政策、传授创业经验，介绍乡村旅游发展的状况等，起到开化思想、统一行动、增长知识、提高素质的作用。开展大讨论和各种评选活动，帮助农民建立发展信心，引导其将发展愿望转化为提高自身能力的渴望，将"要我发展"转化为"我要发展"，提高其生产和发展能力，调动其参与旅游开发的积极性、主动性和创造性。开展多种形式、内容丰富的文化教育宣传活动，增加趣味性，提高农民参与性，增强农民的文化自信。

（二）开展服务技能培训，增强受益能力

　　由于个人能力、意愿、精力以及经济、社会、文化等因素的限制，当地农民参与旅游发展存在较多障碍，很多农民未能参与当地的旅游开发或是参与层次较低。提升农民能力，减少其参与乡村旅游活动并受益的障碍，是推动农民受益的重要手段。由于我国农民的文化水平相对较低，市场意识较弱、创新能力不足、管理和服务水平不高等，需要有常态化的培训、辅导机制，应由村、乡镇或旅游行业协会牵头，建立健全相关培训教学计划、管理制度，选用和选聘技术专家、业内专家、旅游能人、院校专家作为专职和兼职的授课教师，定期开设专题讲座，针对旅游服务、经营管理中出现的问题答疑解惑。针对特色农业、休闲农业、乡村旅游、民宿经营管理、宣传营销、服务礼仪等方面的知识和技术，可以采取"走出去、请进来"的方法，举办休闲农业和乡村旅游专题培训，培训内容突出实用性，充分考虑相关农民参与旅游业的不同障碍和需求。也可以根据农民自身的条件和特长，定制课程，精准培训，使每一名农民都能掌握一项技能，在旅游产业链中参与分工、发挥特长，确保人人有事做、户户能增收。

第七章

乡村旅游未来发展趋势

第一节　乡村旅游发展新趋势

自 1998 年第一次乡村旅游热以来，经过 20 多年的发展，在国家、各级政府、城镇居民等诸多因素的推动下，我国乡村旅游逐渐形成了规模大、覆盖面广、参与人数多的格局。乡村旅游示范点分布在全国 31 个省区市和 3.5 万个乡村旅游特色村，年接待游客 6 亿多人次，旅游收入 1500 多亿元。乡村旅游种类繁多，包括农、林、牧、渔业等多种形式。不同的旅游目的地都有具有独特地方文化印记和个性的乡村，乡村旅游特色的开发取得了一定的成功。当前，乡村旅游发展的新趋势是：乡村旅游已从农家乐形式向观光、休闲、度假的复合型发展；随着个性化休闲时代的到来，乡村旅游产品进入了创新和精细化的新阶段。

一、乡村旅游的多样化、体验化、融合化

目前，乡村旅游已从农家乐形式向观光、休闲、度假的复合型发展。随着人们消费水平的提升和个性化需求的增加，乡村旅游正逐步向多元化、一体化、个性化方向发展。同时，乡村旅游消费方式正由观光旅游向度假深度体验旅游转变，乡村旅游形式逐渐多样化。现阶段，乡村经济发展路径逐步形成了"乡村主题化、体验生活化、农业现代化、业态多样化、乡镇景区化、农民多业化、资源产品化"等 8 大新趋势。

二、乡村旅游的全域化、特色化、精品化

许多地方倾向于统筹全村、全镇、全县乡村旅游的发展。在乡村旅游

推广过程中,为避免同质竞争,获取差异化优势,各乡镇实施"一村一品""一户一业态"等差异化发展战略,深挖潜力,精心设计,打造精品,从而使乡村旅游特色化、精细化。

三、乡村旅游产业链进一步完善

随着我国休闲旅游产业的蓬勃发展,农村电子商务得到进一步发展,培育了一批宜居宜业的特色村镇。此外,智能化也逐渐应用于乡村旅游,未来"旅游+"和"互联网+"将促进休闲旅游、旅游电子商务和城市旅游的发展,拓展乡村旅游产业链和价值链。

四、从乡村旅游到乡村生活的新理念

一些游客不再单纯地下乡旅游,而是被乡村环境吸引,在当地长期居住和生活,这种现象不仅出现在北京等大城市,也出现在中部一些欠发达省份。一些退休人员不愿长期在城市生活,一年中往往要在农村住上几个月。他们认为,农村生态环境良好,能够更好地亲近自然,享受有机生态食品。从乡村旅游到乡村生活,这是一种新趋势。

五、"互联网+"乡村旅游成为新潮流

数字经济时代下,随着互联网等新兴技术的不断发展,乡村旅游也变得越来越智慧化、数字化。依托互联网信息平台,整合分散的乡村旅游资源,加强网上推广、品牌建设和数字赋能,带动乡村旅游领域多元化创新创业;将休闲娱乐、文化创意与乡村旅游、民俗文化、现代农业结合起来,积极发展新的乡村旅游形式和模式;充分发挥大企业带动作用,整合农业、旅游、文教等资源,把返乡创业与扶贫开发、美丽乡村建设紧密结合起来,引进

社会资本激活农村创业。特别是 2020 年初突如其来的新冠疫情以来，在乡村旅游领域，数字经济新业态加速发展，云旅游、在线直播带货等营销方式不断涌现，催生了一批新的就业、创业机会。

第二节　乡村旅游新模式

一、发展新模式

乡村旅游是一种农业和旅游业融合的产物，基于不同的开发主体和不同的资源类型，"新农人"模式、合伙模式和 B & B 模式是乡村旅游主要的发展新模式。

（一）新农人模式

乡村旅游中的"新农人"是一个精英群体，包括当地的具有创新意识的干部、商人、投资者、城市白领、研究人员、艺术家和跨国居民。"新农人"是具有创新精神和独立价值追求的农村新移民，他们通过长期租赁的方式，利用农民的土地和森林发展乡村旅游，为农村带来资金、现代技术、先进理念和前沿信息。这一群体的社会关系网络极大地丰富了乡村旅游目的地的社会资本。可以说，"新农人"本身就是乡村旅游生产的重要因素。他们开展了一系列乡村旅游经济活动，对农村本地经营者起到了积极的带动和示范作用，对农村经济社会组织、空间功能和空间形态产生了深远的影响。浙江德清莫干山地区的"洋家乐"就是"新农人"模式的典型代表。

这一模式可以演化为"新农人＋公司＋农户""新农人＋政府＋社区"模式。以杭州市滨江区山一村为例，区政府与文化事业单位、科研机构、文化创意企业、资本市场等建立了合作关系，保留的居民楼改造成 SOHO，吸引建筑师、设计师、艺术家、教师等群体入驻，并建立创意民宿、主题餐饮等旅游接待设施。在"新农人"的影响下，山一村已成为著名的生态创意乡村旅游集群。

（二）合伙模式

传统的"公司＋农户""政府＋公司＋农户"等模式可以调动农民的积极性，但乡村旅游发展中存在一个共同的问题，即乡村旅游促进了农民收入的增加，但村集体经济的收益非常有限，在一定程度上影响了乡村经济的发展。合伙模式可以在富民的基础上充实农村集体经济的"钱袋子"，促进乡村经济良性循环的形成。

合伙模式类似于股份合作模式，是"村集体＋龙头企业"参与的乡村旅游发展模式。村集体经济组织要建立乡村旅游项目储备，统一对外招商，通过市场化手段建立集体股权，激活集体资源要素，通过集体经营建设用地使用权和龙头企业投资等方式建立合伙企业，开展农业产业化基地、农产品加工基地等村级集体经济项目建设。采用 PPP 和 BOT 方式拓宽融资渠道，鼓励社会资本参与乡村旅游开发。在合伙模式中，村集体不仅起着引导和协调的作用，而且作为"合伙人"参与旅游项目的开发和利益共享。这种模式扩大了村集体和农民的经营份额，有利于乡村旅游的规模化发展。但合伙公司的设立程序相对严格，这就要求村集体领导有更高的要求、现代化的管理理念、宽广的视野和较强的合作谈判能力。

（三）B&B 模式

B & B（Business & Business）是指企业与企业之间的交易方式。乡村旅游区的企业或组织开展合作，形成有序统一的经营网络。B & B 模式有多种：第一类是乡村旅游协会，是由当地乡村旅游经营者自愿加入的组织结构松散的非营利性社会组织。协会通过建立行业自律机制加强会员之间的信息沟通，通过建立行业自律机制对会员进行规范和约束。

第二类是行业互助组织，类似于乡村旅游合作社，是经营者自愿加入、民主管理、利益共享的经济组织。在北京、云南、四川、重庆等乡村旅游发达地区，如北京密云区，"一个民俗村就是一个乡村酒店"。

第三类是由地方政府牵头，结合行业上下游企业，成立专门的经营部门，采用统一的品牌识别体系和营销网络进行业务经营，统一经营，统一管理。以浙江省建德市"果蔬园"为例，2014年，由市农办牵头，成立了19星果蔬采摘基地——建德果蔬园旅游开发有限公司，统一运作，将现代农业与农产品加工、乡村旅游有机结合，形成农业观光、休闲采摘、科教、特色餐饮、创意民宿等多种业态，打造中国第一个"无围墙"发展模式。

二、 开发新模式

目前我国的乡村旅游发展方兴未艾，乡村旅游逐步向着融观光、考察、学习、参与、康体、休闲、度假、娱乐等为一体的综合型方向迅速发展，其开发模式也有多种，从资源利用角度出发可以将乡村旅游模式归纳为以下几种。

（一）乡村生态旅游

乡村生态旅游是一种新型的旅游形式，是指以乡村为载体，有效利用乡村空间和资源，以生活体验和风俗习惯为主，完成乡村经济产业化发展的旅游形式，其将度假、休闲、观光一体化，不仅能给游客带来更多独特的旅游体验，而且能实现乡村经济的进一步发展。具体而言，从乡村旅游的角度看，乡村生态旅游是将生态环境引入乡村旅游，注重生态文明理念，综合开发乡村旅游资源，实现经济效益的旅游形式。乡村生态旅游发展模式可分为主题农庄模式、特色村寨模式和乡村俱乐部模式。

主题农庄是指有效保留当地村落特色，合理利用其空间，建设具有不同形态和特色的村落，为顾客提供娱乐休闲场所，使游客得到精神释放，开展一些体育、观光、度假等活动。近年来，这种乡村生态旅游发展模式受到了大多数人的青睐，消费者在节日期间带着家人到主题农庄游玩，吃农家菜，到农村参加农业活动，缓解城市工作压力，放松精神。

特色村寨是少数民族重要的旅游资源，近年来逐渐发展成为生态旅游的主力军，许多特色村开始呈现出自己的民族特色，既能促进游客了解中国传统文化，体验各族人民的热情和魄力，又能促进中国传统文化的更好传承，还可以促进乡村生态旅游的发展，增加地区收入，提高人民生活水平。

乡村俱乐部是指在国内建设一个特定的旅游俱乐部，游客可以在这里体验乡村的独特性，感受乡村的风土人情，并释放压力。目前，我国生态旅游的发展虽然如火如荼，但许多乡村生态旅游的发展并不全面，空间的原始状态得以保留，通过乡村俱乐部的建设，可以弥补这些缺陷，其属于乡村高级会所，各项设施比较齐全，受到了很多消费者的青睐。

（二）田园综合体

2017年2月5日，中央一号文件首次提出"田园综合体"的新农村发展模式，具体包括：支持有条件的农村建设以农民专业合作社为主要载体，让农民充分参与田园综合体，并从中受益，集聚循环农业、创意农业和农事体验，通过农村综合改革转移支付等渠道开展试点示范。根据中央一号文件，田园综合体是指集现代农业、休闲旅游、乡村社区为一体的特色城乡综合开发模式。它以自然生态为基础，以农业发展为导向，以农民专业合作社为主要载体，以村庄建设区为发展单元，是集农业园区、文化旅游、新社区建设为一体的多功能复合型区域经济综合体。基于这一理念，从乡村本位的角度看，田园综合体实质上是一个支撑平台的建设，以发展更完善的中心村或城郊乡村为核心，结合广大农村，以推进农业现代化为目标，对农村社会进行大规模的综合规划。从功能内涵看，田园综合体在农村发展中起着"平台"作用，包括促进农业现代化的要素平台、保障农村生产关系顺利转化的制度平台，以及与政府、企业、村民的合作平台。从实践的角度看，田园综合体建设强调以农村农业为基础，根据不同村庄的资源禀赋和农业特点，通过其"内部因素重组"和"外部因素导入"来振兴乡村农业产业。因此，田园综合体应成为城乡一体化的核心单元或乡村集群的核心，发挥其不可替代的农业价值和家园价值。就地理范围而言，可以是一个大村庄，也可以是几个村庄的组合。

田园综合体是乡村振兴战略下为发展农村经济，整合城乡互动融合而形成的一种社区生活方式和商业运作模式，是以美丽乡村、特色小镇和现代农庄建设成果为基础的农村发展 4.0 版，是以企业与地方政府的合作，通过挖掘乡村地区的文化、生态和劳动力资源，在乡村大规模统筹、综合规划形成的"农业＋文旅＋社区"综合体。田园综合体模式的建立和发展特点如下：（1）基于特定的空间环境。基于乡村历史文化保护的文化旅游项目建设与开发是乡村综合体的显著特征之一。创客空间让艺术扎根农村，特色民宿和农业旅游让城市人流向农村。利用现代高新技术整合农村农业，完善产业链，有利于财富从城市流向农村，合理规划农业景观，形成各环节的闭环发展，实现可持续发展的目标。（2）田园综合体建设的主体是休闲旅游，通过乡村风情景观满足城市人的精神需求，是田园综合体发展的基本功能。因此，休闲旅游直接而准确地描述了田园综合体的功能。（3）田园综合体也是三大产业的融合体。与传统乡村旅游相比，田园综合体更具特殊性，主要表现在三次产业融合上，因此被称为乡村经济、社会和生态文明全面发展的重要载体。田园综合体的开发有效地整合了农村的各种资源，深刻地调整和发展了农村经济。目前，已形成了 6 个典型成熟的田园综合体，包括江苏无锡阳山田园东方、上海金山嘴渔村、安徽肥西官亭林海、黑龙江富锦市"稻"梦空间、四川成都郫都区多利农庄和内蒙古鄂尔多斯乌审旗无定河镇的新风古韵。

（三）乡村旅居

旅居的概念来源于社会学。早在 20 世纪 30 年代，芝加哥的社会学者 Paul C. P. Siu 和 Glick 在研究中就提到了旅居的概念。社会学上的旅居是与跨国、跨境移民有关的内容，当然，从旅游的角度来看，旅居也是旅游的表现形式之一。旅游天然不是旅居，但旅居天然是旅游并且旅居是旅游发展的更高层次。工业革命不仅给人类带来了丰富的物质享受，也使城市失去了人类不可缺少的自然环境。信息革命尽管推动了世界经济一体化的发展，但也造成了世界城市文化雷同的负面影响。正是因为人们意识到环境的恶化会导致人类失去栖息地，乡村才受到城市人的青睐，成为旅游发展的新热点。随着全球旅游业的推进，乡村旅游在未来不可能是景区化发展，不能简单以观光为主。中国乡村旅游未来的发展方向和定位应该是乡村旅居。

乡村旅居通常包括乡村旅游和乡村居住两个部分，二者相互配合，共同发展。国外乡村旅游住宅产业的发展一般源于乡村独特的文化或产品。在发展过程中，最重要的是充分发挥和延续农村民居的特色；在充分发挥特色的同时，注重旅游者的休闲体验，深化对乡村旅居的偏好和忠诚度，将其开发成为长期的旅游资源。

从乡村特色产品延伸而来的乡村旅居产业较多，其包含农产品种植业、畜牧业和渔业等多方面。乡村旅居产业的主要吸引力是乡村特色文化的内涵和传承。乡村住宅产业的发展表明，城镇居民购买或租赁乡村房屋，并发展分时度假模式。欧美发达国家的城市居民进入老年期后会有从城市转移到农村阶段，他们通常在农村购买或长期租赁房屋。分时度假是以周为单位向多个客人出售度假客房的使用权，使用期限可以协商。顾客在购买一定时间段后，每年可在此享受节日住宿，并享受购买期间的转让、赠与、继承等一系列权益以及分时度假的交换。

国内旅居发展趋势是老人养老和家庭度假将成为可持续的增长点。未来 10 年，中国人口老龄化问题日趋严重，50 岁以下人口比重逐年下降，预计从 2017 年的 71.18% 下降到 2026 年的 58.36%，而相应的 50 岁以上人口比重预计从 2017 年的 28.82% 上升到 2026 年的 41.36%。中国已全面进入老龄化社会，老人旅游总量越来越大，预计占比达 27.86%，并且老人有时间、有支付能力，这一群体更适合作为旅居范畴的客户。

（四）乡村旅游众创空间

目前，我国的众创活动主要集中在城市众创空间和产业孵化器两种形式。广袤的农村由于地域辽阔、租金低廉、业态丰富、贴近自然等优势，逐渐发展成为以乡村为主要基地、乡村旅游为主要业态的大众创新空间。一大批"乡村创客"群体应运而生，通过文化创意、创新创业重新定义乡村价值，为我国乡村旅游发展提供了新的思路和模式，乡村旅游进入了自己的众创时代。2015 年 8 月，国务院办公厅印发《关于进一步促进旅游投资和消费的若干意见》，提出开展百万乡村旅游创客行动，在全国建设一批乡村旅游创客示范基地，形成一批高水准文化艺术旅游创业就业乡村，充分发挥乡村旅游创客示范基地在推动乡村旅游转型升级和提质增效中的创新性、示范性和引领性。

位于浙江省吴兴区的龙山村谷堆乡创是一个集农品开发、创意设计、电子商务为一体的乡创平台，累计入驻企业和团队 12 个，通过"1＋5＋10"新模式把都市边缘区城市生产要素下乡带动乡村振兴，以乡村建设为基础、以乡村创业体系为手段，以资本助力为保障，快速对接各地基层政府，盘活乡村资源，让资源与资本高度结合，重构乡村发展体系。谷堆乡创通过引进"高等院校、示范基地、社会组织"三类资源，打造乡村振兴众创空间，汇聚产业力量助力谷堆乡村振兴，并保持乡村旅游旺盛生命力，对拥有"乡村梦"的创客提供政策解读，开展相关课程培训，并为创客提供创业初期的办公场所，全面激活乡村的创新活力和创业动力。谷堆乡创建设乡村振兴运营中心，打造专业服务平台，以景区运营、产业投资、乡村运营为基础，连接政府、乡村合作社、投资商、乡村创客等充分发挥乡村的资源优势，打造以经营为核心的美丽乡村。

三、　管理新模式

随着乡村旅游的逐步转型升级，其管理模式发挥着越来越重要的作用。乡村旅游的经营管理模式是根据旅游资源和客源市场来确定的，不同的资源禀赋和区域旅游市场有不同的经营管理模式，乡村旅游新管理模式有以下几种。

（一）村集体管理

村集体管理是指村委会统一规范和管理乡村旅游开发经营活动。村民按照自愿的原则参与乡村旅游的经营，如开办民宿、农家乐、餐饮等。但是，他们必须接受村集体的监督管理，也可以入股土地。乡村旅游收入在保留一定数额的管理支出后，分配给参与的农民。村委会负责乡村旅游的规划、设计、开发、经营和管理，可以减少农民个体发展的盲目性，同时调动农民的积极性。村集体按规定分配利益，具有一定的公平性，有利于协调村民关系，减少利益冲突。这种管理方式也有利于盘活村集体资产的使用，增加集体资产，充实村民和村集体的"钱袋子"。

但也有一些局限性。在乡村旅游管理日趋专业化的背景下，采用村集体管理的乡村旅游地必须重视和加强人才引进、培养和储备工作。如果集体资产有限，将导致乡村旅游发展资金短缺，还要通过招商引资拓宽融资渠道。针对上述局限性，可以通过"合作社＋村集体"、"村集体＋企业"、"政府＋村集体＋企业"、PPP 和 BOT 等方式建立村集体产权，激活集体资源要素，提高管理水平。

（二）公司制管理

公司管理模式引进外部资金，由专业公司全权负责乡村旅游项目的开发经营，经营权和收益权归公司所有，而政府和村集体一般不参与具体旅游项目的开发和运营。村民以个人名义加入公司，通过向公司提供劳动和原材料获得劳动报酬或增加经济收入。公司化管理模式可以充分发挥成熟企业在融资渠道、经营经验、组织结构、管理水平、社会网络等方面的优势，使乡村旅游快速走上正轨，走上有序、规模化发展之路。农民通过在公司工作赚取收入，解决一些就业问题。这种方式更适合于乡村旅游发展处于起步阶段的地区。由于利益主体是企业，乡村旅游的开发经营由企业主决定，当地农民参与度低，利润微薄，因此容易产生矛盾，甚至严重影响乡村旅游的可持续发展。为了避免这种情况，一方面要确保公司产权明晰，还要吸纳村集体拥有的房屋、土地、森林等村集体资产以租赁、股份制的形式参与旅游开发，发展合作经济，使村民从公共资源中获得一定的收益；另一方面，要听取当地农民的合理建议，提高农民的积极性，引入当地政府和村委会参与管理，协调好与村民的关系。

（三）农户自治管理

这种管理模式不同于乡村旅游发展初期的"农户＋农户"模式，相反乡村旅游点（村、乡）从事旅游经营的农户组织自己的公司开展乡村旅游的开发和经营。因此，它类似于公司管理，公司可采用股份制或股份合作制，按资本或资本＋劳动分配股利。与公司制不同，农民自治公司的管理是高度民主的，村民不仅是公司的股东，也是公司的员工。他们直接参与乡村旅游的开发、管理、决策和利益分配，体现了乡村旅游主体的地位，极大地提高了村民的积极性，也可以提高村民保护生态环境和历史文化的意识。村集体可以成为产权主体并参与其中。农户自治管理能够最大限度地提高乡村旅游景观和文化的原真性，对提升乡村治理水平具有较强的促进作用。但这种管理模式对村民的参与意识和管理水平提出了更高的要求，存在较大的经营风险。要解决这些问题，一方面需要政府加强引导和支持，或者引进职业经理人，让具有乡村旅游开发经验和管理能力的专业人士在日常经营管理中发挥更大的作用，另一方面，要完善财务管理体制，明确自治农户的财产权利和合法权益，确保他们得到应有的利益。

四、"乡村旅游＋"模式

"乡村旅游＋"已经成为国家发展战略的组成部分，为乡村旅游业发展带来了新使命、新动能、新方向。"新使命"意味着乡村旅游业将成为带动其他产业发展的重要驱动力，在经济转型升级中肩负更多责任、发挥更大作用；"新动能"意味着乡村旅游业的拉动、融合、催化作用将得到更好的发挥，为旅游业发展注入新的活力；"新方向"意味着"乡村旅游＋"将催生一些新业态、新产品、新发展模式，推动产业的转型升级。

（一）"乡村旅游＋"农村电商模式

乡村旅游属于旅游行业和农业产业之间进行融合之后形成的新型产物，已经变成了我国市场经济快速提高的重要增长点，在当前互联网技术快速发展的环境下，要将乡村旅游与乡村电子商务全面融合，确保两者的联动融合发展，形成"乡村旅游＋"农村电子商务模式，该模式可以分为乡村旅游主导融合模式、农业电子商务主导融合模式和共同推动模式。

乡村旅游主导融合模式主要是使农村电商融入其中：一方面，使乡村旅游的内容和方式更加丰富多样；另一方面，它对促进我国乡村旅游的健康稳定发展具有十分重要的作用。目前，乡村旅游网站具有综合属性，可以是专业信息网站，也可以是门户网站，这类网站具有较高的影响力和知名度，能够对乡村旅游产业的整体发展起重要作用。此外，还可以建设一个"网上村庄"，通过网上服务、电子商务平台，以及合作社等形式，当地群众可以更好地接待游客，提高游客的归属感，给他们一种亲切感，确保全面实现田园目标。

农业电子商务主导融合模式是指在电子商务当中渗透乡村旅游的有关内容。在这种模式下，乡村旅游实际上属于乡村电子商务的一个非常重要的子系统，可以在很大程度上丰富村电子商务的方式和内容。既能保证农民的实际收入，又能保证乡村旅游活动的正常运行，促进乡村旅游的健康可持续发展。需要在农村电子商务中贯穿乡村旅游的相关板块，充分展现乡村的独特魅力，提供衣、食、住、行的多方面信息内容。要为人们的出行和游玩提供相应的参考，确保"乡村旅游"的推广和宣传得以拓宽。

共同推动模式为"乡村旅游＋农村电子商务"联动综合发展，可以突破传统网站的约束，打造完善的新型网站，全面整合乡村旅游和农业产业，并且在农村电子商务中充分展现。这种模式要求企业研发相应的电子商务平台，将农业产业的生产、销售和乡村旅游整合为一个整体，其作为一个具有综合属性的电子商务网站，包含了采购、支付、分销等环节。它在很大程度上促进了体验旅游的全面发展，使顾客能够感知当地的实际风情，而且商家可以了解顾客在旅途中的心理，保证回购率。同时，也可以选择优质的民宿落户电子商务旅游平台，全面整合多样性优势资源，加强智慧旅游综合建设，实现农村电子商务与乡村旅游的全面融合，促进两者共同发展，最终实现双赢，促进我国农业产业健康稳定发展。

（二）"乡村旅游＋"文化模式

乡村文化旅游深入挖掘历史文化、地域特色文化、民族民俗文化、传统农耕文化等，提高传统工艺产品质量和旅游产品文化含量，创新产品供给，实现旅游供给高质量。乡村文化旅游产品开发重点是挖掘乡土文化，创新乡村文化旅游产品供给，提升旅游体验。乡村文化旅游开发保留了"原乡"的印象，使旅游者在乡村文化旅游中体味到乡土气息，他们既望得见田园风光所代表的青山绿水，又能寻觅到浓浓的乡愁。乡村文化旅游产品包括三个层次，分别是乡土传承层次、乡村休闲生活构建层次和乡村产品创新层次。

乡土传承层次包括绿色原乡和黄色原乡两个维度。原乡最重要的是要保留乡村的基本特征，即乡村生态和乡土文化。绿色原乡是为了保护乡村生态，农村和城市的工业发展有很大的差别，乡村产业（农业）使乡村拥有了相对良好的生态环境，这是发展一些地方旅游产品的独特条件。黄色原乡是当地文化的传承，乡土文化是中华文化精神的根源，是乡愁文化的发祥地，保护和传承是乡土文化振兴乡村的必然选择，也是开发乡土文化旅游产品的基本条件。

乡村休闲生活构建层次包括橙色原乡和彩色原乡。旅游者参与旅游活动是一种文化体验的过程，旅游体验满意度是检验旅游业发展的试金石，提高旅游体验可以从硬件和软件两方面入手，硬件是旅游基础设施的建设，软件是旅游产品的建设。橙色原乡注重改善和优化乡村生活空间，提高原村民的生活满意度和获得感，以提高乡村生活质量，让游客和村民一起住下去。彩色原乡注重旅游服务和休闲娱乐设施建设，活化乡村文化，打造主客兼备的乡村文化旅游产品，让游客有旅游的内容和探索地方文化的兴趣。

乡村产品创新层次是红色原乡。增强创新意识和创新思维，通过创新发展让农村赶上时代发展的步伐。农村的发展不应保守，而应推陈出新，把历史与现代、传统与未来相结合，寻求乡村的创新发展。创新是乡村可持续发展的不竭动力，如果只是复古式原乡，它将不可持续。要实现乡村规划的可持续性，必须建设红色原乡，创新发展乡村文化，通过建筑、景观、环境的建设创造乡村意境，要通过乡村文化旅游产品的创新设计丰富乡村意境，让居民生活更舒适，让游客看到怀旧，品尝岁月的恒久清新。

（三）"乡村旅游＋"休闲体育模式

中国乡村地域辽阔，资源丰富。有旅游资源的村庄是人们的度假胜地，将休闲体育融入农村资源，可以吸引人们通过体育释放压力。目前，乡村旅游与休闲体育产业融合的载体已经多样化，发展乡村旅游的目的就是要创造一个生活与自然融为一体的胜地，让人们在这里休息、健身、娱乐、休养，修身养性，享受生活。乡村旅游度假区优美的自然环境和独特的地形特征，使娱乐与冒险运动联合作为对象，开展攀岩、漂流、幽谷探险、滑翔伞、户外生存等刺激的户外体育活动。"乡村旅游＋"休闲可分为嵌入融合模式、重组融合模式和互补带动模式。

嵌入融合模式是指在乡村旅游开发过程中，对部分休闲体育产品进行整合，或使部分乡村旅游产品能够满足旅游者的需求，使旅游产品丰富多彩，逐步弥补各种不足。一些休闲体育被列入乡村旅游开发的范畴，体育产业相关产品被整合到乡村旅游产品的设计、生产、销售和服务中，或与具有乡村特色的休闲体育旅游项目相结合。休闲体育的加入丰富了乡村旅游的体验，带动了体育产业和乡村旅游的发展。

重组融合模式是指根据一些商业和活动的需要，会有专业人员对乡村旅游和休闲体育产品进行重新研究和开发，对原有的产业融合产品进行分解和重新整合，使乡村旅游休闲体育产业高度融合。形成新的产业链，开发新的发展路线，开发新的旅游产品。

互补带动模式是指休闲体育产业与乡村旅游产业虽然是两个不同的产业，但有许多相似之处。这两个行业的受众和资源可以给彼此的行业带来巨大的利益。随着各行业的整合，受众、效益和发展都将大大增加，在实现融合发展模式的同时，彼此的缺点和漏洞也能最小化。

第三节　乡村旅游发展新业态

乡村旅游从初级观光向高级休闲发展，从同质开发向差异发展，从单体经营向集群布局转变，新业态层出不穷，主题体验类业态、产业聚集类业态、主题游憩类业态、智慧乡村旅游、品质化的乡村酒店模式、个性化的文化民宿模式、高端化的度假乡居模式、趣味化的休闲聚落模式、产业化的主题庄园模式等是当今乡村旅游的创新模式。

一、主题体验类业态

所谓主题体验，是指依托特定的乡村旅游主题资源，对旅游活动进行精细化开发，使旅游者全程参与，获得深度体验。有选择地开发特色产品，为游客提供相应的服务。这种业态在当地普遍具有示范效应，在乡村旅游发展中占有很大比重。主题体验业务根据自身特点可分为农业体验、农产品加工、休闲度假、食品购物、体育休闲、乡村养生、文化创意、旅游制造等不同类型。在旅游主题体验产品中，从一个点切入，精致地做深做透某一特色的旅游主题产品最受市场青睐。邛崃大梁酒庄依托邛酒文化，开展了种植、酿造、品鉴、酒文化、酒养生等方面的活动，成为中国唯一以白酒为主题的景区。杭州祖名豆制品有限公司让游客感受到从大豆种植到豆制品加工的全过程，它不仅传播了品牌，而且使游客在深刻体验中掌握了农业知识，掌握了以大豆为原料烹制美味菜肴的方法。深受青少年市场的喜爱。在农业体验形式上，集参与、科技、休闲娱乐、科普教育等功能于一体，促进了特色农业或庄园经济的发展。农产品加工业把科技文化要素开发成特色旅游项目，增加了附加值。在度假休闲形式上，近年来特色民宿和乡村酒店满足了多层次游客的需求。美食购物业态，开发了多种项目，如乡村乡土美食、乡村咖啡厅、乡村购物中心等。最受欢迎的乡村体育项目，如乡村马术、房车露营、滑雪、滑翔等活动，非常受游客欢迎，大大提高了乡村旅游目的地的知名度。乡村康养，与健康疗养、医疗美容、生态旅游、文化休闲、体育等多种形式相结合，在健康小镇、老年住宅、老年公寓、度假酒店、保健居所、健康管理、康复护理、老年度假服务等方面蓬勃发展。乡村SOHO、创客空间、艺术家村、艺术市场、文化沙龙等乡村文化创意，从建筑形态到文化内涵，提升了乡村旅游目的地的文化品位。

二、产业聚集类业态

当前，"旅游＋"理念已深入人心，有效促进了农村一二三产业融合发展，将第一、第二产业的资源优势转化为第三产业的经济优势，促进复合集约型现代农业经济体系的形成，催生产业集聚。这种业态聚集了各类旅游要素于一体，通过农村土地综合开发利用，整合或嫁接一二三产业，实现多功能、多效益集聚的大型、多功能、综合性乡村旅游产业链运作形式，形成新的乡村旅游产品，并逐步向田园综合体或乡村旅游综合体发展。如被誉为"关中第一村"的陕西省礼泉县袁家村，从"民俗"要素入手，将各种旅游要素整合为一二三产业，发展产业集群，形成产业链，使整个村庄成为一个旅游综合体。浙江省长兴县水口镇依托富硒土地特色，大力发展乡村客栈和乡村购物，已成为农、住、食、购同步发展的乡村特色产业小城镇典范。

三、主题游憩类业态

这种业态是以现代科技手段为依托，围绕特定主题开展多层次活动，将乡村旅游目的地的休闲活动与服务接待设施融为一体的新型乡村旅游业态。主题可以反映乡村旅游目的地的本质特征，即"从有到优"，或者根据区位、交通和市场条件的综合分析，即"无中生有"。乡村主题公园创新了传统主题公园的产品形态和运营模式,可进一步分为国家农业公园、乡村国家公园、乡村游乐园等不同形态。国家农业园区是以农业生产为主体,将农业生产、农村生活、农业文化和自然景观有机结合,配套服务设施齐全的高端休闲农业形态,它具有观光、休闲、娱乐、健身、教育等功能,如安徽省大埔乡村世界。

乡村国家公园是指国家为保护乡村地区农业生产、农村风貌和农民生活的完整性,为乡村旅游提供场所而划定的特定乡村地区。杭州市余杭区大径山以建设国家级乡村旅游主题公园为目标,覆盖西部多个城镇,总面积381平方公里,已入驻包括红树林禅茶世界、创龄健康小镇、鸬鸟全域化旅游建设及民宿、喜来·奇鹤养生度假小镇等旅游项目,总投资约180亿元。

乡村国家公园是指国家为保护农村地区农业生产、乡村景观和农民生活完整,为乡村旅游提供场所而划定的特定的乡村地区。杭州市余杭区大径山以建设国家级乡村旅游主题公园为目标,覆盖西部多个城镇,总面积381平方公里,先后落户红树林禅茶世界、创龄健康小镇、鸬鸟全域化旅游建设及民宿、喜来·奇鹤养生度假小镇等旅游项目,总投资约180亿元。

乡村游乐园是以游乐设施和项目为主要景点的乡村主题公园,它一般类似于城市主题公园,但它地处乡村,因此往往被赋予一定的乡村主题概念。如都江堰市鱼塘镇的"水果侠主题世界",在游乐设施和项目上充分整合了当地民间演艺、民间小吃、乡村生活方式等乡村旅游资源,并配套度假酒店和主题商业街及餐饮娱乐设施,成为当地旅游新地标。主题游憩业务往往可以整合多种乡村旅游业务,通过旅游公司或旅游联盟实施精细化经营。因此,对乡村旅游的转型升级具有重要作用。

四、智慧乡村旅游

云计算、物联网、人工智能、区块链、5G 等新一代信息技术将进一步应用于乡村旅游,催生"智慧乡村旅游",对乡村旅游的服务和管理过程产生重要影响。

2015 年,国务院出台《关于进一步促进旅游消费和投资的若干意见》

提出到 2020 年建设 1 万个智慧旅游村,重视农村公共服务设施特别是信息网络服务设施建设。乡村旅游的智慧化不是简单的旅游信息化,而是应该把服务游客放在核心位置,技术创新应该为产业转型升级提供支撑。在技术层面,智慧乡村旅游是通过互联网、大数据、云计算、物联网等信息技术手段,为游客的食、住、行、购、娱提供便捷的信息服务,并综合运用便携式移动终端上网设备和计算机软件。

一批乡村旅游营销、电子商务采购、旅游商品网上营销平台,将有效促进乡村旅游的发展。例如,浙江淳安县在"旅游＋"和"互联网＋"的基础上,促进淳安有机产品和旅游纪念品的在线销售,探索出一种新型的农业与旅游一体化的电子商务模式。结合 GPS 定位、电子导游、虚拟旅游等高新技术,旅游动态监测系统将在乡村地区得到广泛应用,对提高乡村旅游的服务质量和运营水平具有较强的现实意义。

智慧乡村旅游有不同的典型应用场景,如智能导航软件、乡村旅游智慧平台等,智能导航软件将整个景区采集到的图片、文字、声音、图像按景点进行分类,并将数据信息保存在云端。以现有第三方地图数据和景区提供的地图信息为基础,利用电子地图技术,通过实地调查和勘测,标示出景区内所有景点的详细经纬度,实现景区地图的缩放和平移功能,并实现位置查询、路径引导,包括文字、音频、视频等多媒体景点介绍。当游客在移动设备开启"自动导航"模式时,游客将在游览过程中获得 GPS 的实时定位,当游客接近景区时,移动终端会自动从云端获取相应景区的多媒体数据。

五、乡村博物馆

乡村博物馆的概念有广义和狭义之分,广义上讲,农村有各种各样的博物馆,包括革命纪念馆、人民纪念馆、遗址纪念馆、专题博物馆、生态博物馆等,它展示了农村历史上存在的一切事物、风俗、传统技艺、事件或人物。狭义上来讲,以乡村的农业、村庄和农村乡土文化为主体,主要展示 1949 年以后农村社会的变迁。从地域上看,主要分布在农村地区;从展示内容上看,展品涉及农村的衣食住行、交通运输、生产生活工具、民俗风情等，主要展示在现代化的冲击下逐渐淡出人们视野的一些物品或风俗习惯，从而保留对农村的记忆。

从辐射范围来看，主要是以乡村博物馆为中心的周边农村地区，辐射范围非常有限，普及度非常有限；从管理上看，应以村民自我管理为基础，辅以政府扶持和专业管理人员，调动村民的自我参与意识；从开放程度上讲，对所有人都是免费的，但游客主要是当地村民，应该设置固定的开闭馆时间。狭义上讲，乡村博物馆可以展示乡村当地传统文化的魅力和吸引力，留住乡村的记忆，承载乡愁，让老一代想起过去难忘的岁月，让新一代的接班人受到传统农耕文明的教育。

乡村博物馆在收藏、陈列、管理等方面呈现出自身的发展特点，在保护乡村传统农业文明中发挥着重要作用。一方面可以寄托乡村文化。在中国几千年的发展历程中，农业文明始终占据着非常重要的地位，是地方文化的主体。随着现代农业机械化的广泛应用，传统的农具和耕作习惯在农业中逐渐消失；随着网络信息的迅速传播和影响，城市对农村的同化程度越来越深，农村的独特性正在消失。建立乡村博物馆，保护农具等传统老物件，传承民俗，寄托乡土文化，是保留乡村记忆、保护乡村特色的重要途径。另一方面可以保护传统文明。建立乡村博物馆是保护传统农业文明的重要途径。在机械化农业的冲击下，许多传统的农具和手段正逐渐退出农业耕作阶段。建立乡村博物馆，可以收藏传统农具，展示农耕风采，记录农耕文明的发展历史。把乡村博物馆作为保护农业文明的主阵地和弘扬农业文明的主平台，可以增加对传统农业生产的认识，向公众传播农耕文明。

六、国家农业公园

国家农业公园是以自然村落和本地村民的生活生产圈为核心，涵盖园林村落景观、生态化的田园、现代农业生产，并集农耕文化、民俗文化、乡村工业文化于一体的新型园区形式。国家农业公园是继农家乐、渔家乐、花家乐、林家乐、生态观光农业园等乡村旅游业态之后的一种新型乡村休闲模式。从产业的层面来看，国家农业公园是以农业活动为基础，农业与旅

乡村旅游发展与农户利益联结机制研究

游业为主的第三产业相结合的新型交叉产业，它可以摆脱传统农业现有的管理体制和发展瓶颈，实现农业产业升级。从资源利用的角度看，国家农业公园体现了资源的综合利用，它既包括优美的自然生态环境，又包括悠久的历史文化遗产、独特的民俗风情、村民生活展示、生态环境优化、产业结构合理，体现人与自然的和谐共处。从性质定位来看，国家农业公园属于全域旅游的一种形式，既有组织形式先进、管理模式健全的建设经营主体，也有原居民参与，以原居民生活区为核心将农业休闲与旅游结合。

我国国家农业公园建设，按照主要功能可分为旅游型、休闲型和科技服务型，按区域位置可分为城市型和农村型，按产业数量可分为单一型和复合型。

近年来，国家农业公园的探索取得了巨大的成就。如河南中牟国家农业公园于 2012 年 4 月开工建设，计划总投资 35 亿元，其中企业投资 28 亿元，政府投资 7 亿元。主要规划建设设施农业种植示范园、优质水产养殖示范区、农业文化创意园、花卉高新技术示范园、优质果蔬示范园、综合管理服务区等六大功能区。园区现有企业 15 家。园区占地 471.5 平方公里，设有 8 个主题场馆，涵盖农业、旅游、会展、科研、农产品贸易、物流等多个行业。

七、乡村露营地

露营地是自然环境中的特殊旅游场所，在不破坏原有地形和植被绿化的前提下，利用房车、帐篷等特殊设施（如树屋、船房、集装箱房等）进行旅游、休闲、度假活动。也有观点认为，露营地是自驾游系统中的集合点和补给点。如今，世界上有无数成熟的露营地为人们的休闲娱乐提供服务，露营地已成为人们外出、陶冶情操、感受自然、旅游的绝佳场所。在发达国家，自驾露营车随处可见。在中国，各类露营地建设如火如荼，露营人数大幅增加。随着自驾旅游的快速发展，乡村露营地的建设日益增多，其对于乡村旅游而言是一种新的旅游业态，乡村露营地研究对于丰富乡村旅游内涵有着重要的意义。乡村露营地的特点是乡村属性、自然属性和旅游活动的结合。乡村自然环境、农业风情以及营地的旅游服务能力和旅游体验是吸引游客到来的重要因素。乡村露营地规划建设的过程中，低影响力开发已逐渐成为共识。随着共享经济的发展，开心菜园、共享农场等新型农村营地发展模式应运而生。其利用农村闲置资源，为游客提供乡村度假休闲、农耕体验等城市难以接触的差异化体验。随着国家乡村振兴战略的确定，乡村露营地的发展空间将进一步扩大，建设用地、多元经营等实际问题也将得到妥善处理。旅游者在乡村得到身心的放松，乡村也因为旅游业而焕发了青春。

参考文献

［1］Chen H, Linsi H E, Peng L I, et al. Relationship of Stakeholders in Protected Areas and Tourism Ecological Compensation：A Case Study of Sanya Coral Reef National Nature Reserve in China［J］. Journal of Resources & Ecology, 2018.

［2］Cortes-Macias, Rafael, Pelaez-Fernandez A, et al. Residents' perceptions of tourism development in Benalmadena（Spain）［J］. Tourism management, 2016.

［3］Doug A, Deng J, Kudzayi M. DMOs and Rural Tourism：A Stakeholder Analysis the Case of Tucker County, West Virginia［J］. Sustainability, 2017, 9（10）: 1813-1832.

［4］Freeman E. Strategic Management：A Stakeholder Approach［M］. Massachusetts：Pitman, 1984：25.

［5］Liao C, So S, Lam D, et al. Residents' Perceptions of the Role of Leisure Satisfaction and Quality of Life in Overall Tourism Development：Case of a Fast Growing Tourism Destination-Macao［J］. Asia Pacific Journal of Tourism Research, 2015.

［6］Poudel S, Nyaupane G P, Budruk M. Stakeholders' Perspectives of Sustainable Tourism Development：A New Approach to Measuring Outcomes［J］. Journal of Travel Research, 2014.

［7］Vellecco I, Mancino A. Sustainability and tourism development in three Italian destinations：stakeholders' opinions and behaviours［J］. Service Industries Journal, 2010, 30（13-14）: 2201-2223.

［8］Wanner A, Prbstl-Haider U. Barriers to Stakeholder Involvement in Sustainable Rural Tourism Development-Experiences from Southeast Europe［J］. Sustainability, 2019, 11（12）: 3372.

［9］Yu C P, Tian C S, Charles C. Resident Support for Tourism Development in Rural Midwestern（USA）Communities：Perceived Tourism Impacts and Community Quality of Life Perspective［J］.Sustainability，2018，10（3）：802.

［10］Zhou Y，Guo L，Liu Y. Land consolidation boosting poverty alleviation in China：Theory and practice［J］.Land Use Policy，2019，82：339-348.

［11］白月华.乡村旅游与农业电子商务融合模式研究［J］.新丝路，2015（19）：30-31.

［12］蔡晶晶，吴希.乡村旅游对农户生计脆弱性影响评价——基于社会—生态耦合分析视角［J］.农业现代化研究，2018，39（4）：654-664.

［13］曹雅洁.互联网新常态下休闲农业与乡村旅游的转型——评《休闲农业与乡村旅游》［J］.植物检疫，2019（6）：92.

［14］陈佳，张丽琼，杨新军，等.乡村旅游开发对农户生计和社区旅游效应的影响——旅游开发模式视角的案例实证［J］.地理研究，2017，36（9）：1709-1724.

［15］陈佳，张丽琼，杨新军，等.乡村旅游开发对农户生计和社区旅游效应的影响——旅游开发模式视角的案例实证［J］.地理研究，2017，36（9）：1709-1724.

［16］陈佳骜，瞿华.国内乡村旅游研究综述［J］.特区经济，2021（4）：158-160.

［17］陈敬芝.新农村建设和乡村旅游的耦合协调发展［J］.农业经济，2018（12）：53-54.

［18］陈书芳.基于生态旅游的梅山地区景观格局与规划设计研究［D］.长沙：湖南大学，2018.

［19］谌潇雄，谭智勇，赵辉，等.国内农业旅游开发研究综述［J］.农村经济与科技，2021，32（6）：51-52.

［20］程莉，于秋月.乡村旅游发展对农民收入的影响机制——基于中介效应模型［J］.福建农林大学学报（哲学社会科学版），2021，24（3）：59-67，105.

［21］丛明光.威海市文登区乡村旅游市场结构及优化配置分析［D］.烟台：烟台大学，2020.

［22］崔晓明，杨新军.旅游地农户生计资本与社区可持续生计发展研

究——以秦巴山区安康一区三县为例［J］.人文地理，2018，33（2）：147-153.

［23］戴洪涛.经济新常态下乡村旅游业转型升级研究［J］.社会科学家，2019，270（10）：99-105.

［24］邓贵平，白忠.Butler旅游地生命周期模型应用困境研究［J］.桂林旅游高等专科学校学报，2008（2）：159-163.

［25］邓谋优.我国新一轮乡村旅游可持续发展面临的挑战与对策研究［J］.农业经济，2016（12）：33-34.

［26］丁士军，张银银，马志雄.被征地农户生计能力变化研究——基于可持续生计框架的改进［J］.农业经济问题，2016，37（6）：25-34.

［27］范菡珏."两山理论"视域下乡村旅游绿色发展模式探析［J］.安徽农业科学，2021，49（12）：133-136.

［28］冯伟林，向从武，毛娟.西南民族地区旅游扶贫理论与实践［M］.成都：西南交通大学出版社，2017.

［29］高德武，刘亭君，张春阳.基于羌族文化记忆的乡村旅游规划研究［M］.成都：四川大学出版社，2014.

［30］郭咏嘉.吉林省乡村旅游地演化研究：过程、格局、机制［D］.长春：东北师范大学，2020.

［31］韩博然.乡村旅游经济产业优化升级策略［J］.社会科学家，2021（4）：52-57.

［32］何仁伟，李光勤，刘邵权，等.可持续生计视角下中国农村贫困治理研究综述［J］.中国人口·资源与环境，2017，27（11）：69-85.

［33］贺剑武.乡村旅游信息化建设与智慧旅游融合发展路径探讨［J］.农业经济，2019（8）：39-41.

［34］胡平波，钟漪萍.政府支持下的农旅融合促进农业生态效率提升机理与实证分析——以全国休闲农业与乡村旅游示范县为例［J］.中国农村经济，2019（12）：85-104.

［35］黄顺红，梁陶，王文彦.乡村旅游开发与经营管理［M］.重庆：重庆大学出版社，2015.

［36］贾衍菊，李昂，刘瑞，等.乡村旅游地居民政府信任对旅游发展

支持度的影响——地方依恋的调节效应［J］.中国人口·资源与环境，2021，31（3）：171-183.

［37］焦爱英，王慧，廖萍.乡村旅游价值共创动力机制及提升策略研究——基于复杂适应系统理论［J］.创新，2020，14（6）：43-52.

［38］揭筱纹，罗言云，王霞，等.乡村旅游目的地环境生态性规划与管理［M］.四川大学出版社，2018.

［39］金川.上海乡村旅游业市场结构及优化配置研究［D］.上海：华东师范大学，2019.

［40］靳艳.美丽乡村建设背景下安徽省乡村旅游高质量发展路径探索［J］.四川旅游学院学报，2021（4）：45-49.

［41］黎玲.乡村文旅融合对游客满意度的影响研究——基于场景理论的实证分析［J］.技术经济与管理研究，2021（4）：100-104.

［42］李彬彬，米增渝，张正河.休闲农业对农村经济发展贡献及影响机制——以全国休闲农业与乡村旅游示范县为例［J］.经济地理，2020（2）：154-162.

［43］李墨文.利益相关者视域下朝鲜族民俗村旅游发展研究［D］.延吉：延边大学，2020.

［44］李涛，刘家明，刘锐，等.基于"生产—生活—生态"适宜性的休闲农业旅游开发［J］.经济地理，2016，36（12）：169-176.

［45］李涛，朱鹤，王钊，等.苏南乡村旅游空间集聚特征与结构研究［J］.地理研究，2020（10）：2281-2294.

［46］李晓琴.四川省旅游扶贫模式创新与实践研究［M］.成都：四川大学出版社，2018.

［47］李阳.基于"互联网＋"的江苏省乡村旅游产业影响因素分析［J］.中国农业资源与区划，2018，39（12）：256-261.

［48］李银昌.中国旅游扶贫效率：基于 DEA 视窗分析和非线性门槛效应的研究［D］.南宁：广西大学，2018.

［49］李占旗.智慧旅游背景下智慧乡村旅游的发展路径［J］.农业经济，2018（6）：53-55.

［50］林恩惠，杨超，郑义，等.农村人居环境对乡村旅游发展的辐射

效应［J］.统计与决策，2020，36（15）：89-91.

　　［51］林玉红.基于游客满意度的镇平县太公湖乡村旅游的 IPA 分析［D］.桂林：桂林理工大学，2020.

　　［52］刘传喜.乡村旅游地流动空间研究［D］.杭州：浙江工商大学，2017.

　　［53］刘红梅.民族村寨旅游高质量发展引导乡村振兴的机制及路径［J］.社会科学家，2021（4）：58-63.

　　［54］刘丽丽，李翠林，车国庆，等.乡村旅游资源模糊评价模型——以乌鲁木齐县为例［J］.河南科技学院学报，2021，41（7）：35-41.

　　［55］刘祥恒.旅游产业融合机制与融合度研究［D］.昆明：云南大学，2016.

　　［56］刘亚琼.我国乡村旅游发展现状与趋势研究［J］.兴义民族师范学院学报，2017（6）：66-70.

　　［57］刘颖.乡村振兴战略下乡村文化旅游资源开发利用探索——以贵州省正安县桃花源记景区为例［J］.文化月刊，2021（6）：35-37.

　　［58］陆铭宁，施退.乡村旅游新探——以凉山州为样本的实证研究［M］.成都：四川大学出版社，2013.

　　［59］吕倩."互联网＋"视野下智慧乡村旅游发展模式研究［J］.旅游纵览（下半月），2016（9）：161-163.

　　［60］莫志明.旅游引导的乡村新型城镇化模式及其效应研究［J］.农业经济，2019（5）：43-45.

　　［61］穆晓东，刘慧平，薛晓娟.基于区域城市结构的城市边缘区遥感监测方法［J］.北京师范大学学报（自然科学版），2012（4）：411-415.

　　［62］彭淑贞，吕臣.共生理论嵌入乡村旅游生态系统创新研究［J］.科研管理，2020，41（12）：60-69.

　　［63］秦丹.乡村旅游发展现状及趋势浅见［J］.经贸实践，2015（13）：59-60.

　　［64］史玉丁，李建军.乡村旅游多功能发展与农村可持续生计协同研究［J］.旅游学刊，2018，33（2）：15-26.

　　［65］宋慧娟，陈明.乡村振兴战略背景下乡村旅游提质增效路径探

析［J］.经济体制改革，2018（6）：76-81.

［66］苏飞，应蓉蓉，曾佳苗.可持续生计研究热点与前沿的可视化分析［J］.生态学报，2016，36（7）：2091-2101.

［67］孙凤芝，贾衍菊.旅游社区居民感知视角下政府信任影响因素——社会交换理论的解释［J］.北京理工大学学报（社会科学版），2020，22（4）：90-99.

［68］孙婧雯，马远军，王振波，等.基于锁定效应的乡村旅游产业振兴路径［J］.地理科学进展，2020，39（6）：1037-1046.

［69］孙雪梅.智慧旅游环境下的乡村旅游经济发展新模式探析［J］.经济管理文摘，2021（11）：15-16，18.

［70］覃小华，黄武，徐少癸.广西边境贫困地区乡村旅游助力乡村振兴的机制与路径［J］.江苏农业科学，2021，49（10）：1-6.

［71］万绪才.中国国际旅游市场潜力提升研究［M］.南京：南京大学出版社，2019.

［72］王昆欣."红色＋绿色"有机融合乡村旅游更有后劲［N］.中国旅游报，2021-05-20（3）.

［73］王敏娴，唐代剑.乡村旅游未来发展趋势探讨［J］.旅游学刊，2018，33（7）：16-19.

［74］王爔，房建恩.乡村旅游产品同质化问题分析及对策研究［J］.江苏农业科学，2020，48（2）：14-19.

［75］王翔雯.乡村旅游可持续发展对策研究［J］.农业经济，2020，404（12）：56-58.

［76］王跃伟，佟庆，陈航，等.乡村旅游地供给感知、品牌价值与重游意愿［J］.旅游学刊，2019，34（5）：37-50.

［77］韦彩玲，蓝飞行，李茂霞.乡村旅游减贫效应：作用机理、实证检验与优化路径——以广西四个贫困县为例［J］.郑州轻工业学院学报（社会科学版），2020，21（2）：72-80.

［78］魏昱斌.乡村旅游建设对农户生计转型的影响因素及效应分析［D］.福州：福建农林大学，2019.

［79］乌云花，苏日娜，许黎莉，等.牧民生计资本与生计策略关系研

究——以内蒙古锡林浩特市和西乌珠穆沁旗为例［J］.农业技术经济，2017（7）：71-77.

［80］吴吉林，刘水良，周春山.乡村旅游发展背景下传统村落农户适应性研究——以张家界4个村为例［J］.经济地理，2017，37（12）：232-240.

［81］吴兰卡.基于国际经验的我国乡村旅游的思路与措施研究［J］.农业经济，2015（12）：31-33.

［82］夏德孝.发展农村旅游对促进新农村经济建设的影响［J］.改革与战略，2015，31（11）：111-113.

［83］肖坤冰.民族旅游预开发区的文化保护预警研究——以四川汶川县阿尔村的羌族传统文化保护为例［J］.北方民族大学学报（哲学社会科学版），2012（3）：74-80.

［84］熊春晓.恩施州休闲农业与乡村旅游发展研究［D］.恩施：湖北民族大学，2020.

［85］徐胜兰，许文来.成都市低碳旅游城市发展模式研究［M］.成都：四川大学出版社，2016.

［86］徐爽，胡业翠.农户生计资本与生计稳定性耦合协调分析——以广西金桥村移民安置区为例［J］.经济地理，2018，38（3）：142-148.

［87］许志超.乡村振兴背景下外来投资对乡村旅游的影响——以江苏省句容市为例［J］.北方经贸，2021（6）：53-55.

［88］杨琴.乡村旅游业高质量发展研究［D］.湘潭：湖南科技大学，2020.

［89］姚旻，赵爱梅，宁志中.中国乡村旅游政策：基本特征、热点演变与"十四五"展望［J］.中国农村经济，2021（5）：2-17.

［90］叶迎.以乡村旅游促进农村剩余劳动力转移机制研究［J］.农业经济，2015（11）：56-57.

［91］尹华光，蔡建刚.乡村振兴战略下张家界乡村旅游高质量发展研究［M］.成都：西南交通大学出版社，2018.

［92］尤海涛.基于城乡统筹视角的乡村旅游可持续发展研究［D］.青岛：青岛大学，2015.

［93］于秋阳.高铁加速长三角旅游一体化研究［M］.上海：上海社会科学院出版社，2018.

［94］余利红.基于匹配倍差法的乡村旅游扶贫农户增收效应［J］.资源科学，2019，41（5）：955-966.

［95］袁淏，彭福伟.大力发展乡村旅游的政策建议［J］.宏观经济管理，2015（11）：40-41.

［96］张碧星，周晓丽.乡村振兴战略下的乡村旅游产业选择与成长［J］.农业经济，2019（6）：51-52.

［97］张灿强，闵庆文，张红榛，等.农业文化遗产保护目标下农户生计状况分析［J］.中国人口资源与环境，2017（1）：169-176.

［98］张诗倩.温州市永嘉县乡村旅游发展中政府行为优化研究［D］.成都：四川师范大学，2020.

［99］张斯雯，郑小松，赵喆.“互联网＋精准扶贫”模式下乡村生态旅游平台的创新研究［J］.农业经济，2021（6）：140-141.

［100］张涛.节事国际化研究最新进展及其启示［J］.旅游学刊，2013，28（6）：3-4.

［101］张伟，吴必虎.利益主体（stakeholder）理论在区域旅游规划中的应用—以四川省乐山市为例［J］.旅游学刊，2002，17（4）：63-68.

［102］张晓慧.基于利益相关者的一体化乡村旅游研究［D］.咸阳：西北农林科技大学，2012.

［103］张琰飞，陆薇.基于演化博弈的企业参与乡村旅游扶贫机制研究［J］.中国农业资源与区划，2019，40（12）：250-258.

［104］张众.乡村旅游与乡村振兴战略关联性研究［J］.山东社会科学，2020，293（1）：121，136-140.

［105］赵传松.山东省全域旅游可持续性评估与发展模式研究［D］.济南：山东师范大学，2019.

［106］赵静.乡村旅游核心利益相关者关系博弈及协调机制研究［D］.西安：西北大学，2019.

［107］赵磊，方成，毛聪玲.旅游业与贫困减缓——来自中国的经验证据［J］.旅游学刊，2018，33（5）：13-25.

［108］赵肖林，向昌国.旅游业对精准扶贫的经济贡献研究——以武陵源区 18 个贫困村为例［J］.旅游纵览（下半月），2018：170-173.

［109］周培，周颖.乡村旅游企业服务质量理论与实践［M］.成都：西南交通大学出版社，2016.

［110］周星.乡村旅游与民俗主义［J］.旅游学刊，2019，34（6）：4-6.

［111］邹统钎.旅游产品的实质质量测度准则及管理学含义［J］.旅游研究与实践，1995（2）：13-18.